W serii **ŚWIADECTWA. XX WIEK**
także:

– *Droga na Północ. Antologia norweskiej literatury faktu*
– Heinz Heger, *Mężczyźni z różowym trójkątem*
– Edward Herzbaum, *Między światami. Dziennik andersowca 1939–1945*
– Friedrich Kellner, *Dziennik sprzeciwu. Tajne zapiski obywatela III Rzeszy 1939–1942*
– Zygmunt Klukowski, *Zamojszczyzna 1918–1959*
– Hans von Lehndorff, *Dziennik z Prus Wschodnich. Zapiski lekarza z lat 1945–1947*
– Wolfgang Leonhard, *Dzieci rewolucji*
– Zbigniew Lubieniecki, *Odwet. Polski chłopak przeciwko Sowietom 1939–1946*
– Anja Lundholm, *Wrota piekieł. Ravensbrück*
– *Łacińska wyspa. Antologia rumuńskiej literatury faktu*
– Jerzy Konrad Maciejewski, *Zawadiaka. Dzienniki frontowe 1914–1920*
– Anatolij Marczenko, *Moje zeznania*
– Hans-Jürgen Massaquoi, *Neger, Neger... Opowieść o dorastaniu czarnoskórego chłopca w nazistowskich Niemczech*
– Aleksander Podrabinek, *Dysydenci. Nieuleczalnie nieposłuszni*
– Michał Römer, *Dzienniki*, t. 1: *1911–1913*, t. 2: *1914–1915*, t. 3: *1916–1919*, t. 4: *1920–1930*, t. 5: *1931–1938*, t. 6: *1939–1945*
– Stanisława Sowińska, *Gorzkie lata. Z wyżyn władzy do stalinowskiego więzienia*
– Hanna Świda-Ziemba, *Uchwycić życie. Wspomnienia, dzienniki i listy 1930–1989*
– Michael Wieck, *Miasto utracone. Młodość w Königsbergu w czasach Hitlera i Stalina*
– Wiktor Woroszylski, *Dzienniki*, t. 1: *1953–1982*, t. 2: *1983–1987*, t. 3: *1988–1996*

ŚWIADECTWA
POLSKA XX WIEK

VIRGILIA SAPIEHA

Amerykańska księżna

Z Nowego Jorku do Siedlisk

Z angielskiego przełożyła
Ewa Horodyska

Ośrodek KARTA
Warszawa 2019

Virgilia Sapieha, *Amerykańska księżna. Z Nowego Jorku do Siedlisk*
Tytuł oryginalny: Virgilia Sapieha, *Polish Profile*

REDAKTOR SERII Agnieszka Knyt

WPROWADZENIE I REDAKCJA Adam Safaryjski

KOREKTA Anna Richter

OPRACOWANIE GRAFICZNE SERII RZECZYOBRAZKOWE

SKŁAD TANDEM STUDIO

ZDJĘCIE NA OKŁADCE
Virgilia Sapieha, ok. 1942. *Fot. ze zbiorów Christiny Sapiehy Fremantle*

DRUK READ ME, Łódź

DOFINANSOWANO ZE ŚRODKÓW
Ministra Kultury i Dziedzictwa Narodowego
pochodzących z Funduszu Promocji Kultury

Ministerstwo
Kultury
i Dziedzictwa
Narodowego.

Ośrodek KARTA
ul. Narbutta 29, 02-536 Warszawa
tel. (48) 22 848-07-12, faks (48) 22 646-65-11
e-mail: kolportaz@karta.org.pl
ksiegarnia.karta.org.pl, www.karta.org.pl

Wydanie I
Warszawa 2019

ISBN 978-83-65979-31-5

WPROWADZENIE

Wspomnienia Virgili Sapiehy imponują śmiałością spojrzenia na ostatnie lata II Rzeczpospolitej. Perspektywa młodej Amerykanki, wychowanej w duchu liberalnych wartości, która przebywała w egzotycznym dla siebie świecie polskiej arystokracji, pozwala wydobyć z niego aspekty często niedostrzegane przez krajowych pamiętnikarzy. W rzeczywistości ukonstytuowanej przez „odwieczny" rytm – którego porządek wyznaczała feudalna struktura społeczna, konserwatyzm światopoglądowy, tradycyjna obyczajowość, kult przeszłości oraz poczucie obowiązku wobec rodu i ojczyzny – Autorka pozwala czytelnikowi spojrzeć na Polskę oczami „obcej", która nie rozumie, dziwi się i potrafi nie zgadzać się z tym, co zastała. Jest uważną obserwatorką, dostrzegającą kontrasty otaczającego ją świata, w którym luksus jednych nie może istnieć bez biedy drugich. Amerykanka, pełna wiary w indywidualizm i siłę jednostki, opisuje miejsce, gdzie pozycje społeczne, raz narzucone, zdają się niezmienne.

Książka, wydana w 1940 roku w Stanach Zjednoczonych, przyniosła Autorce popularność oraz krytykę ze strony Polonii amerykańskiej. Negatywne opinie dotyczyły przede wszystkim tego, że ukazała nierówności społeczne II RP oraz że ogłosiła to w momencie, kiedy Polska doświadczała traum wojennych. Gdy pisarka Maria Kuncewiczowa spotkała Virgilię w 1956 roku, opowiedziała jej o swym synu, który po przeczytaniu wspomnień w złości wyrzucił książkę do oceanu. Virgilia odrzekła, że – będąc polskim chłopcem w czasie wojny – zrobiłaby to samo. Dodała również, że książka powstała z „głupiej, prywatnej rozpaczy". Jednak po latach stwierdziła w swej autobiografii, iż nie pisała wtedy nieprawdy ani nie wyjawiała sekretów – opisała tylko to, co sama widziała.

*

Virgilia Sapieha urodziła się w 1904 roku w Nowym Jorku jako córka Fredericka Petersona, cenionego amerykańskiego neurologa i psychiatry oraz Antoinette Peterson, autorki popularnej książki dla dzieci. Uczyła się w Vassar College w stanie Nowy Jork i na Uniwersytecie w Grenoble. W latach 20. zajmowała się pisaniem, między innymi publikowała w prasie recenzje książek, lecz jak sama twierdziła, nie było to „nic istotnego, kilka opowiadań i artykułów". Gdy w 1923 roku przebywała na studiach we Francji, poznała Pawła Sapiehę, pochodzącego ze starego polskiego rodu magnackiego. Zakochali się i postanowili pobrać, jednak na przeszkodzie stanął sprzeciw rodziców z obu stron. Virgilia wróciła do Stanów Zjednoczonych i wyszła za mąż za początkującego pisarza, Malcolma Rossa. Wkrótce jednak nawiązała ponownie kontakt z polskim księciem, wzięła rozwód i 30 czerwca 1933 została żoną Sapiehy, po czym przeprowadziła się do Polski.

O kraju swojego męża wiedziała niewiele, był jej obcy kulturowo i światopoglądowo, dlatego też nie zaaklimatyzowała się w całości w nowym środowisku. Tę odrębność zauważała Matylda Sapieżyna, teściowa Virgilii, tak charakteryzując ją w swych wspomnieniach:

„Brak chrześcijańskiego fundamentu w edukacji i w życiu dawał się mocno odczuwać u Gilly, brak ustalonych pojęć o celu człowieka, o życiu i śmierci. Pewna mieszanina idealizmu i materializmu, szlachetności z rdzennym egoizmem, zamiłowań artystycznych i literackich z brakiem wrażliwości na piękno natury i uroków pomników przeszłości. Umysł Gilly, jak u większości Amerykanów, był wyłącznie skierowany ku przyszłości i teraźniejszości, z największym podziwem dla nowoczesnych osiągnięć w każdej dziedzinie. [...] Nasz konserwatyzm, nasze obyczaje prostoty, oszczędności, pobożności, nasze wspomnienia – wydawały jej się ciasnotą umysłu, skąpstwem, przesądami, dziecinadą. [...] Jedyną rzeczą, która mogłaby jej ułatwić wejście w nowe otoczenie, mogłaby być religia... ale na to jeszcze godzina łaski nie wybiła"*.

Po wybuchu wojny, 10 września 1939, Virgilia i Paweł Sapiehowie wraz z dwójką dzieci wyjechali z Siedlisk (rodzinnej posiadłości Pawła, w województwie lwowskim) i przedostali się na Węgry, a następnie do Paryża. Virgilia publikowała wówczas artykuły w amerykańskiej prasie, w których opisywała grozę rozpoczętej wojny i losu okupowanej polskiej ludności. W maju 1940, dzięki pieniądzom, które otrzymała od wydawnictwa jako zaliczkę na przyszłą książkę *Polish Profile*, Sapiehowie wypłynęli statkiem z Genui do Nowego Jorku. W Stanach zamieszkali u matki Virgilii.

Po publikacji wspomnień Viriglia Sapieha, gdy stała się postacią rozpoznawalną, jeździła po całych Stanach na spotkania autorskie, na których opowiadała o Polsce. W 1942 roku wydała natomiast powieść *Beyond this Shore*, opartą na wątkach autobiograficznych. Książka okazała się literacką porażką, lecz paradoksalnie przyniosła jej jeszcze większą popularność – w programie radiowym „Author Meets the Critics" Virgilia w odpowiedzi na miażdżące opinie przyznała rację krytykom. Ta zaskakująca reakcja sprawiła, że była coraz częściej zapraszana do programu jako krytyczka literacka. W trakcie wojny zaangażowała się również w pracę w rządowym Biurze Informacji Wojennej, wspierającym wysiłek zbrojny Stanów Zjednoczonych.

* Matylda Sapieżyna, *My i nasze Siedliska*, Kraków 2003.

Podczas gdy Virgilia rozwijała karierę, Paweł Sapieha nie mógł znaleźć zajęcia. Pochodzący z dalekiego kraju książę był chętniej widziany jako gość na wystawnych przyjęciach niż w roli pracownika. W końcu wstąpił do armii amerykańskiej i jako jej oficer brał udział między innymi w wyzwalaniu Paryża. W trakcie późniejszej wojny w Korei (w latach 1950–53) dosłużył się stopnia pułkownika.

W 1950 roku Sapiehowie rozwiedli się. Paweł zamieszkał w Europie, między innymi w Grecji, Niemczech i we Włoszech. Zmarł w 1987 roku w Monachium. Virgilia razem z dziećmi pozostała w USA. Pisała recenzje książek, zajmowała się tłumaczeniami, a od początku lat 50. współprowadziła telewizyjną wersję programu „Author Meets the Critics". Prowadziła również autorską audycję radiową „Books in Profile", za którą w 1956 roku otrzymała prestiżową nagrodę Peabody Award. W 1961 roku wydała autobiografię *A Matter of Life and Death*. Książka była nominowana do National Book Award, jednej z najważniejszych amerykańskich nagród literackich. Po raz trzeci wyszła za mąż w 1950 roku, za Gouverneura Pauldinga, redaktora magazynu „The Reporter". Zmarła w 1966 roku.

Wspomnienia Virgilii Sapiehy, które poza amerykańskim wydaniem ukazały się również w Wielkiej Brytanii (1940) i Szwecji (1941), w Polsce pozostawały nieznane. Dziś, po raz pierwszy polski czytelnik może poznać tę relację, napisaną z interesującej perspektywy cudzoziemki, która bez sentymentu kreśli niestandardowy obraz przedwojennej Rzeczpospolitej.

Adam Safaryjski

Krysi i Nickowi,
moim Kijankom

Ta opowieść jest dla nich, ponieważ nie zapamiętają świata, w jakim się urodzili. Choć niespokojny i pełen anachronizmów, wrósł głęboko w pradawną glebę. Teraz wyrwano go z korzeniami. Pragnęłam uchwycić i zachować na tych stronach wszystko, co widziałam, dopóki wspomnienia są jeszcze świeże – dla młodych mających odziedziczyć nową Polskę, w której muszą zbudować nowe życie na swój sposób.

ROZDZIAŁ PIERWSZY

Wiał silny wiatr i ciemne chmury przesłaniały niebo nad naszymi głowami, gdy wysiadaliśmy z pociągu w ów sierpniowy wieczór w drodze do rodzinnej posiadłości mojego męża, którą miałam odwiedzić po raz pierwszy. Pozostawało nam jeszcze do przebycia około pięćdziesięciu mil. Pospieszyliśmy do czekającego na nas samochodu i wyruszyliśmy dalej.

Przejechaliśmy przez miasteczko i znaleźliśmy się na ciemnym gościńcu, mijając pola, później lasy i znowu pola, podczas gdy mój mąż prowadził z szoferem po polsku rozmowę, której nie rozumiałam. Droga była szeroka i prosta, lecz pełna dziur. Kiedy podskakiwaliśmy na wybojach, zaczął padać deszcz.

– Nadchodzi burza – powiedział mąż. – Spóźnimy się.

– To niedobrze.

Burza nie miała znaczenia, ja jednak byłam zmęczona, chciało mi się spać i nie napawała mnie entuzjazmem perspektywa spotkania w środku nocy z ojcem i siostrami męża, których nigdy nie widziałam. Teściową poznałam w Londynie miesiąc wcześniej, gdy przyjechała na nasz ślub. Reszta rodziny jednak się nie pojawiła, gdyż podróż z Rawy Ruskiej do Anglii była długa i kosztowna, a z naszego małżeństwa tak naprawdę nie cieszył się nikt prócz nas dwojga.

Błyskawica przecięła niebo i tuż za nami zadudnił grom. Mój mąż przeżegnał się pospiesznie. Nie lubił burz z piorunami.

Przypomniałam sobie tę pierwszą, którą widzieliśmy dziesięć lat wcześniej we Francji, na drodze do Grenoble. Pojechaliśmy małym fordem na kolację do Lac du Bourget. Piliśmy szwedzki poncz, aby uczcić naszą decyzję o zaręczynach. Był to wieczór pełen wrażeń, z opowieściami o naszym przyszłym życiu w Polsce i o tym, jak zadowolona będzie rodzina, że się ustatkował, jak bardzo mnie polubią, jakie mam małe uszy i jak już zawsze będziemy szczęśliwi. Przyglądaliśmy się ludziom, siedzącym sztywno wokół nas w restauracji, milczącym kobietom i mężczyznom, najwyraźniej parom małżeńskim.

– My nigdy nie staniemy się tacy – powiedział. – Nie pogrążymy się w nudzie.

– To będzie przygoda – zapewniłam go. – Bez wątpienia.

A później, w drodze powrotnej do Grenoble, gdzie on mieszkał w zimnym, ciasnym pokoju i studiował ekonomię na uniwersytecie, ja zaś – w pensjonacie z przyjaciółką i chodziłam na wykłady o Corneille'u i d'Annunziu, nadciągnęła gwałtowna burza, wdzierając się w nasze marzenia. Gdy zahuczał grom, mój przyszły mąż uczynił znak krzyża.

– To oznacza nieszczęście – powiedział bardzo cicho.

W nasz nastrój wkradł się cień i pozostał z nami przez resztę drogi.

A teraz, po tych wszystkich latach, po gniewnych listach, niedotrzymanych obietnicach i zmaganiach nareszcie zostaliśmy małżeństwem. Byliśmy w drodze do miejsca, o którym słyszałam od tak dawna, a którego nigdy nie widziałam.

Auto wykonało nagły skręt, zwolniło, przebrnęło przez kilka kolejnych wybojów i znieruchomiało z przebitą oponą. Mój mąż z szoferem zabrali się do pracy w ulewnym deszczu. Jaskrawe zygzaki błyskawic oświetlały co pewien czas ciemne, puste pola, a gdy w pewnej chwili jedna z nich uderzyła nagle dość blisko nas, dostrzegłam posępny zarys krzyża na poboczu drogi.

Otworzyłam drzwiczki i wyjrzałam.

– Musimy jechać dalej? – zawołałam do męża.

Zajęty zmienianiem opony nie usłyszał mnie. Tak czy inaczej, było to niemądre pytanie.

O drugiej nad ranem, już po burzy, skręciliśmy z gościńca w wąską drogę, gęsto obsadzoną drzewami z obu stron*.

– Jesteśmy na miejscu – powiedział mój mąż. – To nasze lasy.

W tej samej chwili rozbrzmiała salwa wystrzałów. Wzdrygnęłam się.

– To na twoją cześć. Na powitanie – wyjaśnił.

Nie potrafiłam niczego wypatrzeć. Dojechaliśmy do rozległej polany, na której płonęło niewielkie ognisko. Stała przy nim w szeregu grupa mężczyzn.

– Tutaj wysiądziemy – zawiadomił. – Długo na nas czekali w tym deszczu.

Ruszyłam za nim. Mężczyzna ze strzelbą przewieszoną przez ramię postąpił naprzód, skłonił się i zaczął mówić. Przemawiał dość długo, a kiedy skończył, choć nie zrozumiałam ani słowa, powiedziałam: „Dziękuję wam" po polsku, co wydawało się jedynym poprawnym zwrotem w moim zasobie słownictwa.

Podbiegła wysoka dziewczyna o potarganych włosach i ucałowała nas**.

– Myśleliśmy, że was co najmniej zamordowano – oznajmiła w soczystej angielszczyźnie.

Następnie wykrzyknęła coś do milczących mężczyzn, dając im gestem znak, by odeszli. Z cienia wyłoniła się drobna postać mojej teściowej***.

– Tilka, Tilka, nie krzycz tak głośno. Papa położył się spać – zwróciła się do córki. – Przypominasz szaloną dziewicę – dodała po francusku.

---

* Virgilia i Paweł przyjechali do Siedlisk 14 sierpnia 1933.

** Matylda Maria Sapieżanka (1906–1983).

*** Matylda z Windisch-Graetzów Sapieżyna (1873–1968).

Pocałowałam teściową w rękę, zgodnie z zasadami wyuczonymi w Londynie.

– Mój małżonek był zbyt zmęczony, by na was czekać. Spotkacie się jutro – powiadomiła mnie.

Zbliżyła się do nas inna drobna postać spowita w płaszcz przeciwdeszczowy.

– To moja córka Elżbieta* – przedstawiła ją teściowa.

– A zatem dotarliście bezpiecznie – przemówiła Elżbieta. – Niezbyt to przypomina Nowy Jork, nieprawdaż?

Zaśmiała się. Uśmiechnęłam się uprzejmie w ciemności. Elżbieta całkiem dobrze mówiła po angielsku. Odwiedziła kiedyś Amerykę.

Teściowa zaprowadziła nas do domu. W przyćmionym świetle lampy naftowej zerknęłam przelotnie na trzy kobiety, a później na hol. Nad niewielkim stolikiem wisiał obraz z Chrystusem w cierniowej koronie. Pozostałe ściany pokrywał gąszcz jelenich rogów przybitych do drewnianych tabliczek. Służący z czarną brodą wziął mój płaszcz.

– To stary Iwan. Jest tutaj, odkąd pamiętam. – Mąż poklepał go przyjaźnie po ramieniu. Iwan uśmiechnął się przez gęstwinę brody.

Przeszliśmy do jadalni, gdzie wypiliśmy herbatę, zjedliśmy trochę szynki i porozmawialiśmy o burzy.

– Z pewnością jesteś zmęczona – zauważyła wreszcie moja teściowa. – Najlepiej połóż się spać. Jutro niedziela i o ósmej jest msza.

Udaliśmy się na górę i ponownie wszystkich ucałowałam. Łóżko było obszerne i miękkie, z radością się w nim znalazłam. Gdy mój mąż zgasił lampę, leżałam już, oczekując nadejścia snu.

Wydawało się, że dawno temu usłyszałam po raz pierwszy o tym miejscu i o tych ludziach. Od dziesięciu lat snuli się

---

* Elżbieta Maria Sapieżanka (1893–1979).

w moich myślach niczym cienie utworzone ze zdjęć i urywków opowieści o tym, co powiedzieli i czego dokonali. Wciąż pamiętałam, jak dziwacznie wyglądały na tych fotografiach dorosłe dziewczęta w słomkowych kapeluszach, teściowa w sukni z czarnym kołnierzykiem zapiętym wysoko pod szyją, mężczyźni w futrzanych kurtkach i spiczastych czapkach, jedzący coś wśród śnieżnych zasp. Pamiętałam śmiech męża, gdy opowiadał mi o polowaniu, na które zaproszono wyłącznie sąsiadów, a on i jego ojciec, kryjąc się za drzewami, chrząkali głośno niczym dziki, żeby przestraszyć gości. Zapamiętałam również opowieści o wojnie i o tym, jak po odejściu Rosjan mój mąż i jego matka wrócili do domu i zobaczyli, że został ogołocony nawet z ubrań i pościeli, zabawki zniszczone, meble połamane, a wszędzie całe stada pcheł.

Przypomniałam sobie o tych sprawach i o tym, jak odległe się wydawały, gdy rozmawialiśmy o nich tamtej zimy w Grenoble, chodząc na spacery, jeżdżąc na nartach lub siedząc w jakiejś kafejce, aby zbliżyć do siebie nasze dwa światy.

Po raz pierwszy usłyszałam o nim przy kolacji w pensjonacie, gdzie dzieliłam pokój z Bee, moją współlokatorką ze studiów.

– Mam nowinę – oznajmiła znad swego stołu gruba *madame*, właścicielka pensjonatu. – Na uniwersytet przyjechał polski książę.

Później, gdy pewnego dnia wychodziłam z zatłoczonej sali wykładowej, ktoś trącił mnie łokciem i wskazał szczupłego, ciemnowłosego mężczyznę.

– To właśnie on.

– Kto? – zapytałam.

– Polski książę.

Stał z trzema ładnymi dziewczętami. Wszystkie się śmiały. Miał przyjazną twarz.

Widywałam go później dość często, gdy wchodził lub wychodził z uniwersytetu, albo na ulicy, zawsze w towarzystwie tych samych trzech dziewcząt.

– Wydaje się miły – stwierdziła Bee. – Szkoda, że go nie znamy.

– Och, nie wiem. To zapewne jeden z tych lwów salonowych – odparłam zimno. – Nie można się zaprzyjaźnić z Europejczykami – dodałam.

Pewnego dnia wracając tramwajem do domu, zauważyłam, że siedzi sam po drugiej stronie, niedaleko mnie. Starałam się na niego nie patrzeć. Kiedy wysiadłam, podążył za mną.

– Szkoda, że nosi pani kapelusz tak mocno przekrzywiony na jedną stronę. – Usłyszałam nieoczekiwanie. – Wyglądałaby pani znacznie lepiej, gdyby nosiła go prosto.

Nie wiedziałam, co odpowiedzieć.

– No, ale – podjął – proszę o wybaczenie. Nie chciałem być nieuprzejmy.

Towarzyszył mi aż do drzwi pensjonatu.

– Czy mógłbym odwiedzić panią w niedzielę? – zapytał.

Po powrocie do pokoju pożałowałam, że wyraziłam zgodę. Zamierzałam napisać do niego z prośbą, by nie przychodził. Wtedy uświadomiłam sobie, że nie znam jego nazwiska. No i w końcu nie napisałam listu. Poprawiłam nakrycie głowy, a on przyszedł w niedzielę na podwieczorek.

W czerwcu, gdy wyjechałam z Grenoble, by spotkać się z matką w Paryżu, powiedziałam jej, że chcę wyjść za mąż za polskiego księcia. Uznała ten pomysł za niedorzeczny i zabrała mnie do francuskiego neurologa, który dawał mi zastrzyki z żelaza i dołączał do nich darmowe porady. Stwierdził, że w wieku dziewiętnastu lat nie można się spodziewać, iż zrozumiem, że ten Polak może okazać się oszustem, a w kwestii jego obyczajów moralnych lekarz uniósł jedynie brwi i ręce ku niebu, odrzucając wszelkie przypuszczenia.

Tymczasem ów oszust, powróciwszy do domu na letnie wakacje, oznajmił rodzinie, że pragnie poślubić Amerykankę, o której może im powiedzieć niewiele prócz tego, że mu się podoba.

Uznali jego pomysł za niedorzeczny. Aby utrzymać go w ryzach, odcięli mu fundusze.

Za naszymi plecami rozpoczęła się korespondencja między Polską a Ameryką, w której napisano: „Nasz syn nie jest finansowo samodzielny i nie życzymy sobie, aby zawarł małżeństwo", na co nadeszła odpowiedź: „Nasza córka jest zbyt młoda, a Polska zbyt odległa". Sapiehowie napisali do znajomych w Nowym Jorku, aby uzyskać wiadomości o moim ojcu. Moi rodzice napisali do Paderewskiego, aby się dowiedzieć, czy w ogóle istnieje rodzina o nazwisku Sapieha. Upłynęły miesiące i nasze własne obszerne listy nabrzmiały od rozpaczy. Nie ma silnej woli, powiedziałam sobie, skoro nie przeciwstawił się rodzicom. Nie pragnie mnie wystarczająco mocno. Nabrałam przekonania, że to wszystko jest ułudą, więc złamałam przyrzeczenie.

Dziewięć lat później, po wielu listach i jednym spotkaniu, pożyczywszy pieniądze na samodzielną zagraniczną podróż, postanowiłam zamieszkać w Wiedniu i napisać powieść. Znalazłam mały pokój z oknem obok szybu, przez który ulatniały się kuchenne zapachy. Pewnego sobotniego ranka, gdy przebywałam tam już około tygodnia, do moich drzwi zapukała właścicielka.

– Jest tutaj Jego Ekscelencja.

– Kto?

– W holu czeka książę – wyjaśniła.

– Proszę go przyprowadzić.

Zatrzymał się w progu i rozejrzał. Aby zwalczyć unoszącą się w powietrzu woń sznycli, wypaliłam kilka papierosów. Na stole, przy którym pracowałam, leżały porozrzucane papiery. W pokoju nie było innych mebli prócz nowoczesnego łóżka wbudowanego w ścianę oraz szafy.

– O co chodzi? – zapytałam. – Chyba wszystko w porządku, prawda? Jest mi tutaj bardzo wygodnie – dodałam.

Podszedł do szafy i wyjął mój płaszcz i kapelusz.

– Proszę to włożyć. Pospieszmy się.

– Właściwie skąd pan się tu wziął? – zapytałam.

– Przyjechałem nocnym pociągiem. Pomyślałem, że sprawdzę, co u pani słychać.

– No cóż, pracuję.

Stanął przede mną. Jego usta rozchyliły się w lekkim uśmiechu.

– Włóczykij! – powiedział. To słowo rozśmieszyło nas oboje.

Później, gdy wrócił do pracy na Śląsku, zaczynał każdy list od: „Mój Włóczykiju".

A jeszcze później, w Nowy Rok, kiedy siedziałam w tym samym pokoju z rękopisem na kolanach – napisanie go zajęło dwa miesiące – zastanawiając się, jak to możliwe, by po tak wielu godzinach wytężonej pracy powstała tak głęboka przepaść między tym, co chciałam napisać, a tym, co napisałam, właścicielka wezwała mnie do telefonu.

– To zamiejscowa – powiedziała, krocząc tuż za mną.

– Proszę chwilę zaczekać – przemówiła telefonistka. – Rozmowa łączona z Polski.

– Halo, halo! Czy to ty, Włóczykiju? – Słyszałam go wyraźnie. – Mamy Nowy Rok.

– Wiem.

– Myślę, że powinniśmy to uczcić – powiedział.

– Nie wiem, w jaki sposób.

– Mam pewien plan. – Jego głos zabrzmiał ciepło z tej odległej przestrzeni między nami. – Uważam, że w tym roku musimy wziąć ślub.

Gardło ścisnęło mi się mocno.

– Halo, Włóczykiju! Jesteś tam? Słyszałaś mnie?

– Słyszałam – odparłam.

– No i co ty na to? – Wydawał się zaniepokojony. – Może przemyślisz sprawę i napiszesz do mnie?

Przełknęłam ślinę.

– Nie muszę się zastanawiać.

Zaczęło mi szumieć w uszach.

– Co mówiłaś? – Usłyszałam niewyraźnie, z daleka. – Halo? Halo? Jesteś tam? Przeklęte telefony. – Dobiegło do mnie.

– Podoba mi się twój plan! – krzyknęłam.

– Więc to ustalone? – Jego głos znowu zaczął zanikać.

– Tak. Ustalone.

Potem odłożyłam słuchawkę i pospiesznie wróciłam do pokoju, mijając po drodze podsłuchującą właścicielkę.

Rano obudziła nas mała pokojówka, dygnęła i podciągnęła rolety. Przyniosła gorącą wodę do mycia.

– Śniadanie jemy po mszy – poinformował mnie mąż.

Popatrzyłam przez okno na słońce i trawnik, na którym tu i ówdzie rosły potężne drzewa o gęstym listowiu, a nieco dalej wznosiła się ciemna ściana lasu.

– Dokąd idziemy? Daleko? – spytałam.

– Nie, nie. Do naszej kaplicy, tu na miejscu.

Włożyłam jedwabną suknię, białe buty i kapelusz z dość szerokim rondem. W końcu było lato, niedziela, a ja dopiero co wyszłam za mąż.

Reszta rodziny siedziała już w kościele, gdy tam dotarliśmy. Ruszyłam za mężem, który torował sobie drogę przez tłum chłopów, po czym usiedliśmy w bocznej ławce. Przed nami siedziały trzy zakonnice, a po drugiej stronie dostrzegłam moje dwie szwagierki w starych płaszczach przeciwdeszczowych i filcowych kapeluszach. Tuż przy balustradzie przed ołtarzem stały wiejskie dzieci, z jednej strony chłopcy o okrągłych, starannie ostrzyżonych głowach, z drugiej dziewczynki, młodsze uczesane w warkoczyki, starsze – podobnie jak ich matki – w jaskrawych chustkach zawiązanych pod brodą. W małej ławce za balustradą, wyprostowana i nieruchoma, klęczała moja teściowa. Na stopniach ołtarza, niemal dotykając głową posadzki, tkwiła pochylona postać mężczyzny.

– Czy to twój ojciec? – szepnęłam.

Mój mąż spojrzał znad modlitewnika i kiwnął głową.

Wszyscy zaczęli śpiewać i donośne, nieharmonijne głosy wypełniły dźwiękami ciasną przestrzeń. Choć drzwi pozostawiono otwarte, było gorąco, a chłopi wydzielali silny odór. Ciemna twarz Matki Boskiej wyzierała posępnie ze złotych ram nad ołtarzem. W rogach po obu stronach ołtarza wisiały oszklone gablotki wypełnione srebrnymi wotywnymi serduszkami. Między stacjami Drogi Krzyżowej znajdowały się na ścianach podpory z figurami świętych, a przed każdą z nich wazon z kwiatami. Nad głową dostrzegłam mosiężną tablicę poświęconą pamięci mego szwagra, który poległ na wojnie.

Gdy ksiądz powiedział: „*Domine, non sum dignus*"*, jakiś stary chłop dźwignął się na nogi i pociągnął za sznur dzwonu. Wszyscy teraz klęczeli i modlili się o coś. Ja również spróbowałam się pomodlić.

– Spotkałem się z ojcem przed mszą – powiedział mąż, gdy wracaliśmy do domu, wyprzedzając wszystkich. – Zapytał Iwana, jaka jesteś, a Iwan odpowiedział, że nikt na świecie nie ma takich długich palców jak ty.

– Iwan jest bardzo spostrzegawczy.

– Iwan widzi wszystko. Ale wypowiada się z dużą ostrożnością. On nie jest Polakiem, rozumiesz. Jest Rusinem. Wszyscy Rusini są przebiegli**.

– Lubi twoją rodzinę? – spytałam.

– O, tak. Po tym, jak został ranny na wojnie, wrócił tu, sam mieszkał w tym domu, a gdy nadciągnęli Rosjanie, to on ukrył strzelby, opony od automobilu i konie. Nie znaleźli ich.

Teść*** wszedł do jadalni na samym końcu. Córki pocałowały go w rękę. Wyciągnął do mnie dłoń, zachowując przy tym stanowczy dystans.

---

* Łac.: Panie, nie jestem godzien.

** W odniesieniu do ludności ukraińskiej Autorka używa historycznych terminów „Rusini", „ruski", stosowanych jeszcze w II Rzeczpospolitej.

*** Paweł Sapieha senior (1860–1934).

– Witamy w domu – odezwał się po francusku. – Przykro mi, że nigdy nie nauczyłem się angielskiego. To okropny język – mówił dalej z uśmiechem. – Jesteś bardzo wysoka i niezbyt pulchna – dodał, zasiadając do śniadania.

– Iwan, jak się wydaje, już to dostrzegł – zauważyłam.

– Aha, więc Paweł ci powiedział! Niczego nie należy mówić mężom. Przypuszczam, że opowiadał ci o Iwanie. To ciekawy typ.

Na stole była pieczeń na zimno, ciemny chleb, dżem i herbata. Podsunąwszy mi owe przysmaki, teść nałożył sobie porcję na talerz, po czym podjął:

– Iwan w czasie wojny służył w austriackiej armii. Byliśmy poddanymi Franciszka Józefa, zanim wybuchła wojna. No cóż, Iwana postrzelono w brzuch. Wrócił do domu i przez kilka lat nie mógł prawie nic jeść. A potem pewnego dnia, jakieś pięć lat temu, podszedł do mnie z bardzo poważną miną, niosąc coś na srebrnej tacy. „Co to jest?" – zapytałem. „To kula". „Jaka kula?" „Moja. Przyniosłem ją jako pamiątkę dla księcia". „Ale skąd ona się wzięła?" „Z mojego brzucha – wyjaśnił Iwan. – Przez całe lata wędrowała i wędrowała. A wczoraj rozbolało mnie kolano. Popatrzyłem i znalazłem tam duży wrzód. Był od spodu bardzo twardy. No to złapałem za nóż, ciachnąłem i pokazała się ta kula. Pomyślałem, że książę zechce ją zatrzymać".

– I co się później stało? – zapytałam.

– Ależ nic. Zupełnie nic – odparł teść. – Nasi chłopi są odporni i zawsze mieli ciężkie życie. Muszą być twardzi, żeby przetrwać.

Po południu odbyły się kolejne uroczystości. Sześciu mężczyzn, którzy dbali o lasy, gospodarstwa, młyny oraz sprawy finansowe związane z posiadłością, pojawiło się w czarnych garniturach i krawatach, by złożyć życzenia. Za nimi przyszli gajowi w mundurach i ze strzelbami, z których wypalili, tak jak poprzedniego wieczoru. Później przed domem zgromadzili się chłopi: zarośnięci mężczyźni w długich płóciennych okryciach i butach z cholewami oraz bose kobiety w sutych spódnicach i bogato haftowanych fartuchach. Na koniec nadeszły dzieci, prowadzone przez zakonnice. Kilkoro z nich, po zachętach i podpowiedziach sióstr, recytowało wiersze i wręczyło mi bukiety astrów i mieczyków obwiązane białą bibułką, o wydłużonym i spłaszczonym kształcie, odpowiednim do ułożenia na trumnach.

Stałam obok teścia w tym tłumie ludzi, którzy i jego, i mnie całowali w rękę. Elżbieta i Tilka przyniosły lepkie, różowe i zielone cukierki, które miałam rozdać dzieciom. Podjechała furmanka z czterema śpiewającymi dziewczynkami. Zeskoczyły z niej i wręczyły teściowi wieniec upleciony z kłosów pszenicy.

– To z okazji żniw. Plony już zebrane – wyjaśnił.

Jakiś staruszek złapał mnie za rękaw i odciągnął na bok.

– Byłem tu, kiedy Paweł się urodził – szepnął łamaną niemczyzną. Umilkł na chwilę, przyglądając mi się bacznie. Następnie dodał: – Obyś była dla niego dobra.

Później Tilka zabrała mnie konnym zaprzęgiem. Powoziła sama, omal nas nie wywracając, gdy skręcałyśmy w bramę.

– Jezus Maria! – wykrzyknęła. Jej czarne włosy powiewały na wietrze. – Czy kiedyś wypadłaś? – spytała. – Bo ja często.

Spojrzałam na drogę pokrytą głębokim, kleistym błotem i przytrzymałam się mocno boku powozu. Domy we wsi były pomalowane na jasny błękit. Miały dachy kryte strzechą, niskie drzwi i małe okna. Każdy był ogrodzony płotem.

– O, popatrz. – Tilka wskazała kierunek biczem. – Tam mieszka najbogatszy z miejscowych.

Dom był dłuższy niż inne, pobielony i miał błyszczący blaszany dach. Tuż za płotem stał słup z wydrążoną wnęką, mieszczącą figurę Matki Boskiej, otoczoną różowymi papierowymi kwiatami i osłoniętą szybką. Podwórze było czyste i puste.

– Ma dwie izby i trzy przybudówki. Bardzo wygodnie mu się żyje – powiedziała.

Ponieważ była to niedziela, przy drodze stały grupki bezczynnych mężczyzn. Niektórzy unosili czapki, gdy ich mijałyśmy, a niektórzy nie. Dzieci wykrzyczały jakieś pozdrowienie.

– To znaczy: „Niech będzie pochwalony Jezus Chrystus" – wytłumaczyła Tilka – a odpowiada się: „Na wieki wieków, amen". Starsi ludzie wciąż tak mówią, no i dzieci, bo tego uczą je zakonnice, ale inni już nie. Uważają, że to staromodne.

Minęłyśmy niedużą cerkiew, którą mój teść kazał wybudować dla Rusinów, potem ciasną szopę z kratami w jedynym oknie, która – jak objaśniła Tilka – była okręgowym więzieniem, dalej jedyny sklep, gdzie – jak powiedziała Tilka – sprzedawano sól, ryż, zapałki i wódkę, następnie mniejsze i nędzniej wyglądające domy, aż wreszcie zbliżyłyśmy się do lasu.

– Siedemdziesiąt lat temu w miejscu wioski też był tylko las – podjęła. – Dlatego gleba jest tak piaszczysta i nic nie chce na niej rosnąć.

Wkrótce znalazłyśmy się pod samymi drzewami. Droga przeszła w wąski trakt, a ponieważ między jodłami rosły buki, w świetle pojawiły się zielone cętki. Żadne podszycie nie zasłaniało wysokich, prostych pni. Można było zajrzeć między nimi daleko w głąb. Wiatr ucichł i słychać było jedynie turkot kół.

Nagle Tilka trąciła mnie łokciem.

– Spójrz tam! – szepnęła. – Tam, za tamtym drzewem!

Popatrzyłam w kierunku, który wskazywała, lecz niczego nie dostrzegłam, jedynie jakąś płową plamę na szarozielonym tle. Poruszyła się, gdy podjechałyśmy bliżej.

– Nic nie mów – szepnęła znowu Tilka. – Koni się nie boją.

Wówczas zobaczyłam dumną młodą głowę zwróconą ku nam, obserwującą, nasłuchującą i znieruchomiałą w napięciu.

– Ależ to jest jeleń – odezwałam się głośno.

Śmignął i błysnął biały ogonek, i zwierzę umknęło. Zza drzew dobiegł odgłos przypominający basowe szczekanie. Rozległ się raz jeszcze, gardłowy i donośny, potem cichszy, aż wreszcie umilkł.

Dłonie Tilki drżały. Spojrzała na mnie.

– Rozgniewał się – powiedziała. – Zaniepokoił go twój głos. Później nie zobaczyłyśmy już ani jednego jelenia. Cały las usłyszał ostrzeżenie.

Wieczorem zasiedliśmy przy dużym stole, teściowa i Elżbieta zajęte robótkami, a teść malowaniem swoich inicjałów i daty na podkładce, do której przytwierdzono rogi ostatnio upolowanego jelenia. Od czasu do czasu, upewniwszy się, że ojciec tego nie widzi, Tilka sięgała po mojego papierosa, żeby się zaciągnąć.

– A więc nie byłaś zadowolona ze swojego życia w Ameryce? – zagadnęła teściowa. – Uważasz, że lepiej ci się będzie mieszkało tutaj?

– O, tak! – odparłam.

– Pomijając Pawła – podjęła – życie tutaj, w Polsce, nie jest łatwe. Nie będzie ci brakowało towarzystwa, teatrów, mocnych wrażeń?

– Być może – odrzekłam – ale widzi mama, to mi nie wystarczało.

Mąż uśmiechnął się do mnie zachęcająco zza lampy. Elżbieta uniosła oczy znad robótki.

– Kiedyś spędziłam dwa dni w Vassar College – powiedziała. – To było zdumiewające. Niezwykły luksus. Dziewczęta miały nawet własne samochody. W Ameryce wszystko jest takie łatwe.

– Jeśli jesteś dostatecznie zamożna. Ja jednak nie byłam. Gdy wyprowadziłam się od rodziców, poszłam do pracy.

– Ach, tak.

Zapadła cisza. Wiedziałam, co myślą, a ponieważ stanowiło to dla nich niemiły temat, wiedziałam też, że będą go taktownie unikać. Trudno im było pogodzić się z faktem, że miałam już męża i rozwiodłam się w tym roku, by wreszcie poślubić Pawła. To wydawało im się najgorsze ze wszystkiego, być może nawet gorsze niż fakt, iż nie pochodzę z katolickiej rodziny i choć zostałam ochrzczona, moja znajomość religii katolickiej była zaledwie powierzchowna i polegała raczej na zapoznaniu się z katechizmem niż, jak u nich, na czymś, co ma się we krwi. To jednak, jak sądzili, mogło się zmienić. Pomogliby mi wrosnąć w ich wiarę. Natomiast to, że byłam wcześniej mężatką zaślubioną poza Kościołem, stanowiło fakt nieodwracalny.

Dla nich jedyną rzeczą, dzięki której mogli to znieść, była myśl, że tamto małżeństwo od samego początku nie rokowało żadnych nadziei, że wyjechałam i zamieszkałam samotnie, i w jakiś sposób odpokutowałam tym rozczarowaniem za swoje przewinienie.

Spojrzałam na męża, który rozumiał i to, co ja myślę, i to, co myślą oni, i nic nie powiedziałam.

– Wiemy od Pawła, że zajmowałaś się pisaniem.

To odezwał się teść, a jego dłoń z pędzlem zawisła w powietrzu. Niegdyś zapewne miał roziskrzone oczy. Teraz, choć nadal błyszczące, wydawały się wyblakłe w jego smagłej twarzy.

– Tak. Próbowałam pisać, lecz nic istotnego. Tylko artykuły i kilka opowiadań.

– Oczywiście, bycie geniuszem to jedno – zaczęła teściowa. – Ale w sferze zwykłych ludzi kobiecie potrzebny jest mąż i dzieci – mówiła dalej. – Jeżeli pragnie być ona dobrą żoną i matką, będzie miała pełne ręce roboty. Czymże są w porównaniu z tym jakieś opowiadania?

Było to pytanie retoryczne. Ponadto, nie mając dzieci, nie byłam pewna odpowiedzi.

Spod klosza lampy wydobyła się smuga czarnego dymu. Tilka natychmiast zmniejszyła płomień. A ja słuchałam rozbrzmiewającego w mojej głowie głosu swojego ojca.

„Każdy człowiek powinien mieć zajęcie" – mówił.

Siedzieliśmy razem, on w hamaku, a ja na ziemi pod młodymi jodłami rosnącymi nad brzegiem rzeki. Było lato i ciepło z doliny Connecticut unosiło się po zboczu wokół nas, on zaś siedział z podwiniętymi rękawami, kapeluszem zsuniętym na tył głowy i okularami podniesionymi powyżej oczu, przez co na jego czole rysowały się drobne wgniecenia. Hamak pod nim, napięty do ostatka, niemal dotykał ziemi.

– Każde z nas ma coś do powiedzenia – oznajmił. – Naszym świętym obowiązkiem jest dowiedzieć się, co to takiego i popracować nad tym.

To był jeden z ostatnich dni, zanim popłynęłam do Londynu, by wyjść tam za mąż.

– Nie wiesz, kiedy będziesz mogła znowu się z nami spotkać. Jestem już stary. Być może nigdy cię nie zobaczę – powiedział mój ojciec z nieco wymuszonym uśmiechem.

– Co chcesz zrobić? Nakłonić mnie, żebym zmieniła zdanie? Czy po prostu popsuć całe popołudnie? – Mój głos brzmiał ostro i unikałam spojrzenia ojca.

Odpowiedział łagodnie:

– Nie. Chcę, żebyś poślubiła Pawła. Zawsze myślałem, że tak będzie najlepiej dla ciebie. Ale życie w obcym kraju to coś zupełnie innego. Może nie zyskasz wielu przyjaciół. A ja chciałbym, żebyś dalej pracowała. Dla mnie jesteś jak perła w kwiecie lotosu – mówił ojciec. – Ale pamiętaj, to samo dotyczy tak kobiet, jak i mężczyzn: ten, kto nie pracuje, nie jest dobrym człowiekiem.

Jakże się oddaliłam od tego popołudnia przy hamaku. Patrzyłam na teściową, jej migające druty do robótek i pomarszczoną twarz, tak pewną i spokojną.

– Powiedz mi – zagadnęła po chwili – czy w dzieciństwie nie uczono cię religii?

– Uczyłam się o Chrystusie, oczywiście, o tym, jak się narodził i czego bronił.

– Ale chodzi mi o to, czy byłaś chrześcijanką?

– Oczywiście, że byłam.

– Jeśli jednak nie chodziłaś do kościoła i nie nauczono cię podstaw katechizmu, moje dziecko, byłaś poganką. Dziwi mnie –

ciągnęła – że twój ojciec, lekarz i człowiek wykształcony, nie wpoił ci zasad edukacji religijnej.

– Myślę, że jego religią jest humanitaryzm. – Szukałam słów, by przekazać to, co chcę wyrazić. – On po prostu wierzy w człowieka. To amerykański duch. Wierzymy w ludzi i w sprawiedliwość. I wiem, że ojciec wierzy też w postęp.

– To bardzo miłe, oczywiście. Ale to nie jest wiara.

– No cóż, w pewnym sensie jest.

Zdarzyło się kiedyś, że wtargnęłam, pełna oburzenia, do gabinetu ojca. Ktoś potraktował mnie niesprawiedliwie.

– To nie *fair*. Nie zasłużyłam na to – powiedziałam z oczami pełnymi łez. Uniósł moją twarz, wsuwając palec pod brodę.

– Cicho! – nakazał. – Nic nie mów. We wszechświecie, wedle naszej wiedzy, istnieje trzydzieści milionów mgławic. – Uśmiechnął się do mnie. – Kiedy tak się czujesz – podjął – myśl o gwiazdach.

Oczywiście było to coś w rodzaju wiary. Ale nie mogłam tego wytłumaczyć, nie teraz, nie tym ludziom, którzy żyli tak długo i czerpali tak wielką pewność ze swoich doświadczeń.

Mój mąż wstał z krzesła.

– Myślę, że powinniśmy udać się na spoczynek – oznajmił – ponieważ rano musimy wyjechać. Wziąłem długi urlop. Trzeba wrócić do pracy.

– Jeszcze jedno. – Teściowa położyła mi dłoń na ramieniu. – Teraz, gdy lody zostały przełamane, mam nadzieję, że wkrótce poczujesz się członkiem rodziny. I mam również nadzieję, że twoje nowe życie nie będzie cięższe, niż to sobie wyobrażasz.

– Dziękuję. I przypuszczam, że nie będzie – odparłam, całując ją w rękę.

Tak czy inaczej, znalazłam się w Polsce jako żona Polaka.

ROZDZIAŁ DRUGI

Zamieszkaliśmy na obrzeżach małego miasta w górniczym okręgu Górnego Śląska, sześć mil od niemieckiej granicy. Mój mąż został dyrektorem przedsiębiorstwa obejmującego kopalnie i fabryki chemiczne znajdujące się po połowie w Polsce i w Niemczech. Przed południem pracował w polskim biurze mieszczącym się po drugiej stronie dużego ogrodu za domem, po południu zaś przejeżdżał przez granicę, by dotrzeć do swego niemieckiego biura.

Ponieważ pracował tam od sześciu lat, funkcjonariusze strzegący granicy znali go oraz dużego czarnego daimlera, którym jeździł, i rzadko pytali o dokumenty. Przyjrzawszy się dokładnie mojemu amerykańskiemu paszportowi, którego nie potrafili odczytać, kilkakrotnie odstąpili od formalności. Brzuchaty żołnierz ze swastyką na rękawie unosił prawe ramię, wykrzykując „*Heil* Hitler!" i pozwalał mi przejechać. Ale w drodze powrotnej, na polskiej granicy, jeśli byłam sama, zawsze przeszukiwali samochód, choć niezbyt dokładnie. Podnosili krawędź pledu, zaglądali na przednie siedzenie obok kierowcy i pytali, czy mam coś nowego, na co odpowiadałam: „Nic nie ma", które to słowa należały do nielicznych łatwych do wymówienia po polsku.

Aczkolwiek to, że „nic nie ma", raczej nie było zgodne z prawdą. Moje wyprawy do sąsiedniego niemieckiego miasta oznaczały zakupy, ponieważ po naszej stronie biało-czerwonego szlabanu nie było perkali, naczyń, płyt gramofonowych, nawet – poza późną zimą – pomarańczy, które, biorąc pod uwagę moje uprzedzenia, nadawałyby się do nabycia. Dopiero gdy pomieszkałam na Śląsku przez pewien czas, odkryłam, dlaczego uśmiechnięci polscy urzędnicy tak chętnie mi wierzyli. Mój mąż zaopatrywał ich w węgiel.

Nasz kamienny dom, zaprojektowany przed wojną przez niemieckiego architekta z upodobaniem do przepychu, odgradzały od drogi krzewy i wysoki płot. Pokoje miały tak wysokie sufity, że mogłyby pomieścić dwa poziomy, lecz światło wpadające przez wysokie okna było rozproszone i przyćmione przez ciemne boazerie na ścianach.

Kiedy przyjechałam, w drzwiach powitało mnie troje służących i trzy teriery szkockie z kokardami na szyjach. Zanim przekroczyłam próg, Władek – główny zarządca – podsunął mi kieliszek wódki i szczyptę soli. Waleria, krzepka pokojówka, którą mąż sprowadził specjalnie dla mnie, przemówiła: „Teraz, gdy w domu są kobiety, nie będzie spokoju", dygnęła, pocałowała mnie w rękę i zaprowadziła do mojego pokoju, gdzie wcześniej nakryła ogromne łoże starym koronkowym obrusem mojej matki, który znalazła w uprzednio wysłanym kufrze. Stamtąd mąż zabrał mnie do salonu, który wspólnie z Władkiem urządzili najprzytulniej, jak zdołali. Pośrodku stało duże biurko, a na nim lampa i dwa telefony. Prócz tego trzy płócienne składane krzesła pod ścianą, a w każdym kącie donica z palmą. Z sufitu zwisał kryształowy żyrandol. Nie było zasłon ani dywanów.

Poszukałam uśmiechu na twarzy męża, lecz nie znalazłam, więc starałam się ukryć własny.

– Może zechcesz później poprzestawiać to i owo – powiedział. – Ale wygląda tu całkiem miło, prawda? Wprowadziliśmy dużo zmian.

– Bardzo tu przyjemnie – zapewniłam, ściskając jego ramię, by zabrzmieć bardziej przekonująco.

Kiedy po pierwszej przejażdżce do Niemiec przywiozłam do domu materiał na zasłony, mój mąż i Władek pokręcili głowami. Powiedzieli, że to byłoby niehigieniczne, a i tak nikt nie może zajrzeć przez nasze okna. Gdy jednak zasłony zostały zawieszone, mąż zapragnął ich w każdym pokoju.

Tymczasem dom prowadzony był tak samo, jak przed moim przybyciem. Wczesnym rankiem młody kucharz przychodził ze swoimi sprawami do mojego męża. Gdy dzwonił telefon, odbierał go Władek i nigdy nie wiedziałam, kto telefonuje i w jakim celu. Waleria zajmowała się czymś zagadkowym w swoim pokoju i tylko od czasu do czasu przychodziła do mnie rozchichotana, z jakimś pytaniem, na które – jak wiedziała – i tak nie potrafiłam odpowiedzieć. Uważała, że niewątpliwie coś jest ze mną nie w porządku, ponieważ pierwszego ranka, kiedy jeszcze leżałam zakopana w pościeli i nie do końca obudzona, podeszła do łóżka, wydobyła moją dłoń i ucałowała ją, ja zaś, zdegustowana, wykrzyknęłam do męża śpiącego w sąsiednim pokoju: „Czego ta kobieta chce? Powiedz jej, że nie jestem królową Rumunii!" i pospiesznymi gestami nakazałam jej wyjść.

Nie mogłam tak dłużej żyć, niczym rozpieszczony pudel pozbawiony jakiejkolwiek władzy, a nawet możliwości wydawania własnych dyspozycji dotyczących obiadu. Uświadomiłam sobie, że muszę się nauczyć przynajmniej rozumieć po polsku, a potem, jeśli to możliwe, zacząć zrozumiale mówić.

Nauczyciel polskiego, którego w końcu wyszukał mój mąż, był krępym, niskim mężczyzną z podwójnym podbródkiem i łysiną. Miał na sobie żakiet. Przekraczając próg, ukłonił się w pas.

Przemówił do mnie po polsku.

– Przepraszam – wtrąciłam – ale nie rozumiem pana. Musimy zacząć od podstaw. Czy zna pan francuski?

– O, tak. Uczę w szkole – odpowiedział gardłową francuszczyzną. – Jestem doktorem filozofii.

Nie wiedziałam, że jest tak wykształcony.

– Obawiam się, że to dla pana nudne. Będzie pan musiał rozpocząć naukę tak, jakbym była dzieckiem – powiedziałam ze współczuciem.

Skłonił się ponownie. Poprosiłam, by usiadł.

– Być może potrzebuje pani konwersacji – rzekł, przysiadając na skraju fotela.

– Ale ja nie potrafię prowadzić konwersacji. – Przytoczyłam mu znane mi dziesięć słów. – Oto mój zasób słownictwa. Ponadto znam „Zdrowaś, Maryjo".

Wydobył pomiętą chustkę do nosa i w milczeniu otarł czoło.

– Zacznijmy zatem od słowa „kawa" – zaproponował. – To rzeczownik rodzaju żeńskiego, prosty do wymówienia. Dodamy do tego „czarna", żeby było ciekawiej. Później odmienię to przez przypadki, a pani będzie powtarzać za mną.

Przemawiał głośno, jakby to miało mi pomóc lepiej go zrozumieć.

– O, czarna kawo! – rzekł, kończąc deklinację. – Na dzisiaj to wystarczy do ćwiczenia odmiany przez przypadki. Następnym razem dodam tryb łączący. Na przykład: „O, czarna kawo, jakże pragniesz być białą!".

Przez resztę lekcji odmienialiśmy rzeczowniki rodzaju żeńskiego. Gdy wstał, zbierając się do wyjścia, uśmiechnął się po raz pierwszy.

– To zdanie o kawie... Proszę, jeśli można, powtórzyć je księciu, kiedy wróci.

Obiecałam, że to zrobię i nauczyciel wyszedł, gnąc się w ukłonach. W mieście nie było ani jednego Polaka znającego angielski, a ponieważ wolałam nie uczyć się polskiego od Niemca, gotowa byłam wycisnąć ile się da z mojego profesora-gnoma.

Mąż wychodził z domu wczesnym rankiem, wracał na godzinę w porze lunchu, a później, na koniec, między siódmą a ósmą wieczorem. Dni się dłużyły, zwłaszcza po południu, kiedy nadeszła jesień i zrobiło się chłodno i mgliście, a ja spacerowałam samotnie z trzema psami po zaniedbanych polach za miastem, gdzie dawno zapadnięte kopalnie tworzyły wąwozy między garbatymi pagórkami, a przesycona węglowym miałem mgła zdawała się pełna nieuchwytnych cieni.

Pewnego razu, wracając do domu z psami, przeoczyłam moją stałą ścieżkę i znalazłam się na drodze niedaleko naszego domu, biegnącej tuż obok obozowiska bezrobotnych. Przy popadających w ruinę chałupach kręciła się grupka chłopców i dziewcząt.

– Odwołaj psy! – wykrzyknęli na mój widok.

Zagwizdałam.

– Salomon, Helga, Tycho, do nogi! – zawołałam. Psy jednak, zwabione jakimś kuszącym dla nich zapachem, zupełnie nie zareagowały na mój okrzyk.

– Hej, ty! Uważaj albo my je złapiemy.

Wybuchnęli śmiechem. Kilku chłopców ruszyło w pościg. Zapadał już zmrok. Zawołałam ponownie, ostrym tonem. Chłopcy stojący najbliżej przesunęli się w moją stronę. Odstąpiłam w tył i znieruchomiałam. Nie mogłam wrócić do domu bez psów. Wtem z oddali dobiegło mnie ich szczekanie. Zaczęłam biec.

– Następnym razem je złapiemy – oznajmili szyderczo. – I wtedy je zjemy.

Biegnąc, słyszałam ich śmiech. Gdy dotarłam do furtki, psy już tam były i czekały, żeby je wpuścić. Dałam każdemu klapsa i pospieszyłam do domu.

Te baraki, jak wyjaśnił mi mąż, powstały w czasie, kiedy kryzys gospodarczy ogarnął Śląsk i zamknięto kilka kopalni. W barakach mieszkały rodziny górników, niektóre nawet już od trzech lat. Dostawały zasiłek dla bezrobotnych, wystarczający, by uchronić od śmierci, lecz niewystarczający, by żyć. Policjanci raz odwiedzili to obozowisko i zamiast spodziewanej komunistycznej propagandy znaleźli wszędzie książeczki do nabożeństwa i egzemplarze Biblii. Niemoralne zachowania, jak stwierdzono w policyjnym raporcie, występowały nagminnie. Osłabione przez głód i wyczerpane przymusową bezczynnością rodziny wdawały się w kazirodcze związki. Rodziło się wiele dzieci. Możliwość, by na nowo otwarto kopalnie, była znikoma. Ale policjantom ulżyło na widok tego, co znaleźli.

Mój mąż potwierdził, że czasami psy przepadały tam bez śladu, więc trzymałam nasze na smyczy podczas spacerów, choć bardzo się złościły. Niekiedy, kładąc płasko uszy i sztywno napinając karki, ciągnęły mnie za sobą tak szybko, że ledwo nadążałam; później zaś, jeśli nie podobał im się wybrany przeze mnie kierunek, musiałam wlec ich wyprężone, zapierające się na sztywnych łapach ciała. Teraz, przynajmniej poza domem, miałam zajęcie.

Zobaczyłam Kraków po raz pierwszy podczas obchodów podniosłej rocznicy, kiedy to przed trzystu laty Sobieski z zastępami polskiego wojska przepędził Turków spod Wiednia i tym sposobem Polacy stali się samozwańczymi obrońcami chrześcijaństwa w zachodnim świecie*.

Parada kawalerii odbyła się za miastem. Punktualnie o jedenastej pojawił się Piłsudski. Surowa, zwalista postać w niebieskim mundurze marszałka, z zegarkiem w ręce, stanęła na podium na skraju rozległego pola, w oczekiwaniu na przybycie prezydenta, by dać znak rozpoczęcia uroczystości. Prezydent przyjechał po piętnastu długich minutach i wysiadłszy z auta, uniósł wysoko cylinder przed Marszałkiem i klaszczącymi tłumami. Nie wykonując żadnego powitalnego gestu, Piłsudski, który stracił już cierpliwość do swego zwierzchnika, odwrócił się w stronę Błoni i uniósł rękę. Z daleka widzieliśmy oddziały wojska, wciąż w miniaturowej skali, zbliżające się ku nam. Pułk za pułkiem galopował obok z dudnieniem kopyt, oddając honory wojskowe wyciągniętymi szablami, a sztandary i konie przepysznie mieniły się w blasku słońca.

---

* Mowa o bitwie pod Wiedniem z 12 września 1683. W 1933 roku 250 rocznicę wydarzenia obchodzono 6 października. Na krakowskich Błoniach zorganizowano rewię kawalerii.

Tłumy powstały i zaczęły wiwatować. „W każdym razie – powtarzali ludzie z dumą – mamy wyborową armię".

Wieczorem pojechaliśmy na przyjęcie wydawane na Wawelu na cześć prezydenta. Na uroczym włoskim dziedzińcu włączono specjalne oświetlenie. Wspinaliśmy się po schodach, płynąc wraz z rzeką ludzi obwieszonych brylantami i medalami. Parter został odgrodzony dla dyplomatów. Na piętrze mogliśmy pospacerować i pooglądać jedwabne dywany, stare arrasy, malowane sufity i mozaikowe parkiety, a także niekończący się korowód ludzi, sztywno wyprostowanych i od czasu do czasu skłaniających ku sobie głowy niczym barwnie upierzone ptaki w zbytkownie urządzonej ptaszarni.

– Tam jest mój stryj*. – Mąż lekko trącił mnie łokciem. – Pamiętaj, żeby ucałować pierścień.

Patrzyłam na zbliżającego się powoli arcybiskupa w ciemnopurpurowych szatach i małej okrągłej piusce, wyglądających jak język płomienia na tle surdutów mężczyzn, z którymi rozmawiał. Był niski, niższy od mojego męża i bardzo do niego podobny, choć jego twarz wydawała się raczej powściągliwa niż przyjazna, niczym parawan przesłaniający życie pełne napięcia. Mąż pochylił się nad jego dłonią. Ja również wykonałam skłon, lecz biskup cofnął rękę i zawisłam tak zgięta wpół. Czułam, że zaczynają mi płonąć policzki. Biskup odszedł, zamieniwszy z nami kilka słów. Poznałam inne osoby i niektóre zwracały się do mnie „kuzynko", nie wiedziałam jednak, jak się nazywają. Nieco później, mijając tych ludzi ponownie podczas naszej dostojnej przechadzki, zapytałam męża, kim oni są. Nie rozumiał, dlaczego czuję się zagubiona. Usiłował mi pomóc.

– O, tam – powiedział – to jest ciocia Betka**. – Wskazał mi starszą panią w różowo-białej toalecie, przystrojoną ogromnymi

* Adam Sapieha (1867–1951) – arcybiskup metropolita krakowski.

** Elżbieta Matylda z Radziwiłłów Potocka (1861–1950).

perłami. – Właścicielka jednego z najsłynniejszych zamków w Europie*. Podejdź tu – dodał. – Chciałbym się przywitać ze starym wujkiem André.

– Który to?

– Ten przepasany szarfą, z dużą gwiazdą na piersi.

– Ale posłuchaj – zaczęłam – jak ci wszyscy ludzie mogą być twoimi ciotkami i wujami?

– No cóż, są nimi. Na przykład matka starego André poślubiła kuzyna mojego ojca w drugiej linii. A babka cioci Betki była siostrą mojej babki.

– Ech, do diabła z tym – powiedziałam. – Wszystko jedno.

Dyskretnie ścisnął moją rękę.

– Wracajmy do domu – zaproponowałam.

– Jeszcze nie. Nie przywitałaś się z Prezydentem**.

– Och, daj spokój. Myślę, że on jakoś to zniesie. – Ruszyłam w stronę schodów.

– Zaczekaj chwilę. Już nadchodzi. Po prostu stój nieruchomo.

Dwaj lokaje rozciągali liny między gośćmi po przeciwnych stronach sali, zostawiając wolne przejście pośrodku. Na jego końcu zobaczyłam Prezydenta, którego wytworne wąsy jaśniały bielą w ostrym świetle. Pozdrowił gości zza obu odgradzających lin. Staliśmy dość mocno stłoczeni za aksamitną barierą. Jakimś sposobem mąż znalazł się za moimi plecami.

– Tutaj cię nie zobaczy – powiedziałam. – Stań przede mną.

– Nonsens – zaoponował. – Dama musi stać z przodu.

– Ale ja go nie znam, a ty tak.

– Nie ruszaj się – mruknął.

Czułam się tak, jakbym górowała nad całą salą. Prezydent podchodził coraz bliżej, kłaniając się lekko, uśmiechając i ściskając wyciągnięte dłonie.

---

* Mowa o zamku w Łańcucie.

** Ignacy Mościcki (1867–1946) – prezydent Polski w latach 1926–39.

– Posłuchaj – odezwałam się, usiłując ponownie wśliznąć się za plecy męża – to nic nie da. Jestem za wysoka.

Wydobył chusteczkę i osuszył czoło.

– Zachowujesz się absurdalnie – wyszeptał wściekle.

– Ty również – odparłam.

Spojrzeliśmy sobie zimno w oczy. Tymczasem prezydent przeszedł obok nas. Obydwoje wybuchnęliśmy śmiechem.

– Teraz możemy wrócić do domu – oznajmił mój mąż.

Moja polszczyzna stopniowo się poprawiała. Rozumiałam już mniej więcej połowę z tego, co do mnie mówiono. Mąż uznał, że jestem gotowa, by zdać egzamin na międzynarodowe prawo jazdy, choć nigdy dotąd nie wyjeżdżałam sama, jako że na licznych śląskich drogach nie było warsztatów i brakowało mi motywacji, gdyż tak naprawdę nie miałam dokąd pojechać.

Egzamin odbywał się w Katowicach. Najpierw musiałam przejechać ulicami w towarzystwie egzaminatora, który następnie zaprowadził mnie do biura na piętrze, usadowił na krześle i otworzył obszerną księgę.

– Proszę mi powiedzieć – zaczął po polsku – co wprawia silnik w ruch?

– Benzyna.

– I co jeszcze?

– Woda.

– A teraz, czy wyjaśni mi pani, jak działa gaźnik?

– Niewystarczająco znam język polski.

– Proszę zatem objaśnić to po niemiecku.

– Niewystarczająco znam niemiecki.

Przyjrzał mi się z namysłem.

– Czy mogłaby pani wypowiedzieć się na ten temat w swym rodzimym języku?

– Ależ oczywiście.

Miałam nadzieję, że nie sprowadzi tłumacza.

– Może narysuje mi pani, jak działa silnik?

– Bardzo mi przykro – odparłam – ale nigdy nie umiałam rysować. Nie potrafię nawet narysować drzewa. – Uśmiechnęłam się przepraszająco.

– Wydajemy prawo jazdy wyłącznie osobom, które potrafią rozłożyć silnik i złożyć go z powrotem. – Jego głos brzmiał poważnie.

– W pełni pana rozumiem. To wielka szkoda, że nie mówi pan po angielsku.

Wyszedł z pokoju. Po chwili wrócił z jakimś mężczyzną, który pochylił się nad moją dłonią.

– Jej Książęca Mość rozumie doskonale zasady działania automobilu, czyż nie? Jest to jedynie kwestia języka?

Przytaknęłam ruchem głowy.

– Wszystko będzie dobrze – zapewnił i wyprowadził mnie.

Po kilku dniach otrzymałam małą białą książeczkę pozwalającą prowadzić samochód we wszystkich krajach z wyjątkiem Ameryki oraz – jako wieniec laurowy dla ukoronowania mojego sukcesu – srebrny medal od klubu automobilowego z wytłoczoną Matką Boską oraz wybitym moim nazwiskiem, który miałam przytwierdzić do tablicy rozdzielczej.

Nadal czekało mnie rodzinne Waterloo. Nie byliśmy jeszcze na kolacji u niemieckiego wuja, starego śląskiego hrabiego, do którego w części należało przedsiębiorstwo zarządzane przez mojego męża. Mieszkał dość daleko od nas po niemieckiej stronie granicy i ilekroć mąż poruszał ten temat, udawało mi się dostać na tyle silnego bólu głowy, by odłożyć wizytę. W końcu jednak musiałam pojechać.

Dochodziła dziewiąta wieczór, gdy zgromadziliśmy się w obszernej, mrocznej jadalni w podziemiach zamku. Siedziałam po prawej ręce wuja Edgara, z drugiej zaś strony zasiadał pierwszy wysoki rangą nazistowski urzędnik, jakiego widziałam. Przy przeciwległym końcu stołu usiadło troje wnucząt i ich guwernantka.

Dwa dumne typy nordyckie, ascetyczny wuj Edgar i jego zażywny przyjaciel nazista, wsunęli rogi serwetek za kołnierzyki.

Karta dań, wypisana z rozmachem i ozdobiona u góry rodowym herbem, znajdowała się przede mną, umieszczona na złotej podpórce. Zapowiadał się długi posiłek.

– I jak ci się podoba w Polsce? – zapytał po niemiecku wuj Edgar.

– Bardzo, dziękuję panu.

– Ależ nie zwracaj się do mnie w ten sposób. Jestem twoim wujem. Musisz mi mówić na ty – oznajmił starszy pan.

– Obawiam się, że nie potrafię. Nigdy nie poznałam żadnego Niemca na tyle dobrze, by przejść z nim na ty.

– To nie kwestia bliskiej znajomości. Rzecz w tym, że należysz do rodziny – wyjaśnił cierpliwie.

Czekałam, co powie dalej. Nazistowski urzędnik zdawał się mnie nie dostrzegać. Przechylając się przede mną, zaczął rozmawiać z wujem Edgarem o przemyśle węglowym na Górnym Śląsku. Kończąc zupę, musiałam uważać, żeby nie szturchnąć go łokciem w brzuch. Przez chwilę usiłowałam śledzić przebieg konwersacji, lecz wkrótce straciłam wątek i twardo akcentowane słowa obijały się bezcelowo o moje uszy. Po drugiej stronie stołu mój mąż dokładał wszelkich starań, by wywołać ożywienie na oziębłej twarzy ładnej kuzynki. Najmniejsza z trzech dziewczynek, której pyzata buzia wychylała się znad krawędzi stołu, zamknęła oczy. Guwernantka trąciła ją łokciem.

– Obudź się – usłyszałam. – Jest wpół do dziesiątej. Musisz zjeść obfitą kolację, a potem od razu iść do łóżka.

Mała nabrała kawałek mięsa na widelec, pomagając sobie kromką chleba, i powoli wepchnęła do buzi. Nie mogła mieć więcej niż osiem lat. Przypomniałam sobie, że kiedy ja byłam ośmiolatką, nigdy nie widziałam rodziny przy stole. Przynoszono mi tacę z kolacją do pokoju.

Ponownie spróbowałam przysłuchiwać się rozmowie prowadzonej tuż obok mnie, wiedząc, że wuj Edgar sympatyzuje z nazistami, lecz toczyła się zbyt szybko jak na moją znajomość niemieckiego. W końcu doszliśmy do deseru. Na widok wymyślnego, różowego kształtu pokręciłam odmownie głową. Wuj Edgar przerwał swoją wypowiedź i spojrzał na mój pusty talerz.

– Nie lubisz słodyczy? – spytał. – Ale powinnaś je jeść. Jesteś zbyt szczupła. Ponadto... – Jego zamglone oczy wpatrzyły się we mnie badawczo – musisz teraz jeść za dwoje. Przypuszczam, że rankami czujesz się niedysponowana – ciągnął. – Ale nie martw się, to przejdzie. Przy pierwszym zawsze jest trudno. Po drugim lub trzecim przywykniesz.

Zaśmiał się do siebie. Próbowałam ukryć zażenowanie.

Służąca podeszła ze szklanką wody i małą srebrną miseczką. Spodziewałam się, że wuj Edgar obmyje palce przed wstaniem od stołu. On jednak nabrał łyk wody do ust, przez chwilę przepłukiwał je hałaśliwie, następnie zaś splunął do miseczki, którą służąca trzymała między nami. Później, odchrząknąwszy gromko, dźwignął się na nogi, wszyscy zatem również wstaliśmy.

Napełniono kieliszki szampanem.

– *Prosit* – rzekł. – Za moją nową siostrzenicę. – Trącił się ze mną kieliszkiem.

Wszyscy pozostali także trącili się kieliszkami.

– *Prosit*! – rozległo się w wielkim, mrocznym pokoju.

Wypiwszy kawę, udaliśmy się we dwoje z mężem na górę do cioci Karli, która od piętnastu lat nie wstawała z łóżka.

– Chodź tu, dziecko i ucałuj mnie! – zawołała, gdy otworzyliśmy drzwi. – Tak się cieszę, że nareszcie cię widzę.

Podeszłam do łóżka i ucałowałam jej pulchną, białą dłoń. Potem przysiadłam obok.

– Jak ci się tutaj mieszka, moja droga? Nie czujesz się zbyt osamotniona?

Jej młodzieńczy głos brzmiał zaskakująco w zestawieniu z bladą, postarzałą twarzą. Miała na sobie czarną jedwabną lizeskę, a jej włosy okrywał czarny koronkowy szal. Mąż rozprawiał nieprzerwanie o naszej wizycie u jego rodziców, podczas gdy jej niewinne, znużone oczy przenosiły się ze mnie na niego.

Nad łóżkiem wisiał wielki krzyż. Ściany pokoju obwieszone były litografiami przedstawiającymi Matkę Boską, świętych i kościelne ołtarze. Na stoliku w zasięgu ręki stały fotografie w czarnych ramkach ze źdźbłami słomy i drobnymi kwiatkami przyciśniętymi szkłem. Wszystkie osoby na zdjęciach leżały ze splecionymi rękoma. Jakiś starzec, staruszka, mały chłopiec, dziewczynka i żołnierz spoczywali na łóżkach z zamkniętymi oczami, ponieważ nie żyli. Niczym ktoś, kogo przyciągnął uliczny wypadek, poczułam się zmuszona na nich patrzeć. Wreszcie drgnęłam i z trudem odwróciłam wzrok.

Aż podskoczyłam, słysząc perlisty, dźwięczny śmiech.

– Ach, Paul – odezwała się do mojego męża po niemiecku – jesteś zawsze taki zabawny.

Zsunęła się nieco niżej na swoim łóżku. Przez chwilę z wysiłkiem starała się unieść.

– Ciocia pozwoli, że pomogę – odezwał się mój mąż.

Podtrzymał ją ramieniem i podciągnął z powrotem na poduszki.

– To bardzo irytujące, nie radzić sobie samodzielnie. – Zwróciła się do mnie z pogodnym uśmiechem: – Muszę ci powiedzieć, moje dziecko, że bardzo się cieszę. Widzę, że w rodzinie lody zostały przełamane. „Mamma" napisała do mnie. Byli naprawdę zadowoleni z waszej wizyty.

– Okazali wielką życzliwość – powiedziałam.

Mąż wstał, by się pożegnać. Gdy ponownie pochyliłam się nad ręką ciotki, zapytała szeptem:

– Czy będziecie mieli dziecko?

Kiwnęłam głową.

– Tak myślałam. Widać to w twojej twarzy. Będę się za ciebie modliła – zakończyła, ściskając moją dłoń.

W kącie bawialni nazistowski urzędnik, w pełni rozluźniony i otoczony kłębami dymu z cygara, wciąż prowadził rozmowę. Minęłam go i usiadłam obok ładnej kuzynki, która robiła na drutach.

– I jak ci się podoba Polska? – zagadnęła.

– Bardzo.

– Tak?

Druty w jej dłoniach migały tam i z powrotem. Nie podniosła oczu.

– Czy twoje dzieci już się położyły? – spytałam.

– Tak.

Siedziałyśmy więc w milczeniu, aż nadszedł czas odjazdu. Miło było znaleźć się na powrót w aucie, sam na sam z mężem. Miałam to i owo do powiedzenia, lecz zanim zdołałam otworzyć usta, zapadłam w sen.

Jedyną osobą, która kiedykolwiek wpadała tak po prostu, by się ze mną zobaczyć, była Zosia, młoda kobieta z polskiej klasy średniej, żona człowieka pracującego w tym samym biurze co mój mąż. Mieszkała w podobnym do naszego kamiennym domu, z widokiem na ten sam zamknięty ogród. Od czasu do czasu przychodziła pożyczać francuskie powieści.

– Czym się zajmujesz przez cały dzień? – spytałam ją pewnego deszczowego popołudnia.

– Sama nie wiem. Czas płynie tak szybko. Wciąż jest coś do roboty w domu.

– Czy czasami nie możesz usiedzieć na miejscu?

– Och, popołudnia się nie dłużą, gdy mam jakiś romans do czytania.

Jej zaczerwienione policzki spąsowiały nieco mocniej.

– Ale w twoim przypadku – podjęła – sprawy przedstawiają się inaczej. Wydaje mi się, że w Ameryce ludzie ciągle dokądś pędzą. A ty teraz nie masz dokąd.

Obie parsknęłyśmy śmiechem.

– Na twoim miejscu odczuwałabym obawę – stwierdziła, nagle poważniejąc.

– Obawę przed czym?

– Narodzinami dziecka. – Oblała się ciemnym rumieńcem.

– Nie rozumiem dlaczego – odparłam. – Każda z nas przez to przechodzi.

Przysunęła swoje krzesło bliżej do mojego.

– Powiedz – zaczęła przyciszonym głosem – czy naprawdę się nie boisz? Nie tylko jego przyjścia na świat, lecz tego, jakie się okaże?

Poczęstowałam ją papierosem i sama zapaliłam.

– Nie – odpowiedziałam po chwili. – Nie myślę o tym w ten sposób. Dlaczego pytasz?

W zamyśleniu spojrzała w okno.

– Ja wyobrażałabym sobie, że z nim może być coś nie w porządku, brak rączki albo ślepota. – Urwała i ponownie popatrzyła na mnie. – A gdyby okazało się idiotą? – spytała.

– Moja kochana Zosiu – rzekłam, wstając – nikt nie zastanawia się nad takimi rzeczami. Chodź. Weźmy parasolki i idźmy na spacer.

Podążyła za mną do holu.

– Sądzę, że Słowianie mają inne usposobienie – zauważyła. – Ty jesteś bardzo anglosaska.

– Posłuchaj – zwróciłam się do niej stanowczo. – To, co właśnie powiedziałaś, nie ma nic wspólnego ze słowiańskością. To po prostu histeria.

Zosia wydawała się mocno zażenowana, więc porzuciłam temat. Poszłyśmy na spacer, brnąc całkiem dziarsko przez błoto. Ale nie przekonałam jej.

– Mimo wszystko – powiedziała, gdy się żegnałyśmy – cieszę się, że to ty będziesz mieć dziecko, a nie ja.

– Ja też – zaśmiałam się, odczuwając ulgę, iż się z nią rozstaję.

Matka przesłała mi komplet dziecięcych ubranek. Dostarczono je do biura mego męża po niemieckiej stronie granicy. Pojechałam, aby je odebrać, załadowałam do auta wielkie pudło, umieszczając je na podłodze, otuliłam siebie oraz wystające krawędzie pledem i dostojnie skinęłam głową polskim pogranicznikom, nadmieniając, że nie mam nic do okazania. Zasalutowali i dali znak, żebym jechała dalej. W domu Waleria i ja rozpakowałyśmy koszulki, sukieneczki i pieluchy, układając je w schludnych stosach na moim łóżku. Ale Waleria nie wyglądała na zadowoloną. Nie ma becików, w które zawija się niemowlę, oznajmiła, a przecież nie można mu pozwolić na swobodne kopanie nóżkami. Kiedy spytałam dlaczego, stwierdziła, że najwyraźniej nie znam się na dzieciach. Była przy narodzinach wielu hrabiątek i zawsze owijano je w beciki, których koronkowe powłoczki często sama robiła. Powiedziałam jej, że moje dziecko obejdzie się bez becików i koronek.

Kiedy mąż wrócił do domu, chciałam mu pokazać wyprawkę, lecz nie był zainteresowany.

– Odłóż je – polecił Walerii. – Nie są w tej chwili potrzebne.

– Co byś wolał? – Próbowałam się przymilić. – Chłopca czy dziewczynkę?

– To bez znaczenia. Wszystkie wrzeszczą i śmierdzą – odparł.

Po raz pierwszy wizja wrzaskliwego, cuchnącego dziecka przybrała kształt w mojej głowie. Przepędziłam widmo z całą stanowczością. Później jednak, w niektóre mroczne dni, kiedy mąż wyjeżdżał do Warszawy lub Berlina i miałam wiele godzin do wypełnienia, wrzaskliwe, śmierdzące dziecko ponownie nawiedzało moje myśli i nie byłam całkowicie przekonana, czy będzie ono spełnieniem mych życiowych pragnień, jak to przepowiadała teściowa.

W Ameryce miałam tak mało czasu i tak wiele do zrobienia. Teraz znalezienie jakiegoś zajęcia wymagało wysiłku. Mój profesor od polskiego był nieco przestraszony długimi tłumaczeniami, które wręczałam mu za każdym razem, kiedy się pojawiał. Gdy je poprawił, sporządzałam listę błędów i przyklejałam do lustra na toaletce, aby utrwalić je sobie w pamięci. Polski nie jest językiem, którego można nauczyć się od niechcenia. Nie sposób było stwierdzić, gdzie słowo się kończy, a następne zaczyna, chyba że zobaczyło się je zapisane. Słownik nie pomagał, jeśli nie znało się gramatyki, gdyż w pozostałych przypadkach forma rzeczowników okazywała się zupełnie odmienna od mianownika. Kiedyś poświęciłam godzinę na poszukiwanie słowa: „psa", które nie wykazywało zauważalnego podobieństwa do podstawowej formy „pies". Ani mój mąż, ani ja nie mieliśmy dość cierpliwości, by rozmawiać ze sobą po polsku, więc nie zdawał sobie sprawy, jakie czynię postępy, aż do chwili, gdy zaproszono nas na przyjęcie wydawane przez dyrektora jednej z kopalni, z okazji urodzin patronki górników świętej Barbary.

Przyjechaliśmy o piątej po południu. Długi stół, zastawiony szynką, kiełbaskami, grubymi kanapkami z jajkiem na twardo, herbatą i wódką, znajdował się na końcu przestronnej, pustej sali, a pod wiszącymi na ścianach ogromnymi fotografiami prezydenta i Piłsudskiego oraz obrazem świętej Barbary stały rzędy krzeseł o prostych oparciach. Przedstawiwszy mnie kilkunastu kłaniającym się sztywno poważnym inżynierom o wilgotnych dłoniach, ubranym w czarne garnitury i noszącym wysokie białe kołnierzyki, oraz ich żonom w długich jedwabnych sukniach i bez kapeluszy, dyrektor usadowił mnie, wykonując zamaszysty gest, na poczesnym miejscu przy stole, po swojej prawej ręce. Mąż mój siedział naprzeciw.

Gorliwie starałam się podtrzymywać rozmowę, niezależnie od tematu, a dyrektor zachęcał mnie szerokimi uśmiechami spod sumiastych czarnych wąsów. Najpierw, kiedy zaproponował mi szynkę i kiełbaski, wyjaśniłam, że nie jestem głodna. Jego twarz posmutniała.

– Oczywiście – powiedział. – Księżna nie przywykła do takich potraw. Księżna ma w domu lepsze rzeczy do jedzenia.

– Skądże znowu. Nigdy w takiej obfitości. Nigdy nie widziałam tak wystawnej uczty – zapewniłam szczerze.

– Jeśli pani nie zje, zabraknie pani sił do tańca.

– Tańca?

Wydało mi się, że coś źle zrozumiałam.

– Ależ oczywiście. Na świętą Barbarę tańczymy całą noc.

Zerknęłam na męża, ale tragiczna nowina chyba umknęła jego uszom.

– Cóż, w takim razie – zdobyłam się na promienny uśmiech – czy mogłabym poprosić o jedną z tych pysznych kanapek?

Nałożył mi dwie na talerz. Następnie wstał. Wszyscy umilkli. Wzniósł kieliszek ku mnie, mojemu mężowi, a następnie ku swoim ustom, gdzie w mgnieniu oka wódka zniknęła. Niespiesznie, z opanowaniem płynącym z doświadczenia, otarłszy wąsy, rozpoczął przemowę. Była wykwintna, poświęcona Polsce, kopalniom, mojemu mężowi i wreszcie mnie. Po nim zabrało głos dwóch innych mężczyzn, a mój mąż im podziękował. Postanowiłam, że ja również powiem coś od siebie. Zadzwoniłam nożem w kieliszek i wstałam. Przelotnie zerknęłam na męża. Jego twarz stała się niezwykle blada. Utkwił we mnie bezradne spojrzenie.

– Panie i panowie – zaczęłam staranną polszczyzną, lecz słowa przygotowane wcześniej tańczyły nieuchwytnie w mojej głowie. Kolana ugięły się pode mną. Wsparłam się obiema dłońmi o krawędź stołu. – Przybywając z tak daleka, jestem wzruszona waszym serdecznym przyjęciem. – Z trudem zaczerpnęłam tchu. – Bardzo wam dziękuję. Jestem wdzięczna. – Usiadłam raptownie. Wszyscy klaskali i uśmiechali się szeroko. Cera mojego męża odzyskała naturalny kolor. Ulżyło mi. Pierwsze przemówienie po polsku miałam za sobą.

Dyrektor oznajmił, iż tańce rozpoczną się od poloneza. Zwrócił się do mnie, prosząc o zaszczyt poprowadzenia go wraz ze mną. Odpowiedziałam, że nie potrafię, ale mi nie uwierzył. Drzwi sali rozwarły się gwałtownie i orkiestra, usadowiona w holu, zaczęła grać. Ujęłam go pod ramię. Pozostali ustawili się w parach za nami. Byłam najwyższą osobą w całym towarzystwie.

Ruszyliśmy przez salę w powolnym rytmie, ugięcie nogi i krok w jedną stronę, ugięcie nogi i krok w drugą. Mój partner, napinając ramiona i stąpając na sztywnych nogach, przechylał głowę to w prawo, to w lewo i podkręcał rytmicznie wąsa wolną ręką. Prezentował się tak rycersko, gdy raz po raz okrążaliśmy salę, że zapomniałam o śmieszności własnej sytuacji.

Muzycy zagrali walca. Jakiś niski mężczyzna, składając głęboki ukłon, poprosił mnie do tańca. Nie chciałam się przyznać, że łatwo ulegam zawrotom głowy od ustawicznego wirowania i nie mogłam odmówić ze względu na to, iż spodziewam się dziecka, więc ruszyliśmy w tany. Musiał unieść ramię, by objąć mnie w talii, a ja widziałam jedynie czubek jego głowy. Oddychałam szybko i nieregularnie, zamykałam oczy, by nie widzieć przepływających przed nimi twarzy i tak kołyszącym ruchem przemierzałam przestrzeń. Gdy muzyka przestała grać i nadeszła chwila wytchnienia, kurczowo przytrzymałam się najbliższego krzesła. Być może mój wygląd zdradzał w pewnym stopniu, co się ze mną dzieje, ponieważ mąż podszedł do mnie.

– Nie będę więcej tańczyć – powiedziałam po angielsku ponurym tonem.

– O co ci chodzi? Myślałem, że dobrze się bawisz. – Uśmiech mojego męża pełen był niewinności.

– Dobrze wiesz, o co chodzi. – Poczułam wzbierający gniew. – Nie będę tańczyć z tymi gnomami. Są za niscy.

– Ale co ja na to poradzę? Poczuliby się urażeni.

– Powiedz im, że jestem w błogosławionym stanie. Sama powiem, jeśli ty tego nie zrobisz.

– Na miłość boską, nie rób tego. Nie wiedzieliby, co o tobie sądzić.

– Nie dbam o to, co myślą. W ogóle nie obchodzi mnie opinia publiczna – oznajmiłam. – Tym się różnimy.

– Nie możemy teraz o tym dyskutować – stwierdził mąż. – Pamiętaj, że jesteś moją żoną. Możesz mówić, co ci się podoba ludziom ze swojej sfery – ciągnął – ale nie tym. Ich nie wolno zgorszyć. – Podsunął mi papierosa. – Rozchmurz się – powiedział. – Wkrótce pojedziemy do domu. Nie wiedziałem, że potrafisz tyle powiedzieć po polsku – dodał.

I wyraz pewnej dumy zagościł na jego twarzy.

ROZDZIAŁ TRZECI

Wyjazd na weekend do słynnego zamku cioci Betki był pierwszą wizytą, którą złożyłam w Polsce, nie licząc odwiedzin u teścia. Przedtem znałam zaledwie kilku dyrektorów kopalni i ich żony ze Śląska, z którymi pozostawaliśmy w oficjalnych stosunkach, a ich podejrzliwość wobec zajmującego się interesami księcia oraz jego zapewne bogatej amerykańskiej żony dorównywała brakowi zaufania z naszej strony. Kontakty z nimi sprowadzały się do uprzejmych rozmów o nieistotnych błahostkach. Z ich punktu widzenia dzielił nas stromy mur podziałów klasowych, a w moim przypadku również narodowościowych.

Wiedziałam, że ten weekend będzie odmienny od pretensjonalnych wieczorków z węglowymi baronami, a także inny od osobliwie wiktoriańskiej atmosfery stwarzanej przez moją teściową. Ale nigdy nie nocowałam w zamku ani nawet nie byłam na żadnym polowaniu.

Przyjechaliśmy około siódmej wieczorem. Pozostali goście, mniej więcej dwadzieścia osób, zgodnie z tym, co powiedział witający nas majordomus, udali się wcześniej do swoich pokojów, tak więc herbatę piliśmy sami. Zanim skończyliśmy, powitał nas Alfred*, syn cioci Betki, ubrany w aksamitną bonżurkę i czarne spodnie.

* Alfred Antoni Potocki (1886–1958) – ostatni ordynat łańcucki. W 1944 roku wyjechał z matką do Wiednia, wywożąc kilkaset skrzyń z najcenniejszymi zbiorami zamku w Łańcucie.

Wskazał nam pokoje, ogrzane przez jasno płonący ogień i przesycone mocnym zapachem. Mąż wraz z Alfredem udali się od razu do urządzonej w podziemiach zamkowych tureckiej łaźni na kąpiel i masaż. Moje rzeczy już rozpakowano; walizki zniknęły. Weszła pokojówka i powiadomiła mnie, że przygotowano kąpiel. Nie ma dzwonków, wyjaśniła, ale kiedy otworzę drzwi, będzie do mojej dyspozycji. Gdy odeszła, zaczęłam się rozglądać za swoimi rzeczami. W jednej z szuflad leżała moja nocna koszula i nic więcej oprócz saszetki zapachowej; w drugiej pończochy, starannie porozdzielane. Zgromadzenie tego, czego potrzebowałam i odnalezienie na toaletce szczotki i grzebienia, skromnie ukrytych pomiędzy świecami, szklanymi prostokątnymi miseczkami, wazonami na kwiaty, poduszkami na szpilki i flakonikami z wodą kolońską zajęło mi nieco czasu.

Najwyraźniej miałam się odprężyć i poczuć swobodnie. Ale nie wiedziałam, od czego zacząć. Łóżko osłonięte atłasowymi zasłonami i umieszczone we wnęce w ścianie wyglądało jak miejsce wiecznego spoczynku, którego nie można naruszać na jedną godzinę. Usiadłam pośród koronkowych poduszek na szezlongu. Pokój prosił się o wymianę pikantnych plotek lub wyrafinowane flirty, lecz nie było to miejsce, w którym chce się przebywać samotnie. Podeszłam na palcach do drzwi i uchyliłam je lekko. Na zewnątrz stała pokojówka, a przy niej lokaj.

– Gdzie jest mój mąż? – zapytałam, ponieważ najwyraźniej musiałam o coś spytać.

– Książę nadal przebywa w kąpieli.

Zajrzałam do jego pokoju. Ktoś dyskretnie poprawił pościel na jego łóżku. Gdy się pojawił, promieniejący po swej rzymskiej orgii, byłam już prawie ubrana. Wszedł roześmiany, trzymając w ręku surdut.

– Popatrz tylko – powiedział. – Pasuje idealnie.

– Przecież należy do ciebie, prawda?

– Absolutnie nie. To właśnie jest zabawne. Przywiozłem jedynie smoking, więc go odłożyli i dali mi to, nie mówiąc ani słowa.

Lokaje w pumpach i butach ze sprzączkami stali przed drzwiami pokoju, w którym, po przemierzeniu niekończących się korytarzy, znaleźliśmy wreszcie ciocię Betkę i jej gości. Pamiętałam ją z przyjęcia na cześć prezydenta w Krakowie, ale z pozostałych nie znałam nikogo. Nie zdziwiłoby mnie, gdybym ich zobaczyła w białych perukach, z wachlarzami i tabakierkami, a wśród nich wzburzonego króla, lecz oto znaleźli się w osiemnastowiecznym salonie, gdzie na sklepieniu namalowano kupidyny, a na ścianach wisiały cukierkowe obrazy Bouchera w odcieniach różu, oni sami zaś ubrani byli zgodnie z najnowszą paryską modą z roku 1933. Gościem honorowym była rumiana angielska dziedziczka, zdobyta niedawno przez amerykańskiego męża. Siedziałam obok niego przy kolacji.

– Pan także jest Amerykaninem, nieprawdaż? – zagadnęłam.

– Owszem, w pewnym sensie – odparł. – Urodziłem się w Ameryce. Ale tak naprawdę nigdy tam nie czułem, że żyję. To nie jest miejsce, w którym ktoś chciałby mieszkać, nie sądzi pani?

– Wielu ludzi zdaje się je lubić – zauważyłam.

– Aż dziw bierze, jak to możliwe.

Wziął do ręki leżącą przy moim miejscu wizytówkę wypisaną po polsku i zapytał o jej treść.

– Brzmi dosłownie: „Jaśnie Oświecona Księżna Sapieha" – wyjaśniłam. – Umieszczają to jedynie przed nazwiskami książęcymi. Widzi pan, na pańskiej – wskazałam jego wizytówkę – jest tylko „Wielmożny" przed „Pan". – Zaśmiałam się.

– A niech to – oznajmił z powagą. – Mam nadzieję, że na wizytówce mojej żony jest to samo, co u pani. Było nie było, wie pani, ona jest lady Violet.

Poprosił o jej wizytówkę z drugiego końca stołu. Ktoś nam ją przekazał.

– Ona także ma napisane „Wielmożna Pani" – powiadomiłam go.

Twarz mu zmierzchła, więc zwróciłam się ku sąsiadowi po drugiej stronie, młodemu Polakowi. Rozprawiał o amerykańskich dziewczętach, które poznał, i o wesoło spędzanym z nimi czasie na nartach w Kitzbühel.

– Nie miałam okazji zapoznać się z polskimi dziewczętami – powiedziałam – z wyjątkiem szwagierki, która nie jest już taka młoda. Jakie one są, te młodsze?

– Och, polskie dziewczyny. – Obdarzył mnie wyniosłym uśmiechem. – Niewiele ich widuję, poza zimowymi balami w Warszawie. Trzeba na nie uważać... a raczej na ich matki.

Czekałam, co powie dalej.

– Jedna czy dwie wizyty, bukiecik kwiatów... i zanim się spostrzeżesz, jesteś usidlony na całe życie. Ktoś powinien je nauczyć, jak się zachowywać – ciągnął, zapalając się do tematu. – Cóż, ledwo wyjmę papierosa z cygarnicy, dwie albo trzy prześcigają się, by podać mi ognia.

– No, no. Cóż czyni pana tak popularnym?

– Nie chodzi tylko o mnie – przyznał. – Chodzi o dobrą partię. Widzi pani, nie ma nas tak wielu, to znaczy, mężczyzn zabezpieczonych finansowo.

– Czy żadna z nich nie ma pracy?

– Jakiej pracy? Nie nadają się do żadnej. I nie mają o niczym pojęcia.

– To zapewne nie jest prawdą – powiedziałam. – A jeśli jest, nic dziwnego, że chcą wyjść za mąż. Perspektywa pozostania w domu rodzinnym jest dość ponura.

– Zna pani starą przyśpiewkę o warszawskich damach?

– Nie.

– Jest w połowie francuska, w połowie polska: „Przedziwnie porządne są damy z Warszawy. Po rannej kąpieli znów łakną zabawy". Sporo w tym prawdy – podsumował.

Między takimi sąsiadami przy stole zrobiło mi się zimno. Ani przepyszne orchidee na stole, ani bogato zdobiona polska zastawa z Ćmielowa, ani złote sztućce, którymi spożywaliśmy deser, ani długi szereg rozradowanych twarzy nie potrafiły mnie rozgrzać. Z oddali przyglądałam się mężowi, który zabawiał jakąś bardzo wydekoltowaną włoską damę. Miałam ochotę znaleźć się w Timbuktu.

Później rozmieszczono nas w obszernej bawialni, gdzie po obu stronach znajdowały się otwarte kominki wyłożone miedzią tak błyszczącą, że nawet płomienie bladły. Trzy kryształowe żyrandole i połyskliwe taftowe zasłony wzdłuż ścian odbijały miliony drobnych światełek. Była to zaiste rozświetlona sala.

Leon*, kuzyn mojego męża, wznosił się niczym góra nad naszym łagodnym gospodarzem. Gdy do nich podeszłam, przeszli uprzejmie na język francuski.

– Leon opowiadał mi, co Hitler robi dla Niemiec. Właśnie stamtąd wrócił – wyjaśnił mi Alfred. – Interesujesz się polityką?

– Tak. Ale na ten temat nic nie wiem.

Nie było sensu mówić im o magazynie „The Nation" i że zdawałam sobie sprawę po wielokrotnej cotygodniowej lekturze, iż cywilizacja upada i tylko Rosja ma przed sobą przyszłość. Wiedziałam, że tego nie zrozumieją.

– Ale wiesz, kim jest Hitler, prawda? – spytał Albert.

Przytaknęłam. Leon zniecierpliwił się przerwą w rozmowie.

– Mówię ci, to wspaniałe, co dotychczas tam zrobiono – podjął, zwracając się do Alfreda. Jego okrągła twarz poczerwieniała, a oczy rozbłysły. – Za kilka tygodni zniknie bezrobocie. Wszystkie pociągi jeżdżą zgodnie z rozkładem. Sieć nowych dróg zapowiada się wspaniale. I spójrzcie na tych ludzi: ci silni, młodzi ludzie, kipiący energią, gotowi są walczyć za swoje ideały. Tego właśnie potrzebujemy w Polsce, co? – Poklepał Alfreda po ramieniu. – Autorytetu. Siły. Gdyby Piłsudski był prawdziwym dyktatorem, sprawy przyjęłyby lepszy obrót.

– Ale słuchaj – wtrąciłam – co z Żydami?

---

* Leon Aleksander Sapieha (1883–1944) – podróżnik, poseł na Sejm w latach 1935–38.

– Co z nimi? – Leon nawet nie spojrzał na mnie. – On ma rację. Przecież oni trzymali wszystko w ręku. Stanowiska rządowe, banki, przemysł, rządzili całym krajem. Właśnie dlatego Niemcy jako państwo były tak zdemoralizowane.

– Tak, tak – zgodził się Alfred. – W wielu sprawach odpowiedzialność spada na Żydów.

– Trzeba się ich pozbyć – ciągnął Leon. – Stoją za tym wszystkim, za masonerią, bolszewizmem i całą resztą. Pierwsi defetyści na świecie. Trzeba ich wygnać, a później odbudować nasz naród. Ten człowiek to geniusz – zakończył.

– Dlaczego wszyscy jesteście tak nastawieni przeciw Żydom? – spytałam.

– Nic nie mamy przeciw Żydom. Polska ich przyjęła, gdy cała reszta Europy wypędzała. Ale i nas opanowali. Każdy lekarz, każdy prawnik to Żyd. Polacy przez nich nie mają życia. Nie jestem ich wrogiem, ale niech zamieszkają gdzie indziej.

– Ludzie bezustannie to powtarzają – usiłowałam wytłumaczyć – że nie ma tu antysemityzmu, ale Polacy nie mogą mieszkać w jednym miejscu z Żydami.

– Nie rozumiesz problemu, więc lepiej nie podejmuj dyskusji – oznajmił Leon. – Jeszcze się z nimi nie zetknęłaś, z tymi ich pejsami i niechlujnymi domami, i wszystkimi krętactwami, z jakimi mają do czynienia chłopi.

– Wiem, że jeszcze niewiele widziałam. Mimo to – ciągnęłam – jeśli ich domy są niechlujne, dzieje się tak dlatego, że nie wolno im posiadać ziemi, więc są skazani na getta. A ponieważ chcą przetrwać, wyrywają się z nich.

Oczy Alfreda prześliznęły się po pokoju. Uśmiechnął się zagadkowo.

– Muzykanci chyba już przyszli – powiedział.

Podszedł do matki, która siedziała przy kominku.

– Czy mama zechciałaby wskazać drogę do sali balowej? – zapytał po polsku.

Wszyscy tłumnie podążyli za ciocią Betką przez dwuskrzydłowe drzwi do przyległej sali, gdzie znajdowała się mniej więcej czterdziestoosobowa orkiestra w błękitnych uniformach z herbem rodziny na kołnierzykach. Wszyscy grali na instrumentach dętych. Dyrygent skłonił się cioci Betce i gościom. Z akompaniamentem fanfar zaczął się walc. Trąby dnia ostatecznego rezonowały w mojej głowie.

– Skąd się wzięła ta orkiestra? – wykrzyknęłam do kogoś stojącego w pobliżu.

– To prywatna orkiestra Alfreda – odpowiedział. – Sami służący, stajenni i tym podobni. Wyszkolił ich.

Nie miałam ochoty tańczyć. Ulotniłam się dyskretnie. Chciałam zapalić jeszcze jednego papierosa tam, gdzie fanfary brzmiały ciszej, a ogień wciąż połyskiwał na obitym miedzią palenisku kominka. Jedna z licznych siostrzenic cioci Betki odpoczywała samotnie na sofie, oparłszy znużoną głowę o poduszkę. Wyprostowała się, kiedy nadeszłam.

– Proszę się nie ruszać – powiedziałam. – Wydaje mi się, że tak jest pani wygodniej.

Była blada. Jej ociężałe ciało osunęło się z powrotem na sofę.

– Chyba wiem, jak się pani czuje – zauważyłam.

– O! – W jej oczach pojawił się błysk zainteresowania. – Nie miałam pewności.

– To będzie dopiero w maju.

– Ja również mam termin na maj. To moje czwarte w ciągu pięciu lat.

– Nie wiem, jak pani to znosi.

– Cóż, tym razem nie czuję się dobrze – stwierdziła.

– Powiedziałabym, że dla kobiety to straszne obciążenie. – Zawahałam się na moment i dodałam: – Po co mieć aż tyle dzieci?

Popatrzyła na mnie z zaskoczeniem. Jej twarz nabrała surowego wyrazu.

– Bądź co bądź – przemówiła stanowczo – jest to małżeński obowiązek. Nie wychodzimy za mąż dla przyjemności – zakończyła.

Nie ośmieliłabym się nic na to odpowiedzieć, więc w milczeniu dopaliłam papierosa i nie żegnając się z resztą gości, udałyśmy się do swoich pokojów.

Następnego ranka dwa czterokonne zaprzęgi czekały na wewnętrznym dziedzińcu zamku, by zawieźć nas na polowanie. Osiem doskonale dobranych koni w błyszczących uprzężach z trudem dawało się powstrzymać, kiedy uczestnicy zajmowali miejsca w karocach, a z tyłu każdej z nich stał stajenny w cylindrze, dzierżący trąbkę. Usiadłam z przodu w pierwszej, którą Alfred sam powoził. Zagrzmiały trąbki. Wyruszyliśmy przez główną bramę zamku, osiem paradnych koni, a wszyscy cali w radosnych rumieńcach. Był to uroczysty widok. Przejechaliśmy podjazd w szybkim tempie, minęliśmy bramę i znaleźliśmy się w miasteczku. Dzieci, chłopi i mieszczanie tłoczyli się na uliczkach, żeby na nas popatrzeć. Trąbki zagrały ponownie, aby ludzie usunęli się z drogi. Alfred uchylił kapelusza przed obserwatorami.

– Ludzie bardzo lubią nas oglądać – powiadomił mnie, wprawnie powożąc czwórką koni i skręcając przy rogach ulic.

Usadowiona na wysokiej ławeczce, górującej nad całą okolicą, poczułam się ważną osobą. Alfred nachylił się w moją stronę.

– Wie pani – zaczął – w Ameryce najbardziej wstrząsnęła mną rozbieżność między bogatymi a biednymi.

Nie mogłam uwierzyć, że dobrze go zrozumiałam.

– Rozbieżność? W Ameryce?

– Tak. Na przykład w Chicago. Pamiętam te przepiękne domy nad jeziorem... a w pobliżu okropne dzielnice nędzy. Nie przypuszczam, żeby gdziekolwiek indziej na świecie istniały takie różnice.

Gdy to mówił, mijaliśmy truchtem kryte strzechą wiejskie chaty, a kiedy ze stukaniem kopyt skręciliśmy ostro w błotnistą polną drogę, wyskoczył skądś nagle bosy staruszek, zdjął czapkę i złożył przed Alfredem głęboki ukłon.

– A to, co dzieje się tutaj? – zapytałam.

– O, to inna sprawa. Ponadto tutejsi mieszkańcy są bardzo dumni z zamku. Podnosimy ich poziom życia, rozumie pani.

– Zapewne czynicie to, zapewniając im mnóstwo pracy. Mimo wszystko jednak ta sytuacja przypomina mi nieco Marię Antoninę i jej zdanie o ciastkach.

Alfred zaśmiał się krótko.

– Zabawne – rzekł. – Nigdy nie patrzyłem na to w taki sposób.

Zauważyłam, że nie chce wdawać się w dyskusję. Szczerze mówiąc, dzień był zbyt pogodny na to, by się spierać. Mając przed sobą przebierające nogami w zgodnym rytmie zwierzęta, poczułam się tak ożywiona, że nic już nie miało znaczenia. Nad polami i zaroślami zawisła różowawa mgiełka. Był to jeden z tych jesiennych dni, w które – co się rzadko zdarzało w posępnym północnym klimacie – pojawiała się nostalgiczna łagodność, niczym uśmiech na rozgoryczonej twarzy.

Główny leśniczy wyznaczył każdemu uczestnikowi pozycję przy wąskiej dróżce między wysokimi jodłami, gdzie miało rozpocząć się polowanie. Ponieważ zakończył się sezon na płową zwierzynę, która utraciła teraz letnie rudawe umaszczenie, mieliśmy strzelać do zajęcy i bażantów. Przy pierwszym stanowisku pozostałam z mężem, który ustawił moje składane krzesło przed sobą i nakazał mi nie ruszać się i nic nie mówić. Za nim stanął mężczyzna z drugą strzelbą i nabojami. Po pewnym czasie dobiegł nas z oddali dźwięk rogu oznaczający, że nagonka ruszyła. Po obu stronach długiej rozpadliny pośród drzew, około stu jardów od nas, stali inni myśliwi. Zapanowała pełna napięcia cisza. Siedziałam w pełni skupiona, nasłuchując i wypatrując, nie wiedząc przy tym, co najpierw usłyszę lub zobaczę.

Rozległo się wciąż oddalone stukanie w pnie drzew, a później pogwizdywania i męskie głosy. Wtem coś zaszeleściło w zaroślach, przedarło się w górę przez gałęzie i z trzepotem skrzydeł przefrunęły nad nami ptaki, wzbijając się ponad korony najwyższych drzew.

– *Tiro!* – wykrzyknęli ludzie.

Strzelby wypaliły jedna po drugiej. Mężczyzna stojący za moim mężem nie nabił broni dostatecznie szybko. Mąż zaklął. Wszędzie wokół nas spadały ustrzelone ptaki, lądując na ziemi z głuchym odgłosem. Część z nich trzepotała jeszcze zakrwawionymi skrzydłami, inne leżały bez ruchu. Dostrzegłam szybującego nad nami ptaka, do którego nikt nie mierzył.

– Tam! Tam! – wskazałam.

Nie był to jednak bażant. Wypatrzenie odróżniających samce barwnych piór na głowach ptaków w locie sprawiało trudności.

Donośne głosy naganiaczy rozległy się teraz tuż za nami. Ostatnie ptaki, które długo czekały w zaroślach, wzbiły się gwałtownie w górę i zostały szybko sprowadzone na ziemię. Naganiacze weszli na naszą ścieżkę i rozbiegli się, zbierając martwe ptaki. Mój mąż ustrzelił siedemnaście. Pierwsze polowanie dobiegło końca.

Po piknikowym lunchu, który podano w pawilonie osłoniętym od góry jodłowymi gałęziami, rozpoczęła się ostatnia nagonka. Zostałam z mężczyzną, który – zdaniem mojego męża – był jednym z najlepszych strzelców w Polsce. Usiadłam za nim na swoim krześle i przyglądałam się, jak z niewymuszonym wdziękiem strąca nie tylko ptaki fruwające wysoko nad naszymi głowami, lecz także te znajdujące się dość daleko po prawej i lewej stronie, do których dla bezstronnego obserwatora mogli równie dobrze rościć sobie prawa nasi sąsiedzi. Nie wydawało się jednak, aby mu to przeszkadzało. Gdy naganiacze już docierali do nas, na mszystym skraju lasu, tuż przed nami, na tyle blisko, że widzieliśmy jego drgający nos, pojawił się nagle zając. Przez długą chwilę wpatrywał się w nas, niepewny, a jego drobne ciało sprężyło się do skoku. Rozległ się wystrzał. Zając, który dawał susa w poprzek naszej ścieżki, upadł piszcząc o kilka stóp od nas, a potem zaczął pełznąć w stronę drzew. Mój myśliwy podszedł do zwierzęcia.

– No i mam cię, mój mały! – zawołał. – Zaraz cię załatwię.

Uniósł strzelbę i z trzaskiem opuścił kolbę na łebek zająca.

– Będziesz miał nauczkę – rzekł do znieruchomiałego ciała. Odwrócił się i uśmiechnął do mnie. – Dostaliśmy go.

Popatrzyłam w inną stronę. Poczułam dziwny smak w ustach. Zabrałam krzesło i odeszłam. Tak czy inaczej, polowanie się skończyło.

Przy kolacji każdy z mężczyzn otrzymał kartę z wymienioną na niej liczbą swoich ofiar. Ten, który tak skutecznie dobił zająca, ustrzelił najwięcej sztuk.

Później, w małej barokowej sali amfiteatralnej za pokojem z miedzianymi kominkami część gości odegrała skecz, napisany na tę okazję po francusku przez Zoję, jedną z zaproszonych. Wypełniały go stosowne do okoliczności błahe żarty. Wszyscy się śmiali, a nieoczekiwana więź zrodzona z tego śmiechu sprawiła, że wszyscy spoglądali na siebie nawzajem z życzliwością. Mimo wszystko przy sprzyjającej pogodzie, obfitości bażantów, przejażdżkach czworokonnymi zaprzęgami i dobrym jedzeniu człowiek musiał przyznać, że życie szczodrze go obdarza.

Siedziałam obok polskiego pułkownika, odnoszącego się do kobiet w czarujący sposób, który zazwyczaj skrywał przeświadczenie, że wszystkie są głupie. Choć nigdy nie odwiedził Anglii, znał nazwiska parów oraz ich okręgi wyborcze, najlepszą przemowę Winstona Churchilla i całe monologi ze sztuk Szekspira w oryginale. Do piersi przypięty miał rząd medali. Kiedy się śmiał, acz brzmiało to nieokrzesanie, wszyscy mu wtórowali.

Przedstawienie osiągnęło punkt kulminacyjny, gdy Zoja, postawna, niefrasobliwa kobieta, wyskoczyła na scenę w bladoróżowej spódniczce baletowej. Jej pulchne uda wylewały się z obcisłych pończoch przy każdym piruecie, a pociągła twarz pod różanym wiankiem wykrzywiała się w dziko kokieteryjnym uśmiechu. Nigdy żadna balerina nie wzbudziła gorętszych oklasków.

W niedzielę rano wszyscy pojechaliśmy na mszę do wiejskiego kościoła. Zasiedliśmy w oddzielnym, oszklonym pomieszczeniu na górze, z dala od tłumu. Później, gdy wychodziliśmy, Alfred odciągnął mnie na bok.

– Jest tutaj pewien człowiek, który był w Ameryce – powiedział. – Chciałbym, żebyś zamieniła z nim kilka słów.

Podszedł do nas sterany wiekiem mieszkaniec wsi.

– Słyszałam, że jeździliście do Ameryki – odezwałam się do niego.

– Aha. Byłem przez dwa lata we Frisco, a potem w Nowojorku*. Jezu – ciągnął – to mi dopiero miasto. Nie to, co tutaj.

Popatrzyłam na jego haftowaną koszulę i buty z cholewami.

– Dlaczego tam nie zostaliście? – zapytałam.

– A po co, proszę pani? Zarobiłem, ile trzeba. Tu się więcej kupi za swoje pieniądze.

– Chyba macie rację – przyznałam.

Alfred nie zrozumiał ani słowa z tego, co mówił staruszek, lecz wydawał się zadowolony z naszej krótkiej pogawędki.

Za rogiem kościoła czekała orkiestra w niebiesko-żółtych mundurach. Kiedy dyrygent dostrzegł Alfreda, podał marszową nutę i ruszyliśmy ulicą, a za nami orkiestra, na tyłach której szedł mały szetlandzki kucyk dźwigający bęben. Wszyscy ludzie, którzy wyszli z kościoła, przystanęli, aby popatrzeć na ten pochód. Starając się kroczyć powoli i z godnością, czułam się jak tancerka rewiowa, która straciła rytm.

Za bramą zamkowego parku orkiestra objęła prowadzenie. Goście sunęli za nią przez ogród, gdzie wielkie kępy żółtych, brązowych i rdzawych chryzantem w donicach dobrze ukrytych

* Chodzi o San Francisco i Nowy Jork.

w ziemi dopiero co zasadzono o świcie. Podążając ciągle za orkiestrą, dotarliśmy w końcu do stajni. Tu muzycy nas opuścili.

Tuż za wrotami czekał stajenny ze srebrnym półmiskiem, na którym leżało kilka marchewek. Każde z nas wzięło jedną, żeby nakarmić konia. Pośrodku długiego przejścia między boksami rozłożono dywan. Przed każdym boksem czuwał kolejny stajenny. W stajniach nie unosił się żaden odór, nic nie wskazywało, aby te szlachetne zwierzęta kiedykolwiek skalały podłoże pod sobą.

Były tam konie czystej krwi, arabskie, angielskie, z irlandzkich i polskich hodowli, o mocnych szyjach i kapryśnym wyrazie oczu. Próbowałam dowiedzieć się od męża, co odróżnia je od zwykłych koni i od siebie nawzajem. Był jednak zbyt zajęty, aby mi odpowiedzieć; biegał od boksu do boksu, pomrukując coś o klatkach piersiowych i pęcinach, i czule poklepując piękne zwierzęta, a jego twarz aż jaśniała z zachwytu.

Potem Alfred zaprowadził nas do muzeum starych uprzęży, w których nie dostrzegłam nic szczególnego, prócz tego, że błyszczały, następnie zaś odwiedziliśmy miejsce, gdzie ustawiono wszystkie powozy. Znajdowały się tam bryczki, kabriolety, wiktorie, paradne powozy z wysokimi siedzeniami i te stateczne, z niskim zawieszeniem.

Obejrzeliśmy błękitno-złotą karocę, którą ciocia Betka jechała jako panna młoda do pałacu Franciszka Józefa. Mnie jednak najbardziej podobał się odrapany, wysłużony czarny kabriolet, którym – jak wyjaśnił Alfred – jego babka raz w miesiącu posyłała z Polski do Paryża bieliznę do prania, strzeżoną przez jednego forysia z przodu i drugiego z tyłu. Był to doskonały symbol feudalnej świetności.

ROZDZIAŁ CZWARTY

W zimie zaczęłam zdawać sobie sprawę, że stanowisko mojego męża jako dyrektora przedsiębiorstwa, posiadającego majętności po obu stronach granicy, nie jest tak dogodne, jak mi się wcześniej wydawało. Na Śląsku wciąż goiły się blizny po burzliwym i krwawym plebiscycie przeprowadzonym pod egidą Ligi Narodów. Rządzący tam Polak* cieszył się reputacją człowieka o silnie antyniemieckim nastawieniu, a także o postępowych socjalistycznych poglądach. W Katowicach, gdzie wojewoda rezydował, patrzono podejrzliwie na ludzi zatrudniających w biurach Niemców. Mojego męża krytykowano nawet za najmowanie niemieckiego kierowcy, choć musiał spędzać połowę swego czasu w Niemczech. Udziałowiec i współzarządzający w firmie mojego męża, Niemiec, którego posiadłość znalazła się na terenie Polski dopiero po zakończeniu wojny i który nie cieszył się z polskiego obywatelstwa, polecił żonie, aby ograniczyła zimową działalność dobroczynną do mieszkających tam Niemców. Mimo iż co wieczór ze wszystkimi domownikami odmawiał różaniec, nie pozwalał, by w należących do niego wioskach polskie dzieci miały dostęp do rozdawanego mleka i swetrów. W mieście, w którym mieszkaliśmy, Polacy wspierali Polaków, a Niemcy –

---

* Michał Grażyński (1890–1965) – wojewoda śląski w latach 1926–39. Prowadził politykę zwalczania wpływów mniejszości niemieckiej.

Niemców. Zdarzyło się, że Polka zmarła z głodu po narodzinach dziecka, ponieważ jej niemieccy sąsiedzi, choć wiedzieli o jej ciężkim położeniu, nikogo nie zawiadomili.

Oprócz drażliwych kwestii narodowościowych były jeszcze następstwa kryzysu gospodarczego, z którymi musiał mierzyć się mój mąż. Wiele gałęzi przemysłu podupadło. Jego przedsiębiorstwo często znajdowało się na krawędzi bankructwa. Rząd polski wyznaczył limit węgla, który może sprzedać dana spółka, a przekroczenie go wiązało się ze złamaniem prawa, choć nie można było zamknąć następnych kopalni ani zwalniać kolejnych pracowników. Prowadzenie interesów przy takich ograniczeniach było równie łatwe jak spacer na linie podczas wichury z otwartą parasolką.

A później, w styczniu, u mojego teścia zaostrzyły się objawy dusznicy bolesnej. Niemal natychmiast okazało się, że jest zbyt słaby, żeby podróżować pociągiem, a pokryte grubą warstwą śniegu drogi z posiadłości stały się nieprzejezdne dla samochodów. Był uwięziony, skazany na jedynego miejscowego lekarza z Rawy Ruskiej oraz pełne poświęcenia, acz nieumiejętne starania rodziny, by utrzymać go przy życiu.

Jeździliśmy tam często. Cały dom pogrążył się w ciszy. Nawet Tilka przestała wykrzykiwać, a służący chodzili na palcach. Każdego ranka pojawiał się ksiądz, aby odprawić mszę w pokoju, w którym leżał teść. My wszyscy klęczeliśmy na podłodze w holu. W jadalni na dole papuga wołała psy po imieniu lub wygwizdywała, fałszując, polski hymn, którego nauczył ją Iwan, podczas gdy na piętrze kapłan szeptał o życiu wiecznym i słyszałam, jak teść łamiącym się głosem pyta: „Boże mój, czy to koniec?".

Ale poczuł się lepiej, a potem – znowu gorzej po długiej walce organizmu ze śmiertelną chorobą. Jego blade oczy stały się teraz niemal bezbarwne, a żyły na rękach wyglądały jak zaznaczone na mapie łańcuchy górskie. Z trudem nakłoniono moją teściową, wciąż trzymającą się prosto i niestrudzoną, by sprowadziła wykwalifikowaną pielęgniarkę do pełnienia nocnych dyżurów. Kiedy ta drobna istota w pomiętym fartuchu przybyła, dygnęła, ucałowała nasze ręce i czekała, by ktoś powiedział jej, co ma robić. Już po niedługim czasie teść byłby ją zamordował, gdyby nie wyjechała z własnej woli. Wkrótce potem Iwan zaczął pielęgnować chorego. To Iwan przeprowadzał go przez labirynt nocnych koszmarów i wspierał w cierpieniu. Pewnego razu teść kazał Iwanowi sprowadzić do pokoju całą rodzinę i służbę. Iwan wyszedł, a wróciwszy sam, oznajmił, że przyszli. Mój teść wygłosił długą przemowę, prosząc każdego z obecnych o wybaczenie ostrych słów lub niesprawiedliwego potraktowania. Gdy skończył, pożegnał się, pobłogosławił ich i odprawił gestem. Iwan otworzył drzwi i wypuścił urojone osoby.

– Teraz książę musi odpocząć – oznajmił.

I mój teść zasnął jak dziecko.

W marcu byłam tam ostatni raz przed spodziewanymi narodzinami dziecka. Wczesne zwiastuny wiosny wtopiły resztki śniegu w wilgotną ziemię, nad którą wisiała parująca mgiełka. Na leśnych ścieżkach i ściętym długotrwałym mrozem trawniku leżały, tu i ówdzie, psie, końskie i ludzkie odchody. Głębokie błota zaczęły mięknąć. Gdy przyjrzało się uważniej gałązkom drzew, dało się dostrzec maleńkie wypukłości. Raz czy dwa odezwała się kukułka.

Przygnębiona polepszeniami i pogorszeniami stanu zdrowia teścia, zbyt ociężała już, aby odbywać dłuższe przechadzki po lesie, znalazłam gruby pień, niewidoczny z domu, na którym siadywałam i pisałam do nienarodzonego dziecka białym wierszem, nakłaniając je, by wyrzekło się poczucia bezpieczeństwa i prowadziło buntownicze życie. Wyobrażałam sobie, że przebywam w ogrodzie otoczonym wysokimi murami, na których znajdują się odłamki szkła uniemożliwiające ucieczkę. Do wypełnionego niepokojem i ciszą domu wracałam jedynie na posiłki.

Po popołudniu przed naszym wyjazdem teść, który doznał nagłego przypływu sił, zasiadł w fotelu w swoim gabinecie. Rozprawiał o swojej niechęci do Anglików, którzy sami są odpowiedzialni za ostatnią wojnę. Wspominał czasy, gdy jako młodzieniec przyjechał z bratem na dwór cara w Moskwie i jak raz zatańczył z carycą. Lekki rumieniec zabarwił jego nieustannie zmieniającą się twarz. Gdy książka ześliznęła mu się z kolan na podłogę, a ja schyliłam się, by ją podnieść, wybuchnął śmiechem.

– Dobry Boże! – zwrócił się do mojego męża. – Pomyśleć tylko, jaka była chuda, kiedy tu przyjechała!

Wiedziałam, jak zabawnie wyglądam, kiedy się schylam. Śmialiśmy się więc wszyscy troje. To była ulga, zobaczyć go w pogodnym nastroju. Wówczas widziałam go po raz ostatni.

Jako córka lekarza odczuwałam niejakie opory na myśl o tym, że moje dziecko przyjdzie na świat w Polsce, gdzie jedynie Żydówki i biedaczki z dużych miast rodziły w szpitalach. Kobiety znane mojemu mężowi odbywały połóg w domu, we własnych łóżkach. Starannie wybierały położne, które zjawiały się na tydzień przed spodziewanymi narodzinami. Sprawowały pełną opiekę nad matką i dzieckiem. Doktora wzywano jedynie w wyjątkowych przypadkach, ponieważ taką potrzebę uważano za niestosowną. W końcu narodziny były naturalnym procesem, a nie chorobą i w większości przypadków położna z Bożą pomocą dawała sobie radę. Moja teściowa wszystkie dzieci urodziła w domu. Przy moim mężu, który pojawił się dwa tygodnie przed czasem, nie miała nawet do pomocy położnej, której, ze względu na oszczędność, nie wzywano aż do ostatniej chwili.

Ponadto opowiedziano mi historię – która raczej nie miała na celu ukojenia moich nerwów i wzmocnienia poczucia bezpieczeństwa – o rodzinnej bohaterce, matce pięciorga dzieci, której, gdy spodziewała się szóstego, lekarz powiedział, że umrze, jeśli donosi ciążę. Poradziła się więc spowiednika. Oznajmił, że interwencja medyczna byłaby grzechem śmiertelnym. Ze spokojem przyjmując do wiadomości perspektywę osierocenia pięciorga dzieci, nie wspominając o tragedii, jaką przeżyłby jej mąż, przygotowała się na śmierć. Fakt, iż w końcu przeżyła, przypisywano wyłącznie jej pobożności.

Ponieważ mąż nie życzył sobie, aby nasze dziecko urodziło się w Niemczech, skąd byłoby najbliżej do Polski, zdecydowałam się na szpital w Wiedniu. Plan ten stał się tematem licznych dyskusji w rodzinie męża. Teściowa twierdziła, że w szpitalach rodzi się tak wiele dzieci, iż czasami je mylą i nie dostajesz własnego. Moja szwagierka Elżbieta ostrzegła mnie przed zastosowaniem eteru, ponieważ bóle porodowe, zgodnie z Bożym zamierzeniem, mają rozbudzić miłość macierzyńską. Tilka była mniej zainteresowana przyczyną mojej podróży, a bardziej samą okazją, by mi towarzyszyć, zważywszy że mój mąż nie mógł tam pozostać. Niezależnie od choroby jej ojca pojawiły się wątpliwości, czy jest stosowne, aby towarzyszyła mi w takich okolicznościach. Pewna sędziwa ciotka napisała, by powiadomić, iż obawia się o reputację młodej panienki udającej się z ciężarną kobietą w podróż, podczas której nie sposób przewidzieć, czego może doświadczyć, i że w ogóle nie rozumie dlaczego, jako niezależna Amerykanka, potrzebuję towarzystwa. Jednakże, po usilnych błaganiach, zezwolono Tilce pojechać ze mną.

W dniu naszego wyjazdu wybrałam się autem do Katowic, gdzie miałam spotkać się z Tilką i mężem. Wybrałam najkrótszą drogę, wjechałam do Niemiec przez stałe przejście graniczne, gdzie dobrze mnie znali i skierowałam w stronę kolejnego, przez które przejeżdżało się z powrotem do Polski. Byli tam nowi urzędnicy, z którymi nigdy jeszcze się nie zetknęłam. Kazali mi opuścić auto i udać się do niewielkiego biura na poboczu drogi.

– Ile ma pani przy sobie pieniędzy? – spytał urzędnik sprawdzający paszporty.

Pokazałam mu zawartość torebki. Zmierzył mnie spojrzeniem z góry na dół. Później powiedział po niemiecku, ostrym tonem:

– Przeszukać ją.

Zaprowadzono mnie do małego pomieszczenia wewnątrz budynku pozbawionego okien, gdzie czekała gruba policjantka ze swastyką na ramieniu.

– *Heil* Hitler – powiedziała i uniosła ramię.

– Dzień dobry – odparłam.

– Niech pani zdejmie kapelusz – poleciła.

Wywróciła go na drugą stronę, wyciągnęła podszewkę, a później mi go oddała.

– Pokazać buty – powiedziała.

Z trudem do nich sięgnęłam, ale nie pospieszyła z pomocą. Wsunęła ręce aż po czubki butów i obmacała je starannie.

– Teraz proszę zdjąć ubranie.

Poczułam, że oblewam się potem.

– Muszę zdążyć na pociąg – oświadczyłam. – Nie mogę się spóźnić. Jadę do Wiednia.

– Są inne pociągi do Wiednia – oznajmiła beznamiętnie.

– Przecież pani widzi, że nie mogę się rozebrać.

Myślałam, że zrozumie moje zakłopotanie. Ona jednak ostrym ruchem wyciągnęła rękę i szturchnęła mnie w brzuch. Krew napłynęła mi do twarzy.

– To dziecko – powiedziałam, odsuwając się od niej. – Nie złoto.

Wsunęłam stopy w buty i pospiesznie przeszłam obok urzędników do auta. Kiedy wreszcie spotkałam się z mężem i Tilką, wciąż nie mogłam złapać tchu z oburzenia, a w głowie brzęczały mi zdania, które powinnam była wygłosić, ale oni tylko się z tego śmiali.

Mój wiedeński lekarz, pragnąc okazać szacunek, a być może niepewny, czy w Polsce nie ma rodziny panującej, a jeśli jest, to czy ja do niej należę, zachowywał dystans stosowny wobec członków rodziny królewskiej. Kiedy leżałam na stole operacyjnym, mój zaćmiony umysł oczyścił się na tyle, abym usłyszała, jak mówi po niemiecku:

– Czy Wasza Wysokość uczyni mi ten zaszczyt i zechce przeć?

W paroksyzmie dzikiego śmiechu straciłam przytomność.

Następnego dnia, kiedy przyniesiono nam Marię Krystynę*, oboje z mężem byliśmy bardzo zdenerwowani i zerkając na jej głowę w kształcie gruszki i plamistą cerę, unikaliśmy nawzajem swojego spojrzenia. Później tego samego dnia, mąż, odchrząknąwszy, powiedział łagodnym tonem:

– Musimy zapewnić jej najlepsze wykształcenie. Zostanie intelektualistką. – Umilkł, lecz po chwili dodał: – Dla kobiety to ciężki los, jeśli jest aż tak brzydka.

Przez resztę popołudnia byliśmy dość przygnębieni. Tydzień później ochrzczono Krysię w szpitalnej kaplicy. Tilka ją trzymała, a ja siedziałam za drzwiami w fotelu na kółkach, ze świecą w drżącej dłoni. Nie pozwolono mi wejść do środka, dopóki ksiądz, który mamrotał jakieś modlitwy i lekko pryskał wodą święconą, nie oczyścił mnie z grzechu urodzenia dziecka.

Zorganizowanie naszego powrotu do Polski okazało się niełatwe. Amerykanie odmówili wpisania córki do mego paszportu, ponieważ była Polką. Z drugiej strony Polacy odmawiali wydania jej paszportu do czasu, aż upewnią się, iż nie zamierza obalić rządu. W końcu jednak przystali na umieszczenie jej imienia w paszporcie męża i wraz z nową obywatelką powróciliśmy na Śląsk.

Nie zdążyłam przyzwyczaić się jeszcze do krzyków, czkawki i plucia – które, jak zapewniała mnie świeżo dyplomowana polska pielęgniarka, nie oznaczały, że dziecko kona – gdy wezwano mojego męża, aby przyjechał do ojca. Przez tydzień nie rozmawiałam z nikim poza służącymi. Waleria, która wyczuwała mroczny cień śmierci nad naszymi głowami, krążyła po domu, wzdychając i wzywając Pana Boga na świadka naszych cierpień. Na dźwięk telefonu lub dzwonka u drzwi zimny dreszcz przebiegał mi po

---

* Christine Sapieha Fremantle (ur. 5 maja 1934) – malarka i psychoterapeutka, mieszka w Londynie.

plecach. Nadeszła depesza, że ojciec czuje się znacznie lepiej. Godzinę później ktoś zadzwonił z wiadomością, że nie żyje.

Mąż wrócił zamknięty w sobie, pełen lodowatego dystansu. Oznajmił mi, że mam nosić czarne ubrania, bo inaczej ktoś mógłby pomyśleć, iż nie obeszła mnie śmierć teścia. Pomogłam mu zaadresować setki kartek z podziękowaniami za kondolencje, z szeroką na cal czarną obwódką. Dużo mówił o tym, kto przyjechał na pogrzeb. Na dziecko niemal nie spojrzał. Prawie cały czas spędzał w biurze.

Pewnego upalnego dnia dwa tygodnie później przyjechała jego matka, która dotychczas nie widziała swojej pierwszej wnuczki. Usiadłyśmy w naszych czarnych strojach i znowu wysłuchałam wieści z pogrzebu. Teściowa przywiozła fotografie; jedną Elżbieta zrobiła ojcu tuż po śmierci, a druga, najwyraźniej przeznaczona dla mnie, przedstawiała mojego męża stojącego przy trumnie w pogrzebowym stroju. Z dreszczem odrazy odepchnęłam to zdjęcie. Jednak, gdy raz już je zobaczyłam, nie potrafiłam o nim zapomnieć.

Zarządzanie posiadłością musiało przypaść w udziale mojemu mężowi. Kobiety z rodziny nie brały za nią żadnej odpowiedzialności przez te wszystkie lata, kiedy teść dbał o najdrobniejsze szczegóły. Obecnie, choć nie bardzo wierzyły w zawodowe kompetencje mojego męża, oczekiwały, że wszystkim się zajmie. On nie miał ochoty rezygnować z pracy na Śląsku, ustalono więc, że spędzi połowę urlopu w posiadłości, gdzie ustali podział obowiązków, a później będzie przyjeżdżał raz w miesiącu na kilka dni, aby sprawdzić, jak wszystko działa.

Tym razem chciał pojechać autem, w pierwszej kolejności odwiedzając klasztor, gdzie zakonnicą była jego siostra Maria*, której nie miałam jeszcze sposobności poznać. Strach przed po-

* Maria Jadwiga Sapieżanka (1899–1987) – należała do zakonu sióstr niepokalanek w Jazłowcu (województwo tarnopolskie).

nowną samotnością przeważył nad obawą przed opuszczeniem dziecka, więc pojechałam. Ledwie pozostawiliśmy za sobą śląskie drogi, koła zaczęły tonąć w błocie aż po piasty. Tak mnie pochłonęły wstrząsy, które wydawały się przemieszczać moje kości z ich normalnego położenia, że nie zauważyłabym nawet, gdybyśmy mijali Tadż Mahal. W pewnej chwili obudziła mnie sprzeczka męża z zaspanym wieśniakiem, którego koń obrał niewłaściwą stronę drogi.

– Hej, ty, człowieku! – Mąż, wystawiając głowę przez okno, zawołał w pierwszej chwili dość przyjaznym głosem.

Chłop ani drgnął, a koń nie zmienił obranego kierunku.

– Dziadku! Obudźcie się! Dokąd właściwie zmierzacie?

Chłop otworzył oczy, ściągnął lejce i popatrzył.

– Wynoście się stąd. Usuń się z drogi, staruszku! – W głosie mojego męża pobrzmiewała coraz silniejsza irytacja.

Rozbudzony teraz wieśniak szarpnął lejce i kazał zwierzęciu jechać dalej. Koń, bardzo zdenerwowany, ruszył w poprzek drogi, zatrzymał się, cofnął, poczuł dyszel trącający jego nogi i zaczął stawać dęba. Mój mąż, rozwścieczony, otworzył drzwi auta, wygrażając pięścią.

– Ty bestio! Ty świnio! Niech cię szlag trafi! – wrzeszczał z pobladłą twarzą. Potem, z gwałtownym skrętem kierownicy, pomknęliśmy dalej, mijając konia o włos.

Po trzech dniach takiej podróży i nocach spędzonych w dwóch hotelach, które – choć podejrzanie szare i zakurzone – nie zdradzały obecności pluskiew, dotarliśmy do porządnej drogi nad Dniestrem z widokiem na rumuńskie wzgórza. Wreszcie, dwadzieścia mil za ostatnim miasteczkiem, wspiąwszy się krętą trasą, dotarliśmy do owiewanego wiatrem odosobnionego klasztoru. W osiemnastym wieku był to zamek Poniatowskich, ostatniej polskiej rodziny królewskiej. Najstarsza, zrujnowana część zamku górowała nad pomieszczeniami klasztornymi, wykorzystywanymi obecnie jako internat dla dziewcząt.

Zadzwoniliśmy i otworzyło się niewielkie okienko w murze. Jakaś stara zakonnica zapytała, czego sobie życzymy. Odparliśmy, że przyjeżdżamy zobaczyć się z siostrą Marią od Wniebowzięcia. Zaprowadziła nas na dziedziniec, gdzie czekaliśmy, aż Maria, wysoka i krucha, w szeleszczącym białym habicie, wyszła nam na spotkanie.

– Moi kochani – powiedziała, całując nas oboje. Jej jasne oczy rozbłysły, gdy spojrzała na mojego męża. – Chodźmy, porozmawiajmy o wszystkim. Tak wiele mamy do omówienia, a zbliża się szósta – podkreśliła – więc Paweł nie będzie mógł tu dłużej zostać.

– Dokąd pójdzie?

– Przenocuje u księdza poza bramami. Żaden mężczyzna nie może wejść na teren klasztorny po godzinie szóstej wieczorem – wyjaśniła z uśmiechem. – Ale ty – zwróciła się do mnie – będziesz spać w naszym najlepszym pokoju gościnnym, tym, w którym urodził się Poniatowski*.

Usiedliśmy na ławce pod cienistym drzewem pośrodku dziedzińca. Wiatr przeganiał nad naszymi głowami szare, kłębiaste chmury. Od czasu do czasu przechodziła szybko obok nas, odwracając wzrok, biało odziana postać.

Maria i mój mąż rozmawiali, oczywiście o swojej matce i o tym jak radzi sobie z żałobą. Marii pozwolono po raz pierwszy od siedmiu lat pojechać do rodzinnego domu, kiedy umierał jej ojciec, ale na pogrzebie już nie została. W zaistniałych okolicznościach mogła tam wrócić tylko raz, gdyby umierała jej matka. Była bardzo przyjazna, ta kobieta o twarzy zmęczonego renesansowego anioła, przejęta i zaciekawiona drobiazgami, żywo reagująca na wszystko, o czym mówiliśmy. O sobie jednak nie powiedziała ani słowa.

---

* Stanisław August Poniatowski (1732–1798) urodził się w Wołczynie. W Jazłowcu, o którym mowa, spędził natomiast kilka młodzieńczych lat.

Gdy mój mąż wyszedł i zamknięto za nim bramę, poszłyśmy na przechadzkę po zakonnym ogrodzie. Światło dogasało na długiej, prostej ścieżce wśród jodeł, którą mnie prowadziła.

– Pokażę ci, czym się najbardziej szczycimy – oznajmiła.

Za drzewami ścieżka opadała stromo wzdłuż trawiastego zbocza. U stóp wzniesienia znajdowały się prowadzące do wnętrza żelazne drzwi. Sięgnęła w głąb fałd swojej szaty, wydobyła duży klucz, otworzyła drzwi i wprowadziła mnie przez nie. Zapaliła świecę i uniosła ją wysoko, abym mogła coś zobaczyć. Pod każdą ścianą, na trzech poziomach, znajdowały się białe kamienne trumny. Nie było na nich żadnych imion ani napisów, jedynie krzyże. Tutaj spoczęły razem starsze i młode zakonnice, zjednoczone w ciszy anonimowości.

Cienisty spokój na zewnątrz dodał mi odwagi.

– Dlaczego tu przyjechałaś? – zapytałam.

– Miałam powołanie – odparła.

Przypomniałam sobie, jak mój mąż opowiadał, że po tym, gdy odjechała na zawsze, on i jego ojciec zamknęli się na cały wieczór, każdy w swoim pokoju.

Wiatr szarpał gałęziami; letni zmierzch przynosił chłód. Dostrzegałam jedynie biel jej habitu.

– Jesteś szczęśliwa? – spytałam.

– O, tak! – odpowiedziała.

– Ale na początku musiało być ciężko.

– Nieustannie czymś się zajmuję. Teraz, rzecz jasna, dziewczęta wyjechały na wakacje, ale kiedy tu są, nie mam ani jednej wolnej chwili.

– Z tak wielu rzeczy zrezygnowałaś – odezwałam się. – Z jazdy konnej, polowań i przebywania na świeżym powietrzu, co, jak twierdzi Paweł, lubiłaś najbardziej.

– Tak. Nieczęsto wychodzimy na zewnątrz. Ale przywykłam do tego.

– Czy warunki są bardzo ciężkie?

– Nie wiem. Najtrudniej jest panować nad wolą. Odkryłam, że mam bardzo zły charakter – stwierdziła i zaśmiała się lekko.

– Wątpię – odparłam, również się śmiejąc.

– O tak, wciąż taki sam. Ale jest wiele zdrowych sposobów, by nabrać pokory. Kiedy, na przykład, coś stłuczemy, musimy klękać przed matką przełożoną i prosić o przebaczenie. Ponadto, po prostu dla utrzymania dyscypliny, klękamy, by prosić o pozwolenie napicia się wody. Nie wiem, dlaczego tyle mówię – podjęła po chwili. – Nigdy nie rozmawiamy o tych sprawach. Chodź – dodała – musimy już wejść do środka.

Poprowadziła mnie długim kamiennym korytarzem i na górę zimnych, kamiennych stopni, gdzie napotkałyśmy dwie drobne zakonnice, którym mnie przedstawiła.

– A gdzie jest kochane dzieciątko? – spytała jedna z nich po polsku.

– Skończyło już dwa miesiące, prawda? – wtrąciła druga. – Ale nie wzięła jej pani z sobą?

Zaprzeczyłam ruchem głowy. Wydawały się zaskoczone.

– Więc nie karmi jej pani sama? – zapytała pierwsza.

– Z butelką nigdy nic nie wiadomo – orzekła druga. – Mleko matki jest najzdrowsze.

Pokazałam im zdjęcie Krysi leżącej nago w słońcu na kocyku. Obejrzały je skwapliwie.

– Bez choćby tyciej koszulki – powiedziała pierwsza.

– A główka znajduje się w pełnym słońcu – podkreśliła druga.

Maria wtrąciła się w tę śpiewną antyfonę i zabrała mnie do mojego pokoju. Ogromne okna wychodziły na ogród. Zapaliła lampę naftową i postawiła ją na stole. Potem zostawiła mnie, by udać się na wieczorną modlitwę. Ponieważ nie pozwolono mi spożywać posiłku z zakonnicami, pokojówka przyniosła tacę z kolacją. Po pewnym czasie Maria wróciła.

– Chciałam cię o coś zapytać. Jak radzisz sobie z religią? Jest ci trudno?

Zawahałam się na chwilę.

– Obawiam się, że nie jestem zbyt pobożna – odparłam w końcu.

– To przyjdzie z czasem – zapewniła. – To kwestia łaski, wiesz, i powinnaś o nią poprosić. – Uścisnęła moją dłoń. – Codziennie modlimy się tutaj za ciebie.

Mówiła z wielkim przekonaniem. Odwzajemniłam jej uścisk, ale nie wiedziałam, co mogłabym powiedzieć.

Kiedy wyszła, przeniosłam lampę za parawan i obmyłam się zimną wodą w małej miednicy. Otworzyłam na oścież okna na drugim końcu pokoju i ułożywszy się na wąskim, żelaznym łóżku, próbowałam czytać przy świetle świecy. Ale powiewy wiatru przepływały wokół mnie i płomień świecy na przemian to rozbłyskał, to przygasał rozpaczliwie, więc ją zdmuchnęłam. Ciszę zakłócał jakiś łopot i trzeszczenie. Rozległ się furkot skrzydełek, coś głucho uderzyło o sufit, a potem przez chwilę nic prócz szelestu gałęzi na zewnątrz. Ponownie coś zatrzepotało mi nad głową. Usłyszałam lekkie kroki, zaskrzypiała deska w podłodze. Ktoś znajdował się w pokoju, byłam tego pewna. W ciemności nabrała kształtu i poruszyła się jakaś biała plama. Zapaliłam świecę. Mój ręcznik, zwisający z oparcia krzesła, lekko falował. Wstałam, wciąż trzymając świecę i ruszyłam w głąb pokoju. Obok mojej głowy żwawo przemknął nietoperz. Zniknął w głębi ogrodu. Wychyliłam się przez okno i wyjrzałam w noc. Poniżej, za drzewami, spały zmarłe zakonnice, a tutaj, na końcu tego samego korytarza, za moimi plecami do snu ułożyły się również żyjące. Bramy klasztorne zamykano aż do rana. Nocne niebo pojaśniało, a ja zmarzłam, zanim wróciłam do łóżka.

Raz, podczas owych trzech tygodni spędzonych w posiadłości, pojechałam pociągiem na Śląsk, aby zobaczyć Krysię. Zmieniła się na korzyść. Główka przybrała krąglejszy kształt, skóra stała się gładka, a długi kosmyk włosów, z którym się urodziła, nie był już samotną wyspą na jej drobnej czaszce, pokrytej teraz ciemnym puszkiem. Pielęgniarka zaczęła dawać jej sok pomarańczowy. Jej czkawki nie wywoływały już u mnie nerwowych dreszczy. Przynosiło ulgę cieszenie się tą przerwą między dniami spędzanymi z rodziną męża, gdy spacerowaliśmy, zawsze razem, w grubych, czarnych strojach, nie było o czym rozmawiać podczas posiłków, a co kilka godzin teściowa i szwagierki udawały się do dusznej krypty pod kaplicą na modły przy niepogrzebanej trumnie.

Padało od wielu dni, kiedy wyruszyliśmy autem do domu. Pola wzdłuż drogi znajdowały się pod wodą. Nie było gdzie wypasać krów; uprawy zalało. Domom i mostom groziło niebezpieczeństwo. W innych częściach Polski wystąpiły powodzie. Kiedy podskakiwaliśmy na wybojach, błoto pryskało spod kół i oblepiało przednią szybę auta. Postanowiliśmy przenocować w położonym nad Sanem rodzinnym zamku Sapiehów, obecnie należącym do Leona*, którego poznałam podczas weekendowego przyjęcia u cioci Betki.

Kiedy podjechaliśmy, na trawniku pasło się stado owiec, podczas gdy jakiś wiejski chłopak dmuchał od niechcenia w trzcinową piszczałkę. Domek dla dzikich kaczek stał na wysepce na stawie, a cała rodzina tych ptaków kołysała się dumnie na wodzie.

Wieżę zegarową, stanowiącą bez wątpienia najstarszą część zamku, zbudowano w piętnastym wieku. Jak powiedział mi mąż, była tu niegdyś fosa i most zwodzony. Ale Leon unowocześnił wejście. Do drzwi frontowych prowadziła teraz szeroka kondygnacja kamiennych schodów i w nocy włączano nad nimi nowoczesne światła o załamujących się promieniach. Na wewnętrznym dziedzińcu, który nigdy nie miał zostać uporządkowany, piętrzyły się sterty kamieni i ziemi, jako że w trakcie podjętej przez Leona

* Sapiehowie byli właścicielami zamku w Krasiczynie od 1835 do 1944 roku. Przez cały okres międzywojenny Leon prowadził systematyczną restaurację zamku, którą kierował Adolf Szyszko-Bohusz (1883–1948) – słynny architekt i konserwator zabytków.

renowacji polski rząd ogłosił nieoczekiwanie, że zamek jest narodowym zabytkiem i zabronił dalszych prac.

Wewnątrz korytarze obwieszone były wizerunkami przodków: senatorów, marszałków i biskupów – wszyscy mieli wydatne nosy i zostali namalowani przez pseudowłoskich artystów na zmatowiałej blasze. Ci dawni Sapiehowie, pochodzący z Litwy, zajmowali w historii Polski poczesne miejsce ze względu na swój butny indywidualizm i nieustępliwość widoczną w każdym pokoleniu. Musieli być wielkimi panami, gdyż nawet król Francji Ludwik XIV wysyłał na ich dwory ambasadorów.

Portret dziadka mojego męża, Adama Sapiehy, wisiał w salonie. Zwano go Czerwonym Księciem, z racji jego radykalnych działań zmierzających do poprawy metod uprawy roli przez chłopów, a także z tego względu, iż należał do nielicznych arystokratów swego czasu, którzy odrzucali rozmaite ugodowe programy federacyjne i pracowali nad uzyskaniem przez Polskę prawdziwej niepodległości. Gdy mój teść był jeszcze młodzieńcem, stary książę Adam, niegdyś jeden z najbogatszych w Polsce magnatów, stracił większość majątku, gdyż klienci oblegli bank, którego był prezesem, on zaś, wyszedłszy na balkon ponad spanikowanym tłumem, zapewnił, że ponosi osobistą odpowiedzialność za każdy rachunek. Wyprzedając ponad połowę majątków ziemskich i wykorzystując fundusze siedmiu synów, wypłacił osiem milionów koron.

Ciocia Elunia*, matka Leona, której nigdy wcześniej nie spotkałam, pojawiła się dopiero w porze kolacji. Nosiła ściśle przylegający do głowy czarny czepek z białymi lamówkami, spod którego nie wymykał się żaden kosmyk włosów i czarną suknię z wysokim kołnierzykiem sięgającym podbródka. Z siatką zmarszczek na twarzy, sennymi oczami i w swym osobliwym stroju mogłaby pozować do obrazu Fransa Halsa. Jej pełne sił ży-

* Elżbieta z Potulickich Sapieżyna (1859–1947).

wotnych ciało wydało na świat ośmiu kolejnych synów, a później dwie córki. Tu w tym zamku, dziesięcioro dzieci, z których żadne nie było podobne do pozostałych, bawiło się, kłóciło i dorastało, podczas gdy ich matka, niezdolna okiełznać gwałtownych temperamentów swych latorośli, pozwoliła działać siłom natury. Teraz dwóch jej synów nie żyło, jeden utonął, drugiego zastrzelono na ulicy we Lwowie podczas ukraińskiego powstania po wojnie*. Wszyscy byli bohaterami wojennymi: Adam stracił prawą rękę; Andrzej, postrzelony w głowę, miał w czaszce metalową płytkę**; Leon wyskoczył podczas ćwiczebnego lotu z aeroplanu i twierdził, że wylądował na głowie, ale nic mu się nie stało. Ci potomkowie długonosych postaci z portretów w korytarzu nie stracili ani odrobiny ze swych osobowości. Mój mąż, niższy od nich i mniej butny, na pierwszy rzut oka wydawał się zupełnie odmienny. Gdy jednak przyjrzałam mu się w towarzystwie kuzynów, zaczęłam rozumieć łączące ich więzy krwi. Pokolenia pielęgnujące te same ideały odcisnęły na nich niezatarte piętno.

Największą salę zamkową przeznaczono na ekspozycję afrykańskich trofeów Leona. Spędziliśmy dużą część wieczoru siedząc na nogach słoni, otoczeni przez głowy bizonów, żyraf i bawołów, podczas gdy Leon i mój mąż rozprawiali o swoich łowach w tropikach i o nowym niemieckim bohaterze, który miał uratować Europę przed bolszewizmem. Zanim udaliśmy się na spoczynek, zaprowadzili mnie na taras z widokiem na dziedziniec, gdzie niegdyś za ich chłopięcych lat obłąkana stara ciotka pojawiła się w księżycową noc odziana w nocną koszulę i ich nastraszyła.

---

* Kazimierz Sapieha (ur. 1882) zginął tragicznie w 1909 roku w trakcie podróży, niedaleko Wysp Kanaryjskich. Stanisław Sapieha (ur. 1896) został zabity podczas wojny polsko-ukraińskiej 11 stycznia 1919 roku.

** Adam Zygmunt Sapieha (1892–1970) – brał udział w I wojnie światowej jako lotnik armii austro-węgierskiej. Andrzej Józef Sapieha (1894–1945) – dwukrotnie ranny podczas I wojny światowej. Bracia walczyli również w wojnie polsko-bolszewickiej.

Następnego dnia, gdy odjeżdżaliśmy samochodem, otaczały nas ściany deszczu. Pył czerwonej drogi zmienił się w zdradliwe grzęzawisko, w którym koła na przemian ślizgały się i utykały. Przejechaliśmy około czterech kilometrów i pokonywaliśmy właśnie ostry zakręt, by wjechać na wzgórze, gdy nagle ze zbocza lunęły potoki wody, niosąc kamienie i gruz, przelewając się przez dom i nasz samochód, a następnie zmywając całkowicie drogę poniżej nas. Auto przez chwilę obracało się bezcelowo w tym wirze. Ale szofer zdołał jakoś odnaleźć drogę, dodał gazu i udało nam się stamtąd wydostać. W najbliższym miasteczku zostawiliśmy auto i wsiedliśmy do pociągu. W tym czasie tory kolejowe zostały uszkodzone w tak wielu miejscach, że pociąg musiał objechać całą zachodnią Polskę nim wreszcie po czternastu godzinach dotarliśmy na Śląsk. Szofer dotarł do domu dopiero po tygodniu.

Zamierzaliśmy jesienią wybrać się na krótko do Ameryki. Mąż nigdy tam nie był. Moi rodzice nie widzieli go od dziesięciu lat, a ponadto chciałam dowieść przyjaciołom, że nie jest nieistniejącym parawanem dla prowadzonego przeze mnie w europejskich stolicach grzesznego życia.

Złowróżbne lato miało jednak przynieść mojemu mężowi następne dramatyczne wydarzenie. Niespodziewanie okazało się, iż niemiecki udziałowiec, który nie pozwalał, aby Polacy korzystali ze wsparcia dla bezrobotnych na jego terenie, posiada dwie trzecie akcji przedsiębiorstwa. W tajemnicy wykupił udziały Austriaków i w ten sposób podstępnie zdobył przewagę. Nie można było zaskarżyć zastosowanej przez niego metody, wnosząc sprawę do niemieckiego sądu pod nowo zaprowadzonymi rządami Hitlera. Stary wuj Edgar nie mógł wypowiedzieć się we własnych sprawach, a mój mąż był tutaj bezsilny.

Pewnego wieczoru mąż wrócił do domu z błyskiem w oku, jakiego nigdy wcześniej nie widziałam.

– Co się stało? – zagadnęłam.

– Nic. Dlaczego pytasz?

Zapalił papierosa i w milczeniu przechadzał się po pokoju. Czekałam długą chwilę, żeby się odezwał.

– Może mógłbyś coś powiedzieć – przemówiłam wreszcie.

– Jeśli chcesz wiedzieć – oznajmił – to już koniec. Złożyłem rezygnację.

– Cóż, prędzej czy później musiałbyś to zrobić.

– Tak, chyba tak. Ale to już było nie do zniesienia.

– Opowiadaj.

– Kiedy niedawno wróciłem zza niemieckiej granicy, poszedłem do biura. Otworzyłem drzwi, a tam siedział ten oszust. Wysunął wszystkie szuflady i przeglądał moje prywatne papiery. I co ty na to?

Jego oczy rzuciły mi wyzwanie.

– Co mu powiedziałeś?

– Nie powtórzę tych słów. Ale wręczyłem mu jego kapelusz i wskazałem drzwi. I muszę przyznać – mąż uśmiechnął się mimowolnie – że natychmiast czmychnął. Poczerwieniał jak pomidor.

Wyobrażając sobie postawnego, tęgiego mężczyznę biegnącego do drzwi wskazanych mu przez mojego rozwścieczonego, drobnego męża, parsknęłam śmiechem. Ale równocześnie ogarnął mnie niepokój, wiedziałam bowiem, że zyskaliśmy wroga.

Czas, który pozostał do naszego odjazdu, wypełniony był nieokreślonym niepokojem, czy nie okaże się w ostatniej chwili, że nie jest to możliwe. Krysię wraz z nianką pozostawiłam pod opieką teściowej w rodzinnym majątku. Była to długa podróż pociągiem, z butelkami i mokrymi pieluchami. Niańka cierpiała na chorobę lokomocyjną; dziecko bez przerwy podskakiwało i nawet najwyższym wysiłkiem woli nie dało się nakłonić małej, aby zechciała usnąć. Po południu musiałyśmy się przesiąść z lwowskiego ekspresu do rozklekotanej towarowej kolejki, która dojeżdżała do Rawy Ruskiej. Wcześniej wysłałam telegram, z amerykańską operatywnością, aby zarezerwować jedyny dostępny przedział drugiej klasy, lecz moja depesza na nikim nie zrobiła wrażenia i odkryłam, że przedział zajmuje tęga, niechlujnie odziana starsza kobieta.

– Przepraszam – odezwałam się dość wojowniczym tonem po polsku – ale zarezerwowałam ten przedział dla siebie i dziecka.

– Kto pierwszy, ten lepszy – odparła po francusku kobieta.

Nie ruszyła się z miejsca. Czytała gazetę.

Pociąg podskakiwał na nierównych torach i co piętnaście minut zatrzymywał się z szarpnięciem na małej stacyjce. Krysia, zaciekawiona czarnym futrem otaczającym szyję kobiety, włożyła zwisający ogon do buzi, possała przez chwilę, a potem wilgotnym końcem szturchnęła kobietę w twarz.

– To nie moja wina, że panią zaczepia – stwierdziłam, nie siląc się na grzeczność.

– Nic się nie stało – odparła. – To na pewno Sapieżątko. Znam jej babcię, odkąd sięgnę pamięcią. Przypuszczam, że pani jest tą amerykańską synową – dodała, mierząc mnie od stóp do głów badawczym spojrzeniem. A potem znowu zagłębiła się w lekturze gazety.

Kiedy opisałam tę osobę teściowej, okazało się, że jest ona księżną i jej serdeczną przyjaciółką.

Doznałam ulgi, stojąc na pokładzie parowca w Bremerhaven i czując pracujące poniżej silniki statku. Słony wiatr wetchnął nadzieję do moich płuc. Przez kilka tygodni nie musiałam nosić czarnych strojów, przekraczać granic, zmieniać pieluch ani brnąć przez labirynt polskiej gramatyki. Nikt nie mógł zatelefonować do mojego męża. A on nie zdołałby wybrać się w podróż służbową beze mnie. Miałam go tylko dla siebie i zabierałam do miejsca, które dla mnie było domem.

ROZDZIAŁ PIĄTY

Po powrocie na Śląsk poznaliśmy natychmiast nowe szczegóły skandalu w spółce handlowej. Mąż ponownie popadł w rozdrażnienie, czując gorzki smak nieuczciwości. Choć złożył rezygnację, musiał upłynąć pewien czas potrzebny do uregulowania zobowiązań. Jesienne niebo zasnuwały deszczowe chmury. W domu nie miałam nic do zrobienia. Dopiero wieczorem, gdy wróciłam do majątku i zobaczyłam małą zaróżowioną buzię Krysi, wyzierającą do mnie zza prętów łóżeczka, znalazłam swoją ostoję.

Owe dwa tygodnie w Ameryce, od pełnych emocji chwil, gdy obydwoje z mężem patrzyliśmy, jak Nowy Jork wyłania się zza różowawego, zakreślonego przez morze horyzontu, do zejścia z pokładu, kiedy to zobaczyłam ojca nieco przygarbionego, schodzącego z trapu i znikającego w tłumie na nabrzeżu, minęły zbyt szybko, aby w pełni je przeżyć.

Moja matka, oczarowana nowo poznanym zięciem i zadowolona, że może pokazać swoje chińskie obrazki i ulubione zakątki miasta, a także dać wyraz gościnności, nie poświęcała mi zbyt wiele uwagi, ojciec zaś, po pięćdziesięciu latach męczącej pracy lekarskiej, był znużony i dość boleśnie odczuwał te wszystkie telefony, snucie planów i podejmowanie zobowiązań. Otrzymywaliśmy zaproszenia zarówno od osób, które mnie nie zauważały, dopóki nie wyszłam za mąż za polskiego księcia, jak i od moich najdawniejszych przyjaciół. Mój mąż przemykał z herbaciarni w Empire State do sali tanecznej w Harlemie, z Metropolitan Museum do klubu prawników z Wall Street. Wieczorami, niezdolni wypowiedzieć choćby słowa, padaliśmy jak ścięci na łóżka. Moi znajomi dopytywali się, oczywiście, jak to jest w Polsce i co tam robię, ale zanim zdołałam wydobyć z oderwanych wrażeń coś wyrazistego, podejmowali inny, bardziej swobodny temat i moja potrzeba połączenia nowej wiedzy z tą dawną była lekceważona. Podczas spacerów na Śląsku często myślałam o moich błyskotliwych przyjaciołach i o tym, jak długie rozmowy nas czekają, kiedy się zobaczymy. Ale najmodniejsze przedstawienie, najnowsza książka, najlepsza z ostatnich metod psychoanalizy albo czyjeś powtórne małżeństwo przerywały rozmowę i studziły atmosferę spontaniczności.

Ostatni weekend spędziliśmy na wsi, jedynie z moimi rodzicami. Było wciąż wystarczająco ciepło, by usiąść na ganku po obiedzie i patrzeć ponad rzeką na mieniące się złotem i czerwienią drzewa na odległym wzgórzu. Mój mąż z ojcem rozmawiali o wychowaniu naszego dziecka w wierze katolickiej.

– Wiesz, to wspaniała rzecz być katolikiem – powiedział ojciec. – W trakcie mojej praktyki lekarskiej przekonałem się, ile to znaczy. Przypuszczam, że to, iż tak rzadko trafiają się wśród nich neurotycy, wiąże się ze spowiedzią.

– Dlaczego nie uczyniłeś ze mnie katoliczki? – zapytałam.

– Cóż – uśmiechnął się ojciec – urodziłaś się w czasie, kiedy wszyscy nasi znajomi pozostawali pod wpływem teorii Darwina. Nie wierzyliśmy, by ludzką osobowość mógł wyjaśnić jakiś nadprzyrodzony czynnik. Od tego czasu zmieniły się moje poglądy – dodał – i wiem, że podobnie jest z twoją matką. Choć nadal uważam – zaśmiał się zza cygara – że jesteśmy jednym z gatunków małp.

– Z pewnością parowce i telefony nie wpłynęły dodatnio na ludzką naturę – stwierdził mój mąż. – Ludzie nie zmienili się ani trochę od czasów Chrystusa.

W Polsce często słyszałam to stwierdzenie. Spodziewałam się, że moja matka z zapałem obali taką argumentację, ale nic nie powiedziała. Ojciec w zamyśleniu patrzył na drzewa.

– Mówisz tak ze względu na nieszczęsną doktrynę o grzechu pierworodnym – zwróciłam się do męża. – Co z medycyną, ubezpieczeniami społecznymi i ochroną bezpieczeństwa publicznego? Bardzo się rozwinęły od czasów Chrystusa. Czy to nie postęp?

– Coś w tym jest, co mówisz, dziecko – powiedział mój ojciec – ale tak naprawdę, rację ma Paweł. Ludzka natura jako taka się nie zmieniła.

– Skąd więc się wzięło całe to gadanie o humanitaryzmie? W końcu to jedyna religia, której mnie nauczyłeś i przyjęłam ją, bo uwierzyłam, że jest twoja.

– Moja droga – wtrąciła matka – nie powinnaś zwracać się do ojca takim tonem.

– Kobiety zawsze używają bardzo emocjonalnych argumentów – zauważył mój mąż, uśmiechając się przemądrzale. – A ona nie jest wyjątkiem.

Trzy dobrze znane twarze z niezachwianym wyrazem pewności siebie zaćmiły się w moich oczach. Schroniłam się pospiesznie w swoim pokoju.

W drodze powrotnej na statku rozmawialiśmy o tym, co Paweł widział, kogo poznał i jakie to na nim wywarło wrażenie. Podobały mu się spotkane w Ameryce kobiety. Przypadła mu do gustu ich bezpośredniość i oczywiście zamieszanie, które wokół niego robiły. Ale o amerykańskich mężczyznach nie miał wiele do powiedzenia. Jedynym mężczyzną, z którym chciał się ponownie zobaczyć, był francuski malarz, ponury, przewrażliwiony człowiek, przy którym czuł się w pełni swobodnie, choć jedyne, co ich łączyło, to bycie Europejczykami. Przyznawał, że Nowy Jork jest pobudzającym miejscem: swoboda działania i ładne sklepy, lecz Ameryka to nie kraj dla mężczyzn i nie miałby ochoty tam zamieszkać. Mógłby być szczęśliwy w Kanadzie, wyjaśnił, gdzie jest mnóstwo lasów, pełnych zwierząt i ptaków, ale nie w Nowym Jorku, gdzie, jego zdaniem, panował matriarchat.

Anglia, tłumaczył, to coś zupełnie odmiennego. Pomijając to, że wysłano go tam do szkół, gdy był małym chłopcem, coś go w niej instynktownie pociągało. Mężczyzna mógł jeździć konno i polować, a każdy, z kim się stykał, był człowiekiem przyzwoitym i na poziomie. Anglia, jak uważał, była najbardziej cywilizowanym krajem na świecie i żadne dekoracje wnętrz ani smukłe nogi amerykańskich kobiet nie mogły zrekompensować angielskiego ładu i uczciwej dyscypliny.

Kiedy stopniowo ujawniał swoje reakcje, uświadomiłam sobie coś, czego nigdy wcześniej nie chciałam przyznać. Dotychczas wierzyłam w teorię, że świat jest jedną wielką rodziną o uniwersalnych odruchach, a różnice geograficzne w istocie nie mają znaczenia. Sądziłam, iż pewne typy ludzi spotyka się we wszelkich krajach i że ktoś wykształcony może nawiązać kontakt z wykształconymi kręgami z innego kraju. Narodowość, jak sobie wyobrażałam, była jedynie etykietką, którą – jeśli się chciało – można było z siebie zdrapać. Konflikty między Polakami a Niemcami na Śląsku wydawały się bezzasadne, wynikające ze złośliwości. Straż graniczna i urzędnicy, paszporty i biurokracja, napuszone formy, z pomocą których jeden naród trzymał drugi na dystans, sprawiały wrażenie czegoś błahego i niedorzecznego.

Obecnie jednak, bogatsza o podwójne doświadczenie: jak bardzo Ameryka wydawała się obca mojemu mężowi i jak obco ja sama nadal czułam się w Polsce po spędzonym tam roku, zdałam sobie sprawę, że granice między narodami są również granicami pomiędzy ludźmi. Nie dziedziczy się wyłącznie cech rodzinnych, ale również narodowe, a to dziedzictwo nosi się już na zawsze, niczym kantar na szyi. I tak jak w dżungli tygrysy trzymają się z tygrysami, a węże z wężami, ludzie o podobnym dziedzictwie łączą się we wspólnoty.

Przypomniało mi się, jak pewnego lata na wsi mojego ojca rozbawiła przyjaźń zawarta przez kaczkę z jedną z kur na podwórku. Były nierozłączne, wszędzie dreptały razem. Ale pozostałe kury podejrzliwie spoglądały na coś tak nienaturalnego. Gdziekolwiek pojawiła się ta dwójka, rozlegało się gdakanie i pianie. Wszędzie rozbrzmiewał zgiełk pełen dezaprobaty. Żadna inna kura nie zbliżyła się do kaczki. Ptak o innych piórach, niezależnie od tego, jak długo mieszkał wśród kur, pozostawał wybrykiem natury.

Gdy przywiozłam Krysię z powrotem na Śląsk i wszyscy troje znów zamieszkaliśmy razem, uzmysłowiłam sobie, że podróż wywarła wpływ na nas oboje. Choć interesy szły jak po grudzie, w przedsiębiorstwie aż kipiało od intryg i nie mieliśmy sprecyzowanych planów na przyszłość, mąż mój zachowywał pogodę ducha. Zazwyczaj tak skłonny wypatrywać ciemnych chmur na horyzoncie, obecnie zdawał się nie dostrzegać nadciągającego deszczu. Przed wyjazdem zarzekał się, że Śląsk można porównać jedynie do piekła, a teraz sprawiał wrażenie, iż niemal darzy go sentymentem. Po podróży do Ameryki cieszył się z powrotu do domu.

Jeśli o mnie mowa, choć podczas pobytu w Ameryce czułam się lekko zagubiona i wbrew oczekiwaniom nie na swoim miejscu, obecnie, gdy znalazłam się znowu na Śląsku, przytłoczył mnie pył węglowy w powietrzu, posępne gnomie twarze i wroga atmosfera. Czyniłam porównania i stopniowo Nowy Jork w moich myślach zaczął otaczać świetlany nimb. Wpadłam w pułapkę, gdyż poczułam teraz, że to, co jest inne niż w Ameryce, musi być złe.

Pewnego dnia w porze lunchu niańka wbiegła do salonu.

– Proszę przyjść szybko – powiedziała. – Proszę się pospieszyć.

– Nie stało się nic złego – dodała, kiedy zobaczyła wyraz mojej twarzy.

Szybko podążyliśmy za nią.

Niewielkie, białe, metalowe łóżko zostało przesunięte na środek pokoju dziecinnego, a w nim, trzymając się najwyższej poręczy, stała Krysia. To był pierwszy raz, kiedy zobaczyliśmy ją w wyprostowanej pozycji. Aż pokraśniała z tryumfu. Gdy zobaczyła, jakie wywarła na nas wrażenie, zaczęła podskakiwać. „Oo-oo-oo" – mówiła, wybijając jednocześnie rytm na materacu. W owej chwili zdobyła serce ojca. Odtąd, kiedy przebywał w domu, wiedziałam, gdzie go znaleźć: stukał w podłogę, wydając okrzyki zachęty i podskakiwał z dzieckiem, które wytrzeszczało oczy z podniecenia. Może nie było to zbyt pedagogiczne, ale dawało dużo radości.

Mój mąż, który wytoczył proces nieuczciwemu współudziałowcowi w imieniu wuja Edgara, nieustannie podróżował. Nie brałam już lekcji polskiego i ćwiczyłam, rozmawiając o Krysi z polską nianką. Miałam w pamięci napomnienia ojca, aby pracować i nie ustawać w pracy, więc przesiadywałam z zaostrzonym ołówkiem i czystymi kartkami, rozważając, co by tu napisać, ale na próżno przeszukiwałam umysł. Temat zawodu miłosnego, tak obiecujący wcześniej, teraz wydawał się zupełnie błahy. Moje nowojorskie doświadczenia okazały się nieistotne. A jeśli chodzi o to, co widziałam w Polsce, okazało się, że wiem zbyt mało. Tak naprawdę jeszcze nie żyłam między Polakami. Moje uczucia w stosunku do nich nie były w niczym zakorzenione. Tak więc kartki zachowały nieskalaną czystość, przede mną leżała niezbadana ścieżka, a nade mną zawisły ciężkie dni. Postanowiłam towarzyszyć mężowi w podróżach.

Pojechaliśmy nocnym ekspresem do Berlina, gdzie kupiłam kolorowe termosy i reprodukcje Cézanne'a, aby przemycić je do Polski, gdzie były nie do dostania, a potem siedziałam w hotelu Adlon, obserwując, jak wchodzą i wychodzą łyse grubasy, aż wreszcie przybył mój mąż i odjechaliśmy szybko ekspresem powrotnym. Znowu pojechaliśmy nocnym pociągiem do Wiednia, gdzie obejrzałam obrazy Bruegla, zrobiłam zakupy, później zaś usiadłam w barze, słuchając dźwięcznych odgłosów walca aż do godziny jedenastej, o której pociąg odjeżdżał do Polski. Później udaliśmy się do Londynu i to, że tam byliśmy, poczułam, dopiero gdy wyruszyliśmy w podróż powrotną. Konduktorzy w pociągach i hotelowi portierzy stali się przyjaciółmi. Czułam się jak internacjonalistka, ale byłam znużona. Nie mając takiej odporności, jak mój mąż, straciłam na wadze dziesięć funtów i moje kości zaczęły być widoczne pod skórą.

Na Boże Narodzenie przyjechał przyjaciel z Anglii z żoną i przywieźli ukryty w pudle na kapelusze pudding śliwkowy, którego podpalenia – gdy nadeszła stosowna chwila – nasza kucharka stanowczo odmówiła. Kupili sobie chłopskie futrzane czapki i wszystko wokół wydawało im się egzotyczne. Oblodzone drogi, polskie kolędy podczas pasterki, a nawet nasze dziecko – wszystko wyglądało dla nich obco i słowiańsko. Zabraliśmy ich potem do Krakowa, gdzie w samo południe zobaczyli na kościelnej wieży drobną ludzką postać, która grała na srebrnej trąbce na cztery strony świata i za każdym razem nieoczekiwanie melodia się urywała, nim *arpeggio* dobiegło końca, ponieważ czterysta lat wcześniej na tej samej wieży trębacz zginął w połowie pieśni. Karmiliśmy ich śledziami, kiełbasą i ogórkami. Zabraliśmy ich z wizytą do potentatów węglowych w Katowicach, gdzie wiercili się z zakłopotaniem, jak ja niegdyś, na widok domniemanej elegancji. Chcieliśmy, aby mieli odczucie, że dogłębnie poznali kraj, choć sami zdawaliśmy sobie sprawę, że Śląsk nie jest tak naprawdę polski.

Kiedy odjechali, nadal nie przybrałam na wadze, więc mój mąż zdecydował, że mam spędzić kilka tygodni w Czechosłowacji, w górskim sanatorium prowadzonym przez polskiego neurologa. Osobiście mnie tam odwiózł i zostawił. Zwiedziwszy wraz z moim ojcem wiele sanatoriów i poznawszy wielu neurologów, byłam pełna uprzedzeń i ponurych przeczuć. Kiedy spędziłam tam jeden dzień, lekarz poprosił mnie do siebie.

Podchodząc przez długi pokój do jego biurka, zaczęłam wyjaśniać staranną polszczyzną, co mi dolega. Gdy zbliżyłam się do niego, popatrzył mi przenikliwie w oczy.

– Czy zawsze tak wolno pani mówi? – zapytał.

– Cóż, rozumie pan, jestem Amerykanką. Nie za dobrze władam językiem polskim.

Założył okulary, aby lepiej mi się przyjrzeć.

– Czy zauważyła pani większe niż zwykle trudności w wysławianiu się?

– Muszę mówić wolno – odparłam.

– Proszę usiąść – polecił. – Jak tam z pani snami? – zapytał. – Czy często są niepokojące?

– Każdy miewa czasami złe sny. – Lekko kręciło mi się w głowie.

– Obawiam się, że nie jest pani ze mną szczera. Będziemy mieli sposobność porozmawiać ponownie. Swoją drogą – dodał – czy zna pani jakieś przypadki chorób psychicznych w rodzinie?

– Niech pan posłucha. – Już wcześniej zaczęłam tracić spokój. – Nie jestem wariatką. Po prostu schudłam – oznajmiłam. – Na tym polega mój problem.

Usiłowałam go później unikać. Przestrzegałam przepisanej mi diety na tyle, na ile mogłam. W jadalni wypełnionej ludźmi, którzy jedne potrawy mogli jeść, a innych nie, wybierających tabletki z piętrzących się na stolikach specjalnych pudełek i wpatrzonych smutno w zaśnieżone wzgórza za oknami, poszukiwałam życzliwej twarzy. Były tam dwie młode kobiety, z którymi chętnie zawarłabym znajomość, ale nie potrafiłam zdobyć się na odwagę, by do nich podejść. Po kolacji, w komfortowo urządzonym pokoju, poczułam się nieswojo. Zaczęłam mierzyć sobie temperaturę i trzęsła mi się ręka, kiedy sprawdzałam termometr. Nie miałam gorączki, ale kiedy podeszłam do lustra, wydało mi się, że dostrzegam jakiś szczególny wyraz w swoich oczach. W nocy również spałam źle.

Gdyby potrwało to dłużej, mogłoby mi się naprawdę pomieszać w głowie, lecz trzeciego wieczoru, kiedy pospiesznie przemierzałam hol pełen spacerujących bez celu ludzi, zagadnęły mnie młode kobiety, z którymi miałam ochotę się zapoznać.

– Wiemy, kim pani jest – powiedziały. – Czy nie zechciałaby pani zagrać z nami w ping-ponga?

– Bardzo dziękuję – odparłam, skrywając ulgę.

Wyjaśniły mi, że są Polkami, ale obie doskonale mówiły po angielsku. Kiedy przebijałyśmy piłeczki tam i z powrotem nad pogodnie zielonym stołem, zapytałam je, gdzie mieszkają i dlaczego się tu znalazły. Tilly, pełna wdzięku, wysportowana osoba, była wdową z Warszawy i przyjechała, aby – podobnie jak ja – przybrać na wadze. Sofietka, pulchna kobieta o bladej cerze i bystrym spojrzeniu, mieszkała z dwiema małymi córeczkami pod Poznaniem. Chodziła na terapię do polskiego psychoanalityka. Postanowiłyśmy codziennie grać w ping-ponga. Gdy pogwizdując, szłam korytarzem w stronę pokoju, minęłam lekarza, który zapytał z przejęciem, jak się czuję.

Z wolna, w atmosferze pensjonatu, w którym nie miałyśmy żadnych obowiązków prócz punktualnego przychodzenia na zastrzyki i kładzenia się do łóżek przed dziewiątą i gdzie było mnóstwo czasu na rozmowy, poznałam bliżej nowe przyjaciółki.

Tilly, która przebywała w szkole w Anglii, kiedy wybuchła wojna, powróciła do powojennego krakowskiego środowiska, zubożałego, lecz przesiąkniętego zachodnimi ideami. Natychmiast wywołała plotki swoimi wieczorowymi sukniami bez rękawów i tym, że ośmielała się tańczyć fokstrota w domach krakowskich hrabin, które na ten widok zaczęły snuć najgorsze przypuszczenia. Jej matka, która nie pozwoliła Tilly studiować tańca i wybrać takiej drogi zawodowej kariery, zabroniła jej teraz tańczyć fokstrota, by nie odstraszać ewentualnych kawalerów. Tilly nie protestowała i po pewnym czasie poślubiła odpowiedniego dla niej młodego dyplomatę. Kiedy zmarł, wyjechała z małym dzieckiem do Warszawy i zamieszkała u matki męża. Nie miała pieniędzy, lecz była czarująca i każdego sezonu zapraszano ją wszędzie na kolacje, a na balach tańczyła mazura w pierwszej parze. Ale po kilku latach kolacje i bale stały się monotonne. Tilly nie widziała przed sobą innej przyszłości.

Sofietka, młodsza od nas obu, była najbardziej przygnębiona. Po urodzeniu drugiego dziecka omal nie zmarła wskutek gorączki popołogowej. Wychowana w polskiej i katolickiej tradycji, nauczyła się znosić cierpienie, była jednak zbyt młoda, by pogodzić się z życiem wypełnionym chorobami i domowymi obowiązkami. Kładła się na sofie w koronkowych koszulkach nocnych i żartowała, aby ukryć lęk. W te wieczory, gdy czuła się lepiej, śpiewała tęsknym głosem polskie pieśni lub snuła złowrogie opowieści, które spotykały się z wyraźną dezaprobatą Tilly.

Instynktowna sympatia, którą do siebie poczułyśmy, wzrastała pod wpływem nienaturalnej bezczynności i bezpiecznego otoczenia, w którym się znalazłyśmy. Każda z nas zaczęła darzyć pozostałe macierzyńskim uczuciem.

– Martwię się o Sofietkę – powiedziała Tilly. – Mieszka na wsi gdzieś koło Poznania, nie lubi wiejskiego życia, a jej mąż tak często wyjeżdża.

– Ale jest zamożna. Mogłaby przeprowadzić się do miasta.

– Jej mąż woli, żeby siedziała w domu, doglądała gospodarstwa, wspierała chłopów i urządzała dla niego wielkie polowania. Prócz tego – Tilly z zakłopotaniem zniżyła głos – ona bardzo się boi.

– Chodzi ci o jej stan zdrowia?

– Boi się urodzić kolejne dziecko.

– Z pewnością nie może go mieć, po takiej chorobie?

– Ale żaden ksiądz nie uzna tego za usprawiedliwienie – wyjaśniła Tilly. – A Sofietka jest dobrą katoliczką.

Z Sofietką rozmawiałyśmy o Tilly.

– Widzisz, ona była kiedyś najbardziej rozchwytywaną młodą kobietą w Warszawie – tłumaczyła mi Sofietka. – Ale czas mija. Nie jest już taka młodziutka, a w Warszawie osoby niegdyś popularne mogą się opatrzyć. Teraz przyjmują jej obecność jako coś oczywistego.

– Dlaczego nie wyszła ponownie za mąż?

– Polacy nie żenią się z mającymi na utrzymaniu dziecko wdowami bez grosza przy duszy.

– A jeśli się zakochają? – spytałam.

– Nie zakochują się, kiedy jest to niepożądane. Zwłaszcza nie tacy mężczyźni, których zechciałaby Tilly. I wiesz, nie ma ich zbyt wielu.

– Nie sądzę, aby w Ameryce ludzie byli tak wyrachowani – stwierdziłam. – Niezależnie od panującej opinii.

– W szkole w Szwajcarii dzieliłam pokój z Amerykanką – wyznała mi Sofietka – a jej matka napisała, że życzy sobie, aby mieszkała z hrabianką. Nas wszystkie bardzo to rozbawiło.

– Gdyby jednak ta dziewczyna pokochała ubogiego, młodego lekkoducha, jestem pewna, że wyszłaby za niego.

– To właśnie wydaje nam się tak nierozsądne u Amerykanów – zaśmiała się Sofietka. – Są bardzo snobistyczni, a mimo to gotowi odrzucić wszystko dla uczucia.

– Przypuszczam, że to prawda – przyznałam. – Ale nie znalazłabyś takiej młodej kobiety jak Tilly, rozczarowanej i starzejącej się w osamotnieniu. Czy ma adoratorów? – spytałam. – Wiesz, o co mi chodzi. Jakieś romanse?

– Och, nie. Jestem pewna, że nie. Bałaby się. To by popsuło jej reputację. Nie wspominając o czystym sumieniu – dodała Sofietka.

Pod koniec kuracji odbyłam kolejną rozmowę z lekarzem.

– Wygląda pani teraz bardzo dobrze – oznajmił. – Obawiałem się, że jest z panią gorzej. W tych rodzinach zdarzają się czasami osobliwe rzeczy.

– Niczego podobnego nie zauważyłam. – Uśmiechnęłam się, widząc jego przejętą twarz.

– Powinna pani przyjeżdżać tu co roku. To pani pomoże zachować równowagę.

– Być może – odparłam i pożegnałam go z ulgą.

Powtórzyłam Tilly i Sofietce, co powiedział lekarz. Z powagą kiwnęły głowami.

– Tak, tak – zaczęła tłumaczyć Sofietka – była tu kiedyś kobieta, która myła ręce sto razy dziennie. Lekarz twierdzi, że pokutowała za grzechy swego dziadka.

Nie śmiałam się, ponieważ zaufanie do lekarza było najważniejsze. Stan jej zdrowia również się poprawiał. Twarz wydawała się bardziej ożywiona. Tak czy inaczej, kiedy odjeżdżałam, zyskałam wreszcie – prócz niezbędnych piętnastu funtów wagi – dwie polskie przyjaciółki.

Po powrocie na Śląsk zastałam męża snującego rozliczne plany. Podjął nową pracę jako dyrektor we francuskiej spółce, której zasięg interesów był znacznie szerszy niż przedsiębiorstwa, którym uprzednio kierował. Ponadto jesienią mieliśmy przeprowadzić się do Warszawy, gdzie otwierano biuro nowej filii. Widziałam przed nami różową przyszłość, zważywszy zwłaszcza ważne stanowisko, a także możliwość, by znowu żyć w pobliżu koncertów, teatrów i ludzi.

Pojechałam do Warszawy rozejrzeć się za mieszkaniem. Oprowadzał mnie architekt. Pierwsze, które odwiedziliśmy, znajdowało się w przebudowanym domu. Obszerną bawialnię wypełniały pozłacane krzesła, z wysokich okien zwisały sztywne zasłony z wytłaczanym wzorem, lecz w jednym rogu stało szerokie mosiężne łoże. W łazience pozbawionej okna zamontowano nad wanną składaną leżankę, na której – jak mnie powiadomiono – spała pokojówka. Z sufitu w kuchni zwieszały się pajęczyny pociemniałe od nagromadzonej sadzy. Za piecem kuchennym znajdowała się oddzielona cienką zasłoną wnęka, która służyła kucharce jako pokój.

– Przecież nie mogę nakazać służącym, by spały w takich warunkach – zaprotestowałam, zwracając się do architekta.

– W Warszawie wszystkie tak śpią. Nie znajdzie pani dla nich niczego lepszego – odparł.

– To niemożliwe. Gdzie mogą się umyć?

– Przypuszczam, że po drugiej stronie podwórza jest takie miejsce. Mimo wszystko – zaznaczył – najważniejszy jest salon, nieprawdaż? A ten ma doskonałe proporcje. Oczywiście, łóżko może pani usunąć.

– Przykro mi – powiedziałam – ale to jest nie do przyjęcia.

Architekt tłumaczył, że zawiózł mnie do tego mieszkania, ponieważ osobiście uważał, że jest jednym z najlepszych, jakie można znaleźć, solidne i zasługujące na zaufanie. Są, oczywiście, nowoczesne lokale, a nawet nowo wybudowane wille, które może mi pokazać. Obejrzeliśmy więc willę z witrażowym oknem w holu, gdzie unosiły się silne kuchenne zapachy. Resztki zimowych zapasów węgla zgromadzono w jedynej wannie. Nie było ciepłej wody, chyba że sami zamontowalibyśmy bojler. Służący mieli tutaj spać w piwnicy. Tym, czym najbardziej szczyciła się willa, był niewielki taras na pierwszym piętrze, widoczny z okien dwóch sąsiednich domów. Przeznaczony był, jak mi powiedziano, do kąpieli słonecznych. Najwyraźniej ludzie, którzy zbudowali taras, nie oglądali raportu pogodowego, zgodnie z którym w tym roku w Polsce było zaledwie czternaście bezchmurnych dni.

Powiedziałam architektowi, aby go ułagodzić, że nie stać nas na całą willę tylko dla siebie. Zaproponował dzielenie jej z inną rodziną. Pragnąc wydać się mniej wybredną niż w rzeczywistości byłam, odparłam, że to rozważę, a tymczasem czy nie moglibyśmy obejrzeć któregoś z nowoczesnych mieszkań, o których wspomniał?

– Nadal mogę pani pokazać najdroższą siedzibę w Warszawie – oznajmił.

– Ile kosztuje?

– Może należeć do pani za tysiąc pięćset złotych miesięcznie.

Trzysta dolarów było, jak wiedziałam, bardzo wygórowaną ceną. Jedynie najbogatsi ludzie w Polsce mogli marzyć o domaganiu się lub płaceniu tak wysokiego czynszu. Byłam jednak ciekawa, jak to wygląda.

Sam budynek, z widokiem na park, stał przy najlepszej alei, między ambasadami i prywatnymi pałacami. Byłaby to piękna ulica, gdyby nie tory tramwajowe po obu jej stronach, uniemożliwiające ludziom wysiadanie z aut bezpośrednio na chodnik. Wykwintne okna we wszystkich domach drżały, kiedy przejeżdżały tramwaje. Weszliśmy przez oszklone drzwi z brązu, przytrzymywane przez pierwszego odźwiernego, którego widziałam w Polsce, pomijając hotele, i wjechaliśmy na górę windą zdolną pomieścić trzy osoby. Mieszkanie tworzyły łączące się saloniki z pulchnymi, różowymi i nieodzianymi damami wymalowanymi na sufitach i grubymi dywanami na podłogach. Jedyna ciasna łazienka nie miała okna. Kuchnia wychodziła na wąski szyb, w którym gromadził się węgiel. Było tu niewielkie pomieszczenie przeznaczone na służbówkę. Natomiast w jadalni, gdzie z łatwością mogło zasiąść czterdzieści osób, stała marmurowa fontanna z posągiem bożka Pana, z którego ust tryskała woda. Zapewne to on podnosił czynsz.

Na koniec spytałam architekta, czy mógłby mi polecić jakieś miejsce, w którym można by przechować nasze meble, gdybym przed powrotem na Śląsk nie podjęła decyzji w kwestii mieszkania. Zrobił smutną minę.

– Istnieje tylko jedno takie miejsce – powiedział – i nie odważyłbym się go polecać.

– Ma pan na myśli, że ktoś mógłby coś ukraść?

– Och, nie. Nie o to chodzi.

Umilkł.

– Przepraszam, że zajmuję panu czas, ale czy mogłabym zobaczyć to miejsce?

– Proszę bardzo – odparł.

Na obrzeżach miasta, w drewnianym budynku, trzy kondygnacje nad spichlerzem, znajdował się magazyn, który tak naprawdę był poddaszem. Co kilka stóp stały powiązane sznurami meble, tu krzesła z satynowymi obiciami i zwierciadła o pozłacanych ramach, a obok inne sprzęty, pokryte ceratą, z blaszanymi ramami. Przypominało to poczekalnię na dworcu, gdzie bogaci i biedni muszą razem cierpliwie czekać, aż pociągi powiozą ich w różne strony.

Kiedy ponownie znaleźliśmy się na dole na ulicy, zapytałam, zupełnie niepotrzebnie, czy ten skład jest ognioodporny.

– Ognioodporny? – Popatrzył na mnie, jakby ze współczuciem. – Nie to jest najgorsze. – Zakasłał nerwowo. – Widzi pani, meble pochodzą z rozmaitych domów.

– Tak. – Czekałam, co dalej.

– Pluskwy – odpowiedział bardzo cichym głosem.

Wróciłam na Śląsk, niczego nie wynająwszy. Ale gdy następnym razem mój mąż musiał pojechać do Warszawy, otrzymałam od niego depeszę: „Znalazłem miłosne gniazdko na najwyższym drzewie w Warszawie". Wytłumaczył mi to po powrocie do domu. Wynajął apartament na dziesiątym piętrze drapacza chmur, najwyższego budynku w Europie Środkowej*. Powietrze będzie świeże, zapewnił, gdyż dociera tu swobodnie aż z Syberii. W kuchni jest elektryczna lodówka, w pokoju dla służby duże okno, są trzy ubikacje i przez cały dzień będziemy mieli słoneczne światło, jeśli się pojawi. Czynsz wynosił sto siedemdziesiąt pięć dolarów miesięcznie, suma niewątpliwie ekstrawagancka. Biuro męża mieściło się kilka pięter niżej. Tak więc sprawa została załatwiona.

Wyjeżdżając z górniczego miasta, gdzie zaczęła się nasza wspólna przygoda, odczuliśmy drgnienie żalu, nieuniknione po dokonaniu decydującej zmiany. Na lato ponownie zabrałam Krysię do rodzinnego majątku.

Dwunastego maja zmarł Piłsudski. Od dawna chorował na raka żołądka**, ale nie zgadzał się na innych lekarzy niż polscy, aż

* Chodzi o wieżowiec Prudential przy placu Napoleona w Warszawie.

** Józef Piłsudski (1867–1935) chorował na nowotwór wątroby.

do ostatniej chwili, kiedy z Wiednia przyjechał specjalista w samą porę, aby być świadkiem agonii. Polska pogrążyła się w żałobie. Zamknięto teatry i kina. Odwołano uroczyste kolacje. Wszyscy nosili czarne stroje. Nawet telegramy i gazety obramowano szerokimi czarnymi obwódkami. Sprzedawano całostronicowe fotografie przedstawiające Marszałka na łożu śmierci, z zapadniętą twarzą i trzydniowym zarostem. Przemowy sławnych osób, zaczynające się od słów: „Wy, umiłowane szczątki", wypełniały każdą stronę codziennych gazet. Przez tydzień Polacy oddawali samych siebie oraz swoje finanse żałobie.

Zanim trumna opuściła Warszawę, przemaszerowali przed nią oficerowie Pierwszej Brygady, oddając honory i meldując wykonanie rozkazu, jakby Marszałek nadal żył i mógł ich usłyszeć. Katafalk, przewożony pociągiem do Krakowa w otwartym wagonie, na każdej stacji witały tłumy zapłakanych ludzi z odkrytymi głowami. Umieszczono go w krypcie zamkowej katedry. Arcybiskup, stryj mojego męża, odprawił niezmiernie uroczystą mszę żałobną. Widowiskowy pogrzeb doskonale zorganizowano, ponieważ zaplanował go sam Piłsudski, którego pisemne zalecenia zostały uwzględnione w najdrobniejszych szczegółach.

Jego ciało zabalsamowano, lecz proces ten, niemal nieznany w Polsce, nie do końca się powiódł. Przez szklane okienko wprawione w trumnę, by wycieczki studentów, dzieci, rabinów, nauczycieli i chłopów przybywające do Krakowa mogły zobaczyć bohatera, dało się dostrzec, iż jedno ucho się rozpada. Wszyscy wiedzieli, że rząd opłaca lekarza, który raz w tygodniu ubierał ciało w nowy mundur. Kraków, miasto zwykle uśpione wewnątrz swych starych murów, obudziło się i wykorzystywało czczone zwłoki. Teraz jednak, gdy rząd utracił siłę, cień niepewności zasnuł Polskę.

W czerwcu pojechałam do Warszawy zbadać gniazdko miłości. Stwierdziłam, że z nianią i dzieckiem będzie tam nieco tłoczno, ale ponieważ nikt w nim wcześniej nie mieszkał, pachniało świeżością. Było jasne jak samo niebo i, jak wcześniej zaznaczył mój mąż, nie brakowało powietrza. Nawet podczas ciepłej pogody, przy dwóch otwartych oknach syberyjskie podmuchy niemal wywiewały człowieka z łóżka.

W wieczór mojej podróży powrotnej do Rawy Ruskiej okazało się, że wagon sypialny został odłączony ze względu na konieczność przeprowadzenia napraw. Miałam już wykupiony bilet, więc musiałam jechać. Mąż znalazł mi miejsce w pierwszej klasie, gdzie siedział jakiś major i tam mnie zostawił. O dziesiątej, zanim oficer wysiadł, z galanterią uniósł część siedzenia, by powstała kuszetka, i pokazał, jak od środka zamknąć drzwi przedziału.

– Tak jest bezpieczniej – powiedział, zasalutował i odszedł.

Ponieważ było gorąco, uchyliłam lekko okno, zdjęłam buty, zawiązałam chustę pod brodą na sposób wieśniaczek, aby uchronić włosy od kurzu, wdrapałam się na kuszetkę, zgasiłam światło i przygotowałam się do snu. Gdzieś nad głową usłyszałam kroki, stłumione turkotem pociągu. Ktoś chodził po dachu wagonu. To dziwne, pomyślałam, zapadając w sen.

Gdy się obudziłam, drzwi przedziału były otwarte i w świetle padającym z korytarza dostrzegłam z senną irytacją, że wszedł tu jakiś mężczyzna. Sięgnął nad moją głową w kierunku walizek po przeciwnej stronie, wyciągnął tę wypchaną spod mniejszej, podszedł do okna, opuścił je i wyrzucił walizkę w mrok nocy. A potem bezszelestnie zniknął za drzwiami. Zeszłam ostrożnie na dół, wsunęłam stopy w pantofle i wybiegłam na korytarz, krzycząc po polsku: „Szaleniec! Szaleniec!". Potem, nagle obudzona, wrzasnęłam: „Złodziej!" i pobiegłam na koniec wagonu. Drzwi stały otworem, ale w pobliżu nie było nikogo. Pociąg wydawał się zwalniać. Pospiesznie wróciłam do mojego przedziału i pociągnęłam za rączkę, pod którą widniał napis: „Nie ciągnąć". Pociąg zahamował gwałtownie. Korytarzem nadbiegł konduktor.

– Moja walizka – powiedziałam, chwytając go za ramię. – Nie ma jej.

Z pozostałych przedziałów wyglądali ludzie. Konduktor otworzył okno na korytarzu, wychylił się i wykrzyknął: „Złodziej!". Na zewnątrz stali pracownicy kolei, więc najwyraźniej zatrzymaliśmy się na jakiejś stacji. Próbowałam opisać, co się zdarzyło, lecz pogubiłam się nieco w polszczyźnie i wszyscy utkwili we mnie zaciekawione spojrzenia.

– Ścigają go – wyjaśnił konduktor. – Przywykliśmy do tego. Na tej linii kolejowej zawsze coś kradną. W zeszłym tygodniu z wagonu bagażowego zniknął wózek dziecinny.

– Wie pan – zaczęłam – chyba słyszałam go na dachu.

– Tak, tak – potwierdził konduktor. – Prawdopodobnie wypatrzył panią na dworcu w Warszawie i przyczaił się na dachu, czekając, aż wszyscy pójdą spać. Dobrze ich znamy – pokiwał głową. – Lubią tę trasę.

– Co mogę zrobić?

– Nic. Pociąg nie może tu czekać. Powiem pracownikom, żeby zatelefonowali wcześniej, jeśli znajdą walizkę i może na następnej stacji będę miał jakieś wiadomości dla pani.

Mój zegarek wskazywał dwunastą. Po kilka minutach pociąg ruszył w dalszą drogę, a ja usiadłam z powrotem w przedziale, czekając. Ludzie na korytarzu rozprawiali z zapałem. Kobieta i dwóch mężczyzn weszli i usiedli obok mnie. Opowiedzieli, co im skradziono, a także ich matkom i babkom. Zaczęłam odnosić wrażenie, że na świecie dokonuje się więcej kradzieży niż jakichkolwiek innych uczynków. Wolałabym posiedzieć w spokoju i przemyśleć to wszystko, lecz oni nie zamierzali mnie opuścić.

– Zabawne – zwróciłam się do nich. – W pierwszej chwili uznałam, że to jakiś szaleniec.

Wybuchnęli śmiechem.

– Zabrał większą torbę, choć leżała pod inną – dodałam. – Chyba myślał, że tam będzie więcej rzeczy.

Omal nie powiedziałam im, że w mniejszej torbie była moja kasetka z biżuterią, ale powstrzymałam się i umilkłam. Z tego, co wiedziałam, oni również mogli być złodziejami. Pociąg toczył się naprzód przez pół godziny, a potem gwałtownie zahamował. Moi goście wychylili się przez okno i zaczęli rozmawiać z kimś na peronie. Potem zjawił się konduktor.

– Znaleźli – oznajmił. – Mają walizkę. Złodziej uciekł i porzucił ją obok torów.

– Gdzie teraz jest?

– Na poprzedniej stacji. Proszę ze mną. Musi się pani spotkać z zawiadowcą.

– Ale co z pociągiem?

– Zatrzymamy go dla pani. Proszę się nie martwić.

Ludzie patrzyli na nas z każdego okna, kiedy zmierzaliśmy do budynku stacji. Zawiadowca spytał, co było w walizce. Przez chwilę pamiętałam jedynie o nowym gorsecie, o którym nie chciałam wspominać. Potem przypomniałam sobie o sukni i swetrze. Poprosił o kluczyk. Wyjaśniłam, że walizka nie była zamknięta.

– Pani jest cudzoziemką – rzekł w końcu.

– Tak – przyznałam.

– Jakie jest pani nazwisko i adres?

Gdy odpowiedziałam, że nazywam się Sapieha, uśmiechnął się.

– Nie może pani odzyskać bagażu, dopóki nie poznamy pani nazwiska.

– Przecież je podałam.

Wymienił spojrzenia z konduktorem, który stał obok mnie, ale zapisał, co mu powiedziałam.

– Rzeczy zostaną odesłane, jeśli rzeczywiście należą do pani – oznajmił.

Dopiero gdy wróciłam do przedziału, zdałam sobie sprawę, że mam niezapięte buty, a na głowie chustkę nadal zawiązaną pod brodą. Dołożywszy do tego mój akcent, nic dziwnego, że zawiadowca nie wiedział, co o tym myśleć.

Walizka nie pojawiła się, dopóki nie wykonałam trzech telefonów i w końcu wysłano kogoś, by ją przywiózł. Jakieś dwa tygodnie później przyjechał na rowerze policjant z Rawy Ruskiej, aby mnie przesłuchać. Poprosił o rysopis złodzieja. Wyjaśniłam, że w przedziale było ciemno, ja spałam, a ten człowiek zniknął w mgnieniu oka.

– Ale z pewnością coś pani pamięta? Widzi pani, jest kilku takich złodziei, których ścigamy, ale potrzebujemy więcej wskazówek.

– Cóż – odparłam – mam wrażenie, że to mężczyzna w średnim wieku, mniej więcej mojego wzrostu, dość wytworny, w ciemnym płaszczu i filcowym kapeluszu.

Myślałam, że się uśmiechnie, lecz on z poważną miną zapisał moje słowa, podziękował i szybko się oddalił.

W wakacje wybraliśmy się z mężem do Salzburga posłuchać *Fidelia* pod batutą Toscaniniego. Zaledwie zdążyliśmy wrócić do Wiednia i właśnie przebieraliśmy się przed wyjściem na kolację, gdy przyszedł telegram od mojej teściowej: „Krysia chora gorączka od kilku dni". Złapaliśmy nocny pociąg i następnego wieczoru znaleźliśmy się w posiadłości. Gorączka nie była wysoka, a ona nie wyglądała na poważnie chorą, ale jej twarz wydawała się dziwnie pozbawiona wyrazu. Badał ją wcześniej lekarz z Rawy Ruskiej i nie miał pojęcia, co jej dolega. Niania niepokoiła się o nią. Po trzech dniach zawiozłam Krysię do Lwowa, do sławnego pediatry, doktora Groëra*. Umieścił ją wraz z nianią w swoim domu dla dzieci, ponieważ nie pozwolono by mi odwiedzać jej w klinice. Kolor jej gardła wskazywał na stan zapalny, ale była zbyt mała, aby mogła je płukać, nie pozostawało zatem nic prócz czekania. Pewnego ranka rozkrzyczała się, kiedy niania obmywała jej buzię. Przykładała rączkę do ucha, a przed nocą dostała wysokiej gorączki. Wezwano specjalistę od chorób uszu. Badając

* Franciszek Groër (1887–1965) – lekarz pediatra, profesor Uniwersytetu Jana Kazimierza we Lwowie, kierownik tamtejszej kliniki pediatrycznej.

opierające się dziecko, od czasu do czasu przerywał swoje czynności i podejmował rozmowę na błahe tematy.

– Proszę najpierw skończyć ją badać – powiedziałam.

– Nie trzeba się tak denerwować – odparł. – Widzę, że mamy do czynienia z trudną matką – zwrócił się do niani.

Oznajmił, że musi przeprowadzić punkcję ucha. Kiedy to robił, trzymałam dziecko za rączkę.

– Boli, boli – powiedziała. Nigdy wcześniej nie wymówiła tego słowa.

Po tym zabiegu gorączka ustąpiła, ale dziecko nadal miało otępiałą buzię i nie chciało jeść. Doktor Groër powiedział, abym zostawiła ją pod jego opieką, że wydobrzeje, więc powróciłam do posiadłości.

Pewnego ranka, gdy siedziałam z książką w ręku przed domem, przybiegła bez tchu jakaś wieśniaczka i powiedziała, że na odległej drodze natknęła się na kłusującego samotnie konia Tilki. Sądziła, że Tilka musiała spaść z siodła. Poszłam zawiadomić teściową, zamówiłyśmy powóz i wyruszyłyśmy na poszukiwania. Ponieważ Elżbieta doznała kiedyś urazu czaszki po podobnym upadku, wiedziałam, że teściowa musi być przerażona. Modliła się po drodze. Znalazłyśmy Tilkę pełznącą przez pole ziemniaków w gorących promieniach słońca, z wyraźnie wywichniętym kolanem. Następnego dnia teściowa, która wybierała się w swą doroczną podróż, wyjechała do Austrii. Po drodze zatrzymała się we Lwowie, aby zobaczyć Krysię i zawiadomiła przez telefon, że gorączka wróciła. Zostawiając Tilkę samą ze spuchniętym kolanem, pospieszyłam z powrotem do Lwowa.

Niebieskie oczy Krysi poczerniały. Patrzyła na mnie obojętnie. Przybyło równocześnie dwóch lekarzy, którzy odbyli konsultację na osobności, a następnie posłali po mnie. Rozpoznali zakażenie paciorkowcami. Niewiele rozumiałam z tego, co mówią po polsku, widziałam jednak, że są zaniepokojeni. Jedyną metodą leczenia było podawanie krwi. Rozpoczęły się długie tygodnie naprzemiennych popraw i pogorszeń stanu zdrowia. Niekiedy czuła się lepiej i nawet odzyskiwała utracone dobre samopoczucie. A potem zakażenie uderzało w innym miejscu i przewracała się w łóżeczku z boku na bok, ściskając głowę rączkami.

– Boli. – Bardzo często powtarzała teraz to słowo.

Całymi dniami snułam się w pobliżu, obserwując ją, kiedy się budziła i siedząc na schodach na zewnątrz, gdy spała.

Placówka ta była szkołą pielęgniarską utrzymującą się z opieki nad wcześniakami i delikatnymi dziećmi, którymi rodzice nie byli w stanie się zajmować. Ponieważ pierwotnie została założona przez starą księżną z myślą o podrzutkach, doktor Groër, aby przejąć szkołę i nią kierować, zgodził się zatrzymać na stałe dziesięć samotnych matek*. Sprzątały, gotowały i miały jedną salę dla siebie i swych dzieci. W swoich szarych sukienkach, powłócząc nogami w filcowych kapciach, wydawały się niechlujne i bezbarwne. Pielęgniarki jednak kształcono z najwyższą starannością. Osiągnięciem, którym owa instytucja szczyciła się najbardziej, było to, że przez dziesięć lat jej działalności nie zmarło tam ani jedno dziecko.

Co roku doktor Groër musiał prosić rząd o pieniądze na utrzymanie szkoły. Czasami przyznawano mu niewielkie sumy, innym razem nie otrzymywał nic. Choć znany był w całej Europie Środkowej ze swojej umiejętności leczenia chorych dzieci i eksperymentalnych badań nad dziecięcą gruźlicą, nie znalazł w Polsce nikogo, kto sfinansowałby wyposażenie dla jego szpitala albo laboratorium. Jako pierwszy założył szkołę dla opiekunek dziecięcych, gdy nawet wykształceni ludzie wciąż uważali, że matki wiedzą najlepiej, a domowe środki są najskuteczniejsze. Powiedział mi, że słyszał kiedyś kobietę wypowiadającą się na temat miejscowego lekarza: „Jest już stary, ale dla dzieci jeszcze

---

* Mowa o Zakładzie im. Dzieciątka Jezus, założonym przez Elżbietę z Potulickich Sapieżynę i ks. Zygmunta Gorazdowskiego (1845–1920) w 1892 roku.

wystarczająco dobry". Pomijając kilkoro bogatych ludzi z okolic Lwowa i przypadki, które mu przywożono, kiedy wszystko inne zawiodło, jego praktyka ograniczyła się do polskich Żydów, z których ignorancją walczył przez całe życie.

Raz pewna kobieta przejechała dwieście kilometrów, przywożąc do niego synka, z prośbą o poradę. Zapisał jej dokładnie wszystkie szczegóły leczenia i kazał wrócić za miesiąc. Kiedy zjawiła się ponownie, stan zdrowia chłopca nie uległ poprawie.

– Czy robiliście wszystko tak, jak zaleciłem? – spytał ją.

Spojrzała na niego oszołomiona.

– Myślałam, że wystarczy ten papierek, który dostałam – odparła.

Okazało się, że zawiesiła go na sznurku, którym obwiązała szyję dziecka.

Wieczorem, kiedy Krysia zasypiała, wracałam do hotelu, zjadałam posiłek w pokoju i siedziałam tam samotnie, próbując oswoić się z faktem, że dzieci muszą znosić ból. Dwukrotnie, gdy jej stan się pogorszył, telefonowałam do męża, który przyjeżdżał nocnym pociągiem i siedział przy niej, póki nie poczuła się lepiej, a potem wracał do pracy.

Teraz, kiedy tylko lekarze otwierali drzwi, Krysia wymiotowała ze strachu. Dwie osoby musiały ją przytrzymywać, gdy odsłaniałam ramię, by przetoczono jej moją krew, co miało miejsce co drugi dzień. Choć na początku choroby znała zaledwie około dwudziestu słów, teraz wysławiała się z łatwością. Kiedy siedziała lub leżała w swoim żelaznym łóżeczku, śledziła nasze poczynania z pełną świadomością. Mając półtora roku, nabrała mądrości.

Po najgorszym ataku gorączki lekarze orzekli, że niebezpieczeństwo minęło. Było wystarczająco dużo czasu, nim choroba znów zaatakuje, by wzmocnić dziecko i zwalczyć infekcję. Wreszcie sama widziałam, że stan jej zdrowia się poprawia. Teściowa po powrocie z Austrii zjawiła się w moim pokoju o siódmej rano.

– Bóg wiedzie ludzi do siebie różnymi drogami – oznajmiła. – Być może Krysia zachorowała dlatego, że za mało się modlisz.

Mój mąż musiał wyjechać na trzy dni do Paryża. Nie widziałam go od dwóch miesięcy, a lekarz orzekł, że mogę spokojnie jechać, więc zapytałam teściową, czy nie zastąpiłaby mnie przy dziecku.

– Owszem – odparła – zrobię to, ale nie spodziewaj się, że będę przesyłała ci wieści. Musisz się bez nich obejść.

Tak więc pojechałam do Paryża, robiłam zakupy, oglądałam przedstawienia, pokazy w nocnych klubach i rozmawiałam z przyjaciółmi, ale nie zauważałam, co kupuję, nie bawiły mnie białe nogi ponętnych dziewcząt ani nie słyszałam, co mówią przyjaciele. Kiedy wróciłam do Lwowa, Krysia już prawie wyzdrowiała.

ROZDZIAŁ SZÓSTY

Nikt, a już najmniej mój mąż, nie mógł teraz nazywać mnie „włóczykijem". Żegnajcie na zawsze dawno minione dni, gdy moi goście sami przygotowywali sobie drinki i siadali na podłodze, jeśli wszystkie krzesła były zajęte. Żegnajcie żarty, niemądre taneczne kroki, pikantne piosenki i zawzięte dyskusje o książkach i sztukach teatralnych. Żal nawet samotnego zmywania talerzy i kieliszków, kiedy wszyscy już wyszli, ponieważ nie wydawało się to wygórowaną ceną za wolność.

Stałam się obecnie dostojną matroną. Siedmiopokojowe mieszkanie w Warszawie, razem z dzieckiem, nianią, kucharką, pokojówką i lokajem nie było dla mnie miłosnym gniazdkiem. Wycie odkurzacza, krzyki dziecka albo natrętny dźwięk dzwonka telefonu wypełniały poranne godziny. Lunch, nawet jeśli jedliśmy go w domu, podawany był dopiero między drugą a trzecią. Zanim poczułam się lepiej po zjedzeniu zbyt dużych ilości o zbyt późnej porze, nadchodziła chwila, by przebrać się w popołudniowy strój i rozpocząć cykl wizyt towarzyskich. Następnie był już czas zajrzeć do Krysi, która, choć wyzdrowiała, miała napiętą, niemal przezroczystą skórę, do czego nie potrafiłam się przyzwyczaić; a potem pospieszna kąpiel i strojenie się, żeby zwolnić miejsce dla Władka, przygotowującego mego męża do kolejnego wieczoru.

Zanim się pobraliśmy, mąż przez lata unikał brania udziału w życiu towarzyskim Warszawy. Podczas swoich krótkich podróży, po godzinach pracy, przesiadywał z blondynkami w nocnych klubach, przedkładając ich beztroską atmosferę nad tę panującą w wielkich domach, gdzie czyhały na niego córki na wydaniu. Teraz jednak, gdy dołączyła do niego żona-włóczykij, stał się filarem społeczności. Ze względu na dobro naszej córki, oznajmił, powinniśmy mieć wielu przyjaciół z odpowiednich sfer. Gdy uskarżałam się na wizyty, zapytał mnie z naciskiem, jak mielibyśmy kiedykolwiek wydać ją za mąż, jeśli nie utorujemy wcześniej drogi. Pozostawało nam co najmniej osiemnaście lat na przywabienie odpowiednich konkurentów, ale on uważał, że to wcale nie jest za wcześnie.

Na początku nie miałam pojęcia, kogo i kiedy należy odwiedzać i jakie zostawiać wizytówki. Pamiętałam, oczywiście, z czasów dzieciństwa chwile, gdy w lakierowanych pantofelkach i białych rękawiczkach towarzyszyłam mamie podczas wizyt. „Dygnij grzecznie przed panią taką a taką" – słyszałam od niej przy frontowych drzwiach i pamiętam, jak starałam się nie wiercić, gdy siedziałam na skraju krzesła, popijałam nalaną mi bawarkę i usiłowałam śledzić niekończącą się wymianę zdań starszych osób, dotyczącą spraw dla mnie nudnych i niezrozumiałych. Od tamtego czasu jednak nie składałam takich wizyt ani nie brałam pod uwagę – gdy mowa o najpilniejszych sprawunkach – zamówienia biletów wizytowych. Teraz jednak otrzymaliśmy je w języku francuskim, angielskim i polskim, wspólnie i osobno. Goniec z biura męża został zatrudniony do rozprowadzenia ich po całym mieście. Jeśli było się zaproszonym na posiłek, wystarczyło jedynie pojawić się osobiście, okazując bilety. Każda dama wyznaczała jedno specjalne popołudnie dla takich gości, a ponieważ dam było więcej niż popołudni, wypadało czasami w tym samym dniu odwiedzić trzy domy. Zdarzało się, że mój mąż wracał z biura po piątej, lecz nie przynosiło mi to żadnych korzyści.

– Powinnaś pójść do hrabiny Hélène w jej dniu przyjęć – rzekł, kładąc nogi na krześle i sadowiąc się wygodnie z gazetą.

– Proszę, przekaż jej, jak bardzo żałuję, że nie mam czasu przyjść z tobą.

– Świnia! – powiedziałam.

Ale wsiadłam do niedużego niebieskiego auta, którym obecnie jeździliśmy i pomknęłam z wizytą do hrabiny Hélène.

Choć Warszawa nie była bardzo wielkim miastem, ludzie nieodwołalnie dzielili się na grupy, które prawie nigdy nie miały z sobą kontaktu. Sfery rządowe wymieniały się z dyplomatami, a dyplomaci – zwłaszcza z większych państw – udzielali się towarzysko w kręgach arystokratycznych, lecz rząd i arystokracja spotykały się jedynie podczas uroczystości państwowych. Były po temu rozmaite powody. Na niektórych urzędników spoglądano nieufnie jako na karierowiczów; wielu było znanych z radykalnych poglądów i ze wzgardą odrzucali samą myśl, że ktoś mógłby ich zobaczyć na kolacji u księcia. Ponadto niektórzy ministrowie mieli nowe żony, a ponieważ ślub cywilny nie był uznawany w Polsce za legalny, nie uważano tych osób za prawowicie poślubionych małżonków. Warszawski arcybiskup stwierdził, iż katolicy najlepiej dowiodą oddania swej wierze, unikając ludzi, którzy nie mają ślubu kościelnego. Prowadziło to czasami do niezręcznych sytuacji. Pewien minister, rozwiedziony i ponownie żonaty, podróżował do najrozmaitszych krajów, aby reprezentować tam Polskę, choć w ojczyźnie były domy, gdzie go nie przyjmowano. Lekarze, prawnicy i profesorowie, kręgi, do których w Ameryce należałam, nie pojawiali się tam, gdzie my bywaliśmy. Ponieważ mój mąż pracował na Śląsku, znaliśmy kilku przedsiębiorców, lecz spotykając się z nimi na kolacji, nie widywaliśmy nikogo prócz ich kolegów i jedynie w tym towarzystwie mogliśmy zetknąć się z Żydami. Od świata artystów i pisarzy odgradzał nas bezpieczny mur uprzedzeń, a niektórzy arystokraci, jeśli mieli na to ochotę, mogli przez ten mur przeniknąć. Armia trzymała się wyłącznie własnego środowiska.

Niemniej w tych ściśle wyznaczonych kręgach nie było, inaczej niż w Ameryce, rozróżnień związanych z wiekiem. Świeżo poślubione dziewiętnastolatki sadzano przy stole obok siedemdziesięcioletnich mężczyzn. Rodziców często zapraszano wraz z rodzinami ich dzieci. Kobiety w wieku mojej matki dzwoniły, aby zapytać, kiedy mogą złożyć wizytę. Wuj męża, siedemdziesięciopięcioletni książę, który po wojnie był prezydentem Warszawy* i jednym z czołowych przedstawicieli kół nastawionych antyniemiecko i profrancusko, wprosił się na kolację sam na sam ze mną, kiedy mój mąż wyjechał i graliśmy w halmę do drugiej nad ranem, w którym to czasie ani razu nie udało mi się wygrać.

Rozmieszczenie gości podczas kolacji w Warszawie należało do nauk ścisłych. Gospodarz i gospodyni zasiadali naprzeciw siebie po dwóch stronach stołu, przy którym wyznaczano miejsca wedle rangi, tak więc szary koniec zajmowała młodzież i krewni. Nikt nie mógł wstać od obiadu czy kolacji, dopóki najważniejsi bądź najstarsi goście się nie pożegnali. Można było doznać gwałtownego ataku bólu, lecz jeśli nie straciło się przytomności, poczucie towarzyskiego obowiązku było tak silne, że nikt nie wstawał od stołu, dopóki angielski ambasador lub czcigodna ciotka Therese nie dali odpowiedniego znaku. Ponieważ dokądkolwiek się udawaliśmy, byłam najmniej ważna, jako ostatnia kładłam się spać. Reguły obejmowały również kwestie przyjazdu. Tylko ktoś naprawdę wybitny mógł się spóźnić. Choć w świecie interesów, gdzie życie zaczynało się dopiero około jedenastej przed południem i czasami ciągnęło się w kawiarniach aż do późnej nocy, nikt nie był punktualny, choć w hotelowych restauracjach podanie posiłku zajmowało godzinę i nic nie było gotowe w obiecanym czasie, w przypadku uroczystości, na które nas zapraszano, należało zadzwonić do drzwi o wyznaczonej godzinie.

* Mowa o księciu Zdzisławie Lubomirskim (1865–1943), który był prezydentem Warszawy podczas I wojny światowej w latach 1916–17, a następnie w 1917 roku został członkiem Rady Regencyjnej Królestwa Polskiego.

Jedynie raz poważnie się spóźniliśmy. Była to kolacja wydawana przez któregoś z ministrów spraw zagranicznych* – nie wiedzieliśmy, dla kogo. W taksówce wiozącej nas na miejsce współzawodniczyliśmy w samopoświęceniu: ja proponowałam, iż oznajmię, że dziecko nie czuje się dobrze, mąż zaś gotów był twierdzić, że zatelefonowano do niego z Paryża. Kiedy przyjechaliśmy, wszyscy już wstali, by przejść do jadalni. Zaczęliśmy jednocześnie przedstawiać swoje wersje. Nasza gospodyni przyjęła to z wdziękiem, ale pozostali mieli lodowaty wyraz twarzy. Honorowy gość, którym okazał się premier, przybył spóźniony o dziesięć minut, aby zrobić wielkie wejście, więc nam tego nie wybaczył. Dłoń, którą podawałam osobom z towarzystwa, była wilgotna od potu i dopiero gdy doszliśmy do mięsnych dań, mogłam coś przełknąć.

Mieszkańcy Warszawy pasjonowali się jedzeniem. Równie dobrze pamiętali, co jedli, jak to, kogo spotkali. Zarówno kolacje, jak i obiady, których było mnóstwo, ponieważ mężczyźni zawsze znajdowali na nie czas, zawierały co najmniej osiem dań z szerokim wyborem win będących kosztowną częścią menu, gdyż w Polsce nie uprawiano wina – wszystkie były importowane. Z mięs serwowano zazwyczaj dziczyznę, kruchą, silnie pachnącą i ciężkostrawną. Surowe warzywa pojawiały się rzadko, a jeśli już to podawane osobno i tak bardzo zatopione w sosie oraz rozdrobnione, że nie można ich było rozpoznać. Każdy deser należałoby sfotografować jako pomnik sztuki kucharskiej. Kilka takich posiłków wystarczyło, by wzbudzić mój nieustający podziw dla odporności polskich żołądków.

Liczba ludzi, którzy wymieniali zaproszenia, w kręgu, do którego przy milczącej zgodzie nas zaliczono, była ograniczona, więc z miłą chęcią witano nowo przybyłych. Uważając siebie zawsze za mało towarzyskich i trudnych w kontaktach, odkryliśmy, że nie wpływa to na liczbę otrzymywanych przez nas zaproszeń.

---

* Od 1932 do 1939 roku ministrem spraw zagranicznych był Józef Beck.

W towarzystwie sędziami, których dezaprobata mogłaby nas skazać na samotność w drapaczu chmur, było pół tuzina dam z pokolenia mojej matki, jedynych pośród Polek, które po wojnie zachowały dość pieniędzy, aby podejmować gości, gdyż większość ludzi wydających przyjęcia i bywających na nich przed wojną była obecnie zmuszona osiąść na wsi i starać się utrzymać to, co im pozostało. Najmłodsza spośród owych autorytetów, hrabina Róża, budziła największą grozę. Wyprostowana na skraju krzesła, nigdy nie rozluźniała mięśni ani nie okazywała znudzenia, lecz zauważała wszystko. Odnosiło się wrażenie, że gdyby kobieta zjawiła się u niej w dniu przyjęć z agrafką pod suknią, dostrzegłaby to i byłaby zdegustowana. Wiedziała, co się dzieje w ambasadach, co planuje rząd, wyczuwała polityczne kryzysy zanim jeszcze nastąpiły. Ale, panując nad swym giętkim językiem, nigdy nie pozwalała sobie na niedyskrecje. Z całą pewnością, gdyby dopuściła się czegoś tak niewłaściwego jak stłuczenie filiżanki lub zgubienie halki w miejscu publicznym, obróciłaby to w coś, co właśnie należało uczynić. Nigdy też nie odczuwała rozterki, niezależnie od tego, czy chodziło o przedstawienie sobie nawzajem dwóch ambasadorów i ocenę, który ma być zaprezentowany jako pierwszy, czy stwierdzenie, jak długo powinna trwać żałoba po dalekim kuzynie. Choć sama miała około pięćdziesięciu lat, gdy wydawała przyjęcie na cześć siedemdziesięciopięcioletniej cioci Betki, która przyjechała z wizytą do Warszawy, widziałam, jak wita ciocię w drzwiach z lekkim dygnięciem i całuje ją w rękę. Na najwystawniejsze przyjęcie, jakie my kiedykolwiek wydaliśmy, zaprosiliśmy niemieckiego i włoskiego ambasadora oraz hrabinę Różę. O ósmej Władek, któremu wydało się, że słyszy odgłos jadącej windy, otworzył drzwi. Za nimi, na zimnych kamiennych stopniach w holu, siedziała hrabina Róża i jej mąż.

– Przybyliśmy dwie minuty przed czasem – powiadomiła mnie – i nie chciałam sprawiać kłopotu, gdybyście państwo nie byli jeszcze gotowi.

Ponieważ mieszkaliśmy w wieżowcu, wiele osób odwiedzało nas z czystej ciekawości. Niektórzy chcieli się przekonać, jak wygląda apartament w takim nowoczesnym budynku, inni pragnęli zobaczyć romantyczny widok z naszych okien na miasto i Wisłę, wijącą się między płaskimi brzegami; liczni goście zjawiali się dlatego, że jeszcze nigdy nie byli na dziesiątym piętrze budynku. Znalazła się wśród nich włoska pani ambasador, która wysiadła z windy pobladła i drżąca, a zanim podeszła do okna, aby przez nie wyjrzeć, poprosiła o kieliszek koniaku.

Mój mąż dwukrotnie udał się w podróż do Paryża beze mnie, gdyż obawiałam się zostawić Krysię samą. Ponadto raz lub dwa razy w tygodniu jeździł do Katowic, ponieważ – od czasu gdy otworzył filię przedsiębiorstwa w Warszawie – wojewoda śląski wymagał, żeby oficjalnie tam mieszkał. Taki układ nam nie odpowiadał. Mąż zawsze wyjeżdżał lub przyjeżdżał w pośpiechu. Władek trzymał pod łóżkiem na wpół spakowaną walizkę i nigdy nie było pewności co do planów podróży. Mimo to dobiegały nas plotki, że wojewoda już się poskarżył, iż Sapiehy nigdy nie ma na miejscu.

Podczas pierwszych przyjęć, na które wychodziłam bez męża, czułam się nieswojo. Raz posadzono mnie obok mężczyzny, który westchnął i powiedział:

– Towarzystwo nie jest już takie jak przed wojną.

– Zapewne – odparłam.

– Widzi pani – wyjaśnił – wówczas nigdy nie siedziałem obok kogoś, kogo babki bym nie znał. A teraz – ciągnął posępnie – każdy ma za sąsiada kompletnie obcą osobę i nie wie, co należy mówić.

Rozśmieszył mnie, ale po części miał słuszność. Nigdy nie pragnęłam wiedzieć, kim jest czyjaś babka, lecz zasiadanie do kolacji z osobą, z którą nie miało się wspólnych przyjaciół, kraju pochodzenia ani wcześniejszych doświadczeń z pewnością stanowiło wyzwanie.

Polityka, wewnętrzna i zagraniczna, była głównym tematem rozmów między ludźmi. Jako przeciętna Amerykanka nigdy nie myślałam zbyt wiele o Europie Środkowej – chyba że jako o miejscu, gdzie chłopi nadal noszą stroje ludowe i chusty – aż do czasu, kiedy tu zamieszkałam. Ale dla tych Polaków, którzy znajdowali się wcześniej pod niemieckimi, rosyjskimi i austriackimi rządami, to, co działo się w polityce i co mogło się zdarzyć w Europie Środkowej, było sednem życia.

Z wyjątkiem samych urzędników państwowych, nikt, kogo poznałam, nie pochwalał rządu. Fakt, że przemysł i handel zmagały się z trudnościami piętrzonymi przez rządowe monopole i przepisy w większości mniej ich poruszał niż poczynania ministerstwa rolnictwa. Ich zdaniem przeprowadzana w pewnych rejonach Polski reforma, mająca na celu parcelację wielkich własności, umożliwiająca nabywanie przez chłopów ziemi, była bezcelowa i niesprawiedliwa*. Arystokratę popierającego takie działania uważali za renegata. Większość z nich krytykowała arbitralne metody Piłsudskiego i to, że przed śmiercią nie przygotował następcy, który przejąłby jego obowiązki, ale czuli zarazem, że to on właśnie zjednoczył Polskę.

Mieli rozbieżne opinie na temat stosunków zagranicznych z Niemcami i Francją. Niektórzy byli przeciwni proniemieckiej polityce, choć wszyscy uważali skutki ekonomiczne porozumienia sprzed roku za jedno z największych dokonań Piłsudskiego**. Kiedyś, gdy kilku wpływowych francuskich dziennikarzy, których wszyscy nastawieni profrancusko usiłowali ugłaskać, znalazło się na kolacji u pewnej damy w Krakowie, gospodyni wspomniała niezbyt fortunnie, iż „Francuzi to nasi sojusznicy, ale Niemcy to przyjaciele" – i rozróżnienie to spowodowało znaczne szkody

* Reforma rolna z 1925 roku zakładała parcelację majątków powyżej 180 hektarów (na Kresach powyżej 300 hektarów).

** Mowa tu o polsko-niemieckiej deklaracji o niestosowaniu przemocy z 26 stycznia 1934.

polityczne. Nienawiść do Rosjan i Czechów była powszechna. Polacy uważali, że podczas wojny bolszewickiej Czesi celowo przetrzymywali amunicję i broń przesłaną przez Francję. Ale trzema głównymi źródłami zła na świecie w ich przekonaniu byli masoni, bolszewicy i Żydzi.

Aby podkreślić serdeczne nastawienie do Niemców, oficjalnie zaproszono generała Göringa na polowanie na wilki w państwowych lasach w Białowieży*. Wyznaczono mu, oczywiście, najlepsze stanowisko. Tuż za nim stał polski generał. Göring zapytał, gdzie pojawi się wilk, na co generał, starając się nie ujawnić zdumienia owym pytaniem, wskazał w prawo. Po chwili Göring, znużony nieustannym spoglądaniem w jedną stronę, odwrócił wzrok. Chwilę później polski generał zobaczył, jak pośród śniegu na ciemnym skraju lasu, właśnie tam, gdzie wcześniej wskazywał, pojawia się ukradkiem cień, na który wcześniej czekali. Wilk, znieruchomiały, mierzył ich spojrzeniem żółtych ślepi. Göring wciąż patrzył w niewłaściwym kierunku. Generał nie ośmielał się poruszyć. Wreszcie szepnął: „Po prawej". Nim Göring się obrócił, wymierzył i wystrzelił, wilk zniknął bezpiecznie za osłoną drzew. Pozostali myśliwi składali gratulacje. Potajemnie polecono leśniczym, aby na wieczór dostarczyli wilcze zwłoki. Kiedy wreszcie przyniesiono wilka, Göring przyjął to z wielkim zadowoleniem.

Tymczasem *Frau* Göring była gościem honorowym ambasady niemieckiej w Warszawie. Zaproszono mnie na uroczysty obiad, abym ją poznała. Nie było jej na sali, gdy przybyłam. Usiadłam i podjęłam rozmowę z niemiecką ambasadorową**, drobną i bladą, młodszą od męża o mniej więcej dwie dekady, która po

---

* Hermann Göring (1893–1946) – premier Prus, minister lotnictwa III Rzeszy. Polowanie w Białowieży z udziałem Göringa, zaproszonego przez polskiego Prezydenta, odbyło się w styczniu 1935.

** Davida Yorck von Wartenburg (1900–1989) – żona Hansa Adolfa von Moltkego (1884–1943), ambasadora Niemiec w Polsce w latach 1931–39.

sześciu latach małżeństwa miała już pięcioro dzieci. Nie używała pudru, by zakryć wywołane zmęczeniem zmarszczki na twarzy. Wyjaśniła mi, że ma jedną nianię do wszystkich dzieci, najmłodszy synek śpi w jej pokoju, a ona musi wstawać o szóstej rano, aby się z nim pobawić.

– Nie potrafię pojąć, jak pani radzi sobie przy tym wszystkim z innymi zobowiązaniami – zauważyłam.

– To nic takiego – odparła. – Mąż tego ode mnie oczekuje. No i taka jest przecież moja powinność.

Polscy przyjaciele zastanawiali się, jakie są jej uczucia wobec Hitlera i nazistów, lecz ona z nikim nie rozmawiała o tym, co dzieje się w Niemczech.

– Oto i *Frau* Göring – powiedziała, wstając z miejsca. – Grała szekspirowskie role, zanim poślubiła generała.

Mierząca co najmniej sześć stóp, z bujnymi rudozłotymi lokami spływającymi spod atłasowego kapelusza, żona Göringa nie wydawała się brzydka. Jej zarumieniona twarz miała w sobie jakąś zwierzęcą godność. Nosiła czarną suknię z wzorami z górskich kryształów po obu stronach biustu. Kiedy się odezwała, zdumiało mnie, że nie wydaje bojowych okrzyków Walkirii. Naprawdę stanęła tutaj Panna Germania.

Po obiedzie zebrał się wokół niej krąg osób. Wszyscy chcieli usłyszeć, co ma do powiedzenia. Mówiła o swoich ulubionych lwiątkach.

– Dostajemy je z Hamburga od Hagenbecka. Dłużej niż rok nie możemy ich trzymać. Kiedy podrastają, są już trochę zbyt ożywione – wyjaśniła z powagą – więc odsyłamy je do zoo w Hamburgu.

– Gdzie trzyma pani lwa w nocy? – zapytał ktoś z obecnych.

– Cóż, ma własną sypialnię. Ale wieczorami wchodzi do mojego łóżka, aby je ogrzać i dopiero gdy udaję się na spoczynek, pokojówka go wyprowadza.

– A co z jego zapachem? – zapytałam.

– Och, lew jest kąpany codziennie i spryskujemy go perfumami. Nie cuchnie.

– Lwy chyba nienawidzą kąpieli? – zagadnął ktoś inny.

– Przyzwyczajają się do niej. Ale zimna woda bardzo szkodzi młodym lwom. Opowiem wam, co mi się przydarzyło – oznajmiła. – Poszłam nad jezioro popływać. Zostawiłam lewka na plaży, ale gdy wypłynęłam dalej, na głębszą wodę, obejrzałam się za siebie i zobaczyłam, że płynie za mną. Dogonił mnie i próbował wspiąć mi się na głowę. Szturchnęłam go lekko, a potem wzięłam na plecy, opierając sobie jego przednie łapy na ramionach i popłynęłam do brzegu. Miałam już zaledwie tyle sił, aby owinąć go ręcznikiem, w obawie, że może się przeziębić, a później nogi się pode mną ugięły i musiałam się położyć.

Frau Göring zmierzyła spojrzeniem skromne audytorium i uśmiechnęła się.

– To był jedyny przypadek w moim życiu, kiedy byłam przerażona – zakończyła.

Wszyscy mieli pytania. Czy w domu, w którym jest lew, można trzymać inne zwierzęta? Czy przychodzi na zawołanie? Czy potrafi się przywiązać i być wiernym? *Frau* Göring chętnie udzielała odpowiedzi.

– Jak lew zachowuje się przy gościach? – zapytała jakaś kobieta.

– Zazwyczaj obojętnie. Czasami jednak, oczywiście, pragnie się pobawić – odparła. – Kiedyś na herbatę przyszła starsza księżna, nasza sąsiadka ze wsi. Myślę, że chciała popisać się odwagą. W każdym razie wyciągnęła do niego rękę, a on szybkim machnięciem łapy rozdarł jej suknię pośrodku, na dwie połowy. – Roześmiała się w głos. – Starsza pani była prawie naga – dodała wesołym tonem.

Niektórzy goście opuszczali skupione wokół żony Göringa kółko. Przysunęłam bliżej swoje krzesło.

– Pani pozwoli, *Frau* Göring – starałam się mówić swoją najlepszą niemczyzną. – Jeszcze tylko jedno pytanie. Po co właściwie trzyma się lwa jako zwierzątko domowe?

– Zaraz wyjaśnię – zaczęła. – Widzi pani, kiedy generał wraca z pracy do domu, jest wyczerpany intelektualnie. Posyła wtedy po lwa, tarzają się po podłodze i mocują z sobą. To jest naprawdę dobre dla mojego męża. Dla niego to ogromne odprężenie – zakończyła, podnosząc się z miejsca.

Rozprostowała ramiona, osadziła kapelusz na bujnych lokach i z miłym uśmiechem pożegnała się, zanim odeszła dumnym krokiem.

Tej zimy dwoma wydarzeniami teatralnymi były: polska sztuka historyczna dziejąca się na dworze niemieckiego cesarza Fryderyka II, granego przez wspaniałego osiemdziesięciolatka* i *Tessa***, której szalona rodzinka prezentowała się niezbyt prawdopodobnie na warszawskiej scenie. Był też teatrzyk, który co miesiąc prezentował nowe satyryczne skecze dotyczące polityki***. Widziałam parodię Kiepury, śpiewaka z prowincji, którego samorodny talent rozsławił Polskę na całym świecie, a pojawiły się tam tak mocne antyrządowe sformułowania, że nawet mój mąż wiercił się niespokojnie na krześle****.

W Warszawie nikt nie ubierał się wieczorowo do teatru, ale należało oddać do szatni kapelusz i płaszcz, nim dotarło się na miejsce. Była to zasada, przeciw której za każdym razem się buntowałam, ale zawsze bezskutecznie.

Jeśli nie była to sztuka kostiumowa, aktorki nie wyglądały zbyt schludnie. Stroje wydawały się niedopasowane, włosy nieumyte. Scenografia była mało oryginalna. Nie wystarczało

---

* Mowa o *Fryderyku Wielkim* Adolfa Nowaczyńskiego, którego premiera odbyła się 31 grudnia 1935. W tytułową postać wcielił się Ludwik Solski (1855–1954).

** Sztuka Margaret Kennedy i Basila Deana, na podstawie powieści *The Constant Nimph*, autorstwa Margaret Kennedy. Polska premiera *Tessy* odbyła się 11 marca 1936.

*** Chodzi o kabaret Cyrulik Warszawski.

**** Wodewil *Kariera Alfa Omegi*, którego premiera miała miejsce we wrześniu 1936. Jan Kiepura (1902–1966) – tenor i aktor, cieszący się w Polsce ogromną sławą. Urodził się w Sosnowcu w ubogiej rodzinie. Kiepurę parodiował Adolf Dymsza.

pieniędzy, aby należycie wystawiać sztuki. Ale gra aktorska zawsze była dobra. Występowała na scenie pewna młoda aktorka, której figura i długie, smukłe nogi zapewniłyby jej zatrudnienie w Ameryce. Była niezręczna i niezbyt subtelna, lecz pełna zapału. Gdy pojawiała się w kostiumie greckiego chłopca we wznowieniu operetki Offenbacha i śpiewała: „Jestem cudownym, lubieżnym dzieckiem", bez wątpienia rozbudzała drzemiące w piersiach widowni bestie.

Ludzie w Warszawie kładli się spać najpóźniej, jak mogli. Można było odnieść wrażenie, że w samym śnie jest coś niegodnego. Restauracje i bary w dwóch modnych hotelach były zatłoczone. Pewnego razu, około drugiej nad ranem, natknęliśmy się na trzy młode dziewczyny popijające whisky z wodą sodową, same księżniczki, które niedawno opuściły szkołę klasztorną, siedzące bez męskiego towarzystwa. Zachowywały się, jak powiedziały do mnie z uśmiechem, „po amerykańsku". Mój mąż kazał im iść natychmiast do łóżka. Nocne pokazy w takich miejscach nie odbiegały specjalnie od wyświechtanego numeru kobiety w bladoniebieskiej tafcie i koronkach, śpiewającej o odtrąconej miłości i szczupłego tancerza w czarnej przepasce na biodrach, który pobudzał do ruchu okolice jej pępka.

Mimo pogłosek wywołanych przez Chopina i Paderewskiego, jakoby Polacy byli z natury muzykalni, widownia na koncertach w filharmonii składała się niemal wyłącznie z Żydów. Autorami większości utworów byli polscy kompozytorzy. Szymanowski pojawiał się w każdym programie, którego słuchałam. Dwa lub trzy razy w sezonie, kiedy zjawiał się słynny zagraniczny dyrygent, jak Bruno Walter, aby poprowadzić orkiestrę, wszystko ożywało i wspinało się na wyżyny. Lecz nawet takie wydarzenia przeważnie umykały niedostrzeżone przez ludzi, których znaliśmy. Słyszałam, jak hrabina Róża i inne osoby z jej otoczenia mówią, iż wysłuchanie koncertu symfonicznego jest dla nich próbą cierpliwości. Warszawskie konserwatorium muzyczne stanowiło jednak ważny ośrodek dla utalentowanej młodzieży z całego świata. Wysłuchałam koncertu fortepianowego, otwartego dla publiczności, podczas którego ten sam utwór wykonywany najpierw przez młodego Japończyka, a potem przez dziewczynkę z Rosji, poderwał słuchaczy na nogi.

Po obejrzeniu w krakowskim muzeum dziewiętnastowiecznych płócien pełnych zakrwawionych mieczy, martwych koni i rannych ludzi, nie odwiedzałam warszawskich galerii z obrazami aż do czasu, gdy w apartamentach hrabiny Kazimierzowej usłyszałam o pewnych współczesnych malarzach. Hrabina Kazimierzowa, pełna życia siedemdziesięciolatka, cieszyła się równym szacunkiem jak wszyscy jej rówieśnicy, ale kochała zbuntowanych artystów. W środowe popołudnia krążyła między ludźmi stłoczonymi przy niewielkich stolikach, niespodziewanie lądując przy tych, którzy, jak uznała, powinni usiąść razem.

– No tak – mówiła. – Teraz sobie porozmawiajcie.

I odchodziła z radosnym uśmiechem, pozostawiając artystyczny karmel przyozdobiony kroplą czekolady.

Zaproszeni na podwieczorek ulubieni goście obraziliby ją, gdyby nie posiedzieli przy zimnych przekąskach i herbacie przynajmniej do dziesiątej wieczorem. Tam właśnie poznałam aktora-szowinistę, który prowadził w piwnicy teatr, gdzie wystawiał polskie sztuki z czasów klasycyzmu i romantyzmu, małomówną pisarkę, która właśnie opublikowała cztery tomy o życiu na polskiej wsi, wykształconego dziennikarza, piszącego książkę o stosunku katolików do Żydów oraz wybitnego młodego malarza ze szkoły surrealistycznej.

Cicha, starsza kobieta w czerni skinęła na mnie, żebym podeszła i usiadła obok niej.

– Chciałabym namalować pani portret w tym kapeluszu – powiedziała, mrużąc oczy. – Mam nadzieję, że pani nie urażę, lecz ma pani osobliwą twarz. Nie jestem dobrą malarką – uśmiechnęła się – ale lubię specyficzne typy.

Parsknęłam śmiechem.

– Musi pani czuć się dziwnie w Polsce – podjęła.

– Owszem – przyznałam.

– Tak, i rozumiem dlaczego. Znajdzie pani czas, aby mi pozować?

Spodobała mi się przypominająca niepozorną myszkę Pia Górska* – która, gdy się odezwała, przechodziła od razu do rzeczy – więc się zgodziłam. Jej studio w bawialni wypełniały portrety rozmaitych kobiet, każdy w innym stylu. Usadowiła mnie na krześle pośrodku pokoju i obeszła wokół. Potem zaczęłyśmy rozmawiać. Nigdy nie wyjeżdżała z Polski, przez większą część życia cierpiała na rozliczne dolegliwości, była niezamężna, głęboko religijna, związana z liczną rodziną wywodzącą się z ziemiaństwa; zubożała, zaniedbała się i, jak sama to określiła, nie była dobrą malarką. Ale takiej woli życia nie widziałam u nikogo innego. Wszystko wzbudzało jej zainteresowanie, poczynając od zapoznawania dzieci ze sztuką barokową i osobistych uprzedzeń wobec agnostycznej koncepcji wszechświata. Kiedy przychodziłam pozować, od czasu do czasu pociągała pędzlem po płótnie, ale głównie badała moje poglądy i wydobywała te, które miała ochotę zgłębić. Nie było rzeczy, o której by nie chciała rozmawiać, pomijając jej osobiste życie, do którego zatrzasnęła drzwi, a ja uważałam, żeby do nich nie zapukać.

To ona mówiła mi, które obrazy warte są obejrzenia. Lecz nie spodobała mi się pseudofrancuska kolorystyka, której ostre światło niezupełnie odpowiadało polskiej scenerii i mentalności. Zobaczyłam wystawę autorską jednego malarza, którego prace tchnęły polskością. Namalowane na przełomie wieków, jego obrazy przedstawiały rozrywki właścicieli ziemskich: dwie niewielkie postaci męskie z załadowaną bronią na moczarach pod mostem, wyczekujące o świcie, aby dopaść odlatujące dzikie

* Pia Górska (1878–1974) – malarka, pisarka, poetka, działaczka społeczna.

kaczki, albo grupa myśliwych z czerwonymi nosami, odzianych w futra i wpatrzonych w wielkie truchło niedźwiedzia, zesztywniałe na niebieskawym śniegu. To były obrazy, w przeciwieństwie do scen batalistycznych, które miały naprawdę patriotyczny wydźwięk.

Kiedy Pia Górska prezentowała obrazy, zjawiłam się w galerii, aby obejrzeć swój portret. Zapytałam kasjerkę, gdzie znajdę tę wystawę.

– Pani portret znajduje się po lewej w pierwszej sali na piętrze – powiadomiła mnie.

– Musi jednak być dobry – roześmiałam się.

– Rozpoznałam panią – odparła oschłym tonem.

Na ramie znajdowała się tabliczka z napisem: „Portret Księżnej X". Popatrzyłam na uszminkowane usta, tak starannie oddane, połyskujące na tle chłodnych ścian muzeum i struchlałam na myśl, co powiedziałaby moja matka, gdyby to zobaczyła.

Polską literaturę w przeszłości kształtowały historyczne klęski. Podobnie jak malarze, wielcy pisarze przekuwali swój geniusz w broń służącą obronie narodu. Liryka i głos jednostki ginęły we wrzawie i zamęcie kraju osaczonego przez wrogów. Nie było miejsca na żałość nad pojedynczym życiem, gdy byt narodu był zagrożony. Dopiero po odzyskaniu przez Polskę niepodległości zaczęto pisać książki o zwykłym, codziennym życiu ludzi. Ale w Polsce mało kto mógł sobie pozwolić na kupowanie książek, a wiele osób nadal uważało czytanie powieści za marnotrawstwo czasu. Książka, która sprzedała się w dwóch tysiącach egzemplarzy, odnosiła sukces. W tym sezonie najpopularniejszą powieścią okazała się *Zazdrość i medycyna*, gorączkowo napisana rzecz o ciąży pozamacicznej, zawdzięczająca swój sukces atmosferze skandalu*. Wśród książek, które przeczytałam, dwie były oparte

---

* Powieść autorstwa Michała Choromańskiego, wydana w 1933 roku.

na rzeczywistości: jedna opisywała życie wsi dworskiej, druga ośrodek dla niewidomych dzieci pod Warszawą*. Obydwie, dogłębne i obiektywne, zostały napisane przez kobiety.

Zawieziono mnie na spotkanie z autorką książki o niewidomych dzieciach. Mieszkała w zasmrodzonym domku na obrzeżach miasta. Przebywał tam również posępny rudobrody mężczyzna, ale go nie przedstawiła. Usiadłam na wersalce i popijałam herbatę ze szklanki tak gorącej, że parzyła mnie w palce. Gospodyni powiedziała, że pracuje nad książką o spływie Wisłą w jednoosobowych łodziach, w którym uczestniczyła latem. Była niechlujnie wyglądającą, lecz energiczną kobietą, która nigdy nie słyszała o osobach z kręgu naszych przyjaciół. Skupiała się na swojej własnej Polsce i sposobie jej opisywania. Odczytała głośno jedno ze swoich opowiadań, którego fragmenty udało mi się zrozumieć, ale ona nie dbała o to, czy je rozumiem, czytała dla własnej przyjemności. Była polskim „włóczykijem".

Zimą przyjechała do Warszawy Sofietka i we trzy razem z Tilly wybrałyśmy się na zakupy. Tilly ostrożnie i mądrze wybierała to, co chciała kupić, a Sofietka znała każdy kąt w warszawskich sklepach, więc z nimi dwiema wyszukałam wszystko, czego potrzebowałam. Widziałam dom towarowy z woskowymi kobiecymi manekinami, na których udrapowano całe jardy materiałów, dodano sprzęty kuchenne, a dalej serię lalek w różnych rozmiarach, eksponowaną w oknie wystawowym. Sklepy futrzarskie były najlepsze, ponieważ wszyscy – mężczyźni, kobiety i dzieci – nosili futrzane płaszcze, jeśli tylko było ich na nie stać. Gotowe sukienki były workowate, a materiały spłowiałe i mocno wytarte. W jednym czy dwóch sklepach można było nabyć paryskie modele po skandalicznie wysokich cenach. Większość kobiet nosiła stroje szyte na miarę. Poszłam z Tilly do niezbyt drogiej

---

* Mowa o debiutanckiej powieści Heleny Boguszewskiej *Świat po niewidomemu* (1932), opisującej ośrodek w Laskach.

rosyjskiej damy, u której zamówiłam czarną wieczorową suknię. Zapytałyśmy, czy jeszcze ktoś kupił ten sam fason, a zarumieniona Rosjanka upewniła mnie, że nikt.

Kiedy Tilka przyjechała na bale wydawane w sezonie między Bożym Narodzeniem a pierwszym dniem Wielkiego Postu, byłyśmy jej przyzwoitkami na tańcach dla młodych panien wprowadzanych do towarzystwa przez matki. Był śnieżny wieczór i w garderobie dziewczęta odwijały wełniane szale z głów, zdejmowały kalosze i wkładały pantofelki z pudełek, w których je przywiozły, poprawiały fryzury i dreptały po schodach w ślad za swymi przyzwoitkami. Założyłam nową warszawską sukienkę. W drzwiach sali balowej stała zażywna starsza księżna, która nas zaprosiła, w identycznej jak moja kreacji. Sądziłam, że coś powie lub się uśmiechnie, ale wydawała się niczego nie zauważać. Mój mąż i Tilka uśmiechnęli się szeroko.

– Mam nadzieję, że czujesz się teraz dystyngowanie – szepnął. – Matrono – dodał mi na ucho i wymknął się chyłkiem.

Wkrótce ktoś porwał Tilkę do walca. Siedziałam samotnie na pozłacanym krześle pod ścianą, a obok mnie rząd obwieszonych biżuterią matek. Kilku mężczyzn podeszło, by się przywitać, lecz żaden nie poprosił mnie do tańca. Dziewczęta o promiennych twarzach, w bladoniebieskich i różowych sukniach, wirowały zgrabnie wokół sali. W żaden sposób nie dało się włączyć do tego tańca. Kiedy muzyka ucichła, partnerzy zostawili dziewczęta pośrodku parkietu. Podano lemoniadę, ciasta i herbatę, ale dostrzegłam, że mężczyźni znikali, jeden po drugim, za małymi drzwiczkami obok parawanu i wracali z wesołymi minami. Okazało się, iż przywieźli własnego szampana.

Po chwili usiadła przy mnie starsza pani w czarnej sukni z wysokim kołnierzykiem i w czymś w rodzaju wdowiego czepka na głowie. Obdarzyła mnie przyjaznym uśmiechem, więc przysunęłam się bliżej.

– Widziała pani moje wnuczki? – zapytała.

– Niestety, nie wiem, które to.

– Wskażę je pani. W tym roku mam dwie pod opieką – podjęła dziarsko. – W zeszłym miałam jedną i już jest zamężna.

Starsza pani dyskretnie wybijała stopą rytm muzyki.

– Czy nie męczy pani chodzenie na te przyjęcia? – spytałam.

– O, nie. Znowu czuję się młodsza. W dwie ostatnie noce kładłam się do łóżka o siódmej rano. – Jej krągła, pomarszczona twarz poróżowiała. Rozpromieniła się. – Urocze – zauważyła – te dziewczęta w lekkich sukienkach. Mam nadzieję, że wkrótce zagrają mazura. Jest przyjemniejszy niż te nowomodne kroki, nieprawdaż?

Przytaknęłam z powagą. Pochyliła się ku mnie.

– Widzi pani – powiedziała – mój syn nie może wprowadzać córek w świat. Pochłaniają go sprawy na wsi. I są jeszcze inne dzieci.

Wyjęła z wielkiej czarnej torby zdjęcie i podała mi je. Przedstawiało paradę jedenaściorga dzieci, poczynając od najmniejszego i wiodąc rok po roku aż do najwyższego.

– Całkiem niezła rodzinka, nieprawdaż? Maleństwo ma trzy latka, a ta duża dziewczyna dziewiętnaście. Jest najstarsza.

– To wielka odpowiedzialność – zauważyłam.

– O, wychowują się nawzajem. To nie takie trudne. – Jej twarz spochmurniała. – Moja synowa była bardzo dobrą kobietą – powiedziała – ale niezbyt silną. Po ostatnim dziecku nagle zaniemogła. Nie dało się jej uratować. – Staruszka westchnęła. – Kobiety nie są tak zdrowe jak kiedyś – mówiła dalej. – Cała ta gimnastyka, nowe diety i codzienne kąpiele. Mówią, że nauka to uzasadnia, ale moim zdaniem to jedynie fanaberia i z tego, co ogólnie wiadomo, może być niebezpieczna.

Nie lubiłam tańczyć z mężem, gdyż wydawał się niski i podskakiwał zbyt żwawo jak na moje długie nogi. Ponieważ nikt inny nie uznał mnie za odpowiednią partnerkę, przesiedziałam dłuższy czas ze starszą damą. Potem przeszłam do sąsiedniego pokoju, porozmawiałam i napiłam się lemoniady. O drugiej Tilka, która się świetnie bawiła, odmówiła powrotu do domu, więc postanowiliśmy ją zostawić. Przed wyjściem raz jeszcze zajrzałam do sali balowej. Starsza pani nadal siedziała tam samotnie i obserwowała tańczących oczami pełnymi blasku.

ROZDZIAŁ SIÓDMY

Zimowy wiatr omiatał rogi warszawskich ulic. Podwójne okna drapacza chmur dzielnie stawiały opór atakom, ale noce wypełniało wycie wichury, niczym podczas sabatu czarownic. Krysia złapała ospę wietrzną. Kiedy wyzdrowiała, postanowiłam zabrać ją w góry, daleko od tumanów kurzu i posępnych miejskich placów. W Rabce, pośrodku pasma Karpat, znajdowało się sanatorium dziecięce, prowadzone przez drugiego z najwybitniejszych polskich pediatrów, konkurującego z doktorem Groërem, i tam zostawiłam ją z nianią po całonocnej podróży koleją, podczas której co jakiś czas stawiała na nogi cały wagon sypialny, naciskając dzwonek wzywający konduktora.

Sanatorium było jasne i lśniące pośrodku zasp śnieżnych. Po całodziennym pobycie tam dopatrzyłam się pewnych niedociągnięć, ale doktor był troskliwy, a Krysia miała w sąsiednim pokoju towarzyszkę, niemal w swoim wieku, która posiadała wielkiego niedźwiedzia na kółkach i można było na nim jeździć. Kupiłam jej dziecięcy wózek sportowy na płozach oraz futrzany śpiwór, aby w nim siadała, i wyjechałam z mężem do Zakopanego, kurortu położonego kilkaset metrów wyżej w górach, blisko granicy z Czechosłowacją. Hotel był wypełniony ludźmi o zaczerwienionych twarzach, w długich niebieskich spodniach, porozstawianymi wszędzie nartami i wonią przemoczonej wełnianej odzieży, rozwieszonej, aby obeschła.

Przejechaliśmy saniami przez niewielkie miasteczko pełne górali w okrągłych czarnych kapeluszach i bogato haftowanych wełnianych kurtkach, które mimo dwudziestopniowego mrozu nosili luźno okrywające ramiona, tak iż rękawy powiewały swobodnie. Byli wyżsi niż ludzie z nizin, szczupli, sprężyści, mniej apatyczni i szybciej reagujący. Nikt z nich nie zasypiał podczas powożenia końmi i – odmiennie od wszystkich innych chłopów – trzymali się właściwej strony drogi.

Wybraliśmy się z przyjaciółmi zobaczyć jezioro, obecnie całkowicie zamarznięte, zwane Morskim Okiem. Rozciągało się niczym biała błona na zagłębieniu utworzonym przez otaczające je góry. Nad nim wznosił się stromy szczyt, na którym nieodłączny drewniany krzyż ponuro rozpościerał ramiona na tle horyzontu*. Pragnąc pokazać mi widok rozciągający się z miejsca, w którym postawiono krzyż, mąż namówił mnie do przeprawy przez zamarznięte jezioro i dalszej drogi wzwyż, śliską górską ścieżką. Nos i uszy mi płonęły, dyszałam z wysiłku, gdy się wspinaliśmy i chwytałam się oblodzonych krzewów, aby nie upaść. Żaden widok nie skłoniłby mnie do wspięcia się na szczyt, gdybym nie słyszała wyzwania w głosie mojego męża, kiedy zachęcał mnie do dalszej wspinaczki.

– Dalej, Włóczykiju. Bądź dzielna.

Na szczycie stężały biały świat wokół nas zamarł skrystalizowany jak jeden z krajobrazów utrwalonych w szklanym pojemniku. Podczas drogi powrotnej w dół moje kolana tak drżały, że w końcu usiadłam i ześliznęłam się nad brzeg jeziora.

Tego wieczoru odbywały się w mieście zawody łyżwiarskie na otwartym powietrzu. Opatuleni futrami aż po oczy, z niemal zamrożonymi stopami, siedzieliśmy w ciemnościach przy barierce lodowiska. Chłopcy z tacami pełnymi parujących szklanek krążyli pośród widzów, wykrzykując; „Herbata... gorąca herbata na sprzedaż!". Promień światła podążał za łyżwiarzami. Przez tony

* Chodzi o żelazny krzyż nad Czarnym Stawem.

radosnego, brzękliwego walca odgrywanego z głośnika przebijało się skrzypienie i zgrzyt łyżew na lodzie. Kobieca mistrzyni, przykucnięta nisko z ramionami skrzyżowanymi na piersiach, wyrzucała nogi w kozackim tańcu, a jej łyżwy niczym migające ostrza noży odbijały przebłyski światła. Jedna nieszczęsna dziewczyna, która wjechała w strumień blasku pewna siebie i uśmiechnięta, potknęła się i upadła. Leżała na lodzie jak porzucona szmaciana lalka, dopóki jej nie podniesiono. Jakoś postawili ją na nogi, gdyż podjęła na nowo swój taniec, podczas gdy wszyscy wiwatowali i bili brawo. Nagroda przypadła łyżwiarce, która skakała najwyżej i wykonała najwięcej obrotów.

W dzień mój mąż szedł na narty. Ja brnęłam przez miasto, oglądając tanie bibeloty na wystawach sklepowych i zabijając czas aż do chwili, gdy zrobi się ciemno, a on będzie musiał zjechać ze zbocza, z opaloną twarzą i białkami oczu błękitnymi jak u dziecka. Raz wybrałam się dość daleko w stronę góry, na którą, jak wiedziałam, miał się wspinać. Liczne nierozpoznawalne plamki poruszały się z wolna wzwyż. Jedną z nich musiał być on.

Słuchaliśmy, jak polski muzyk Rubinstein* gra Chopina i potem siedzieliśmy z nim w restauracji, gdzie on i mój mąż wspominali, jak przed laty we Lwowie urządzali wieczorne przyjęcia z dwoma pianinami i uroczymi dziewczętami.

Kiedy mąż wrócił do pracy, zatrzymałam się w Rabce, aby zobaczyć Krysię. Była pora śniadania, kiedy weszłam do jej pokoju. Na mój widok wypluła owsiankę.

– Tru-tu-tu – powiedziała pielęgniarka, klepiąc ją po rączce. – Jedynie gdy pani przychodzi – zwróciła się do mnie – zdarza się coś podobnego.

Szybko się wycofałam. W korytarzu spotkałam znajomą, której dwóch synków przebywało w sanatorium. Minę miała dość ponurą.

---

* Artur Rubinstein (1887–1982) – światowej sławy pianista.

– Właśnie widziałam się z chłopcami – oznajmiła. – Przyszli do mojego pokoju, żeby się przywitać. Powiedzieli, że wszystkie pozostałe dzieciaki bawią się na zewnątrz, ale jeżeli koniecznie chcę, oni lepiej posiedzą ze mną.

Zgodnie uznałyśmy, że znacznie rozsądniej byłoby w ogóle nie mieć dzieci. W ponurej ciszy zjadłyśmy niesmaczne śniadanie podawane odwiedzającym matkom. Później jednak, kiedy wypaliłyśmy po papierosie, zaczęłyśmy się śmiać.

Amerykański ambasador* w Warszawie wydawał bal z okazji urodzin Waszyngtona, na który zapraszano wyłącznie Amerykanów. Gdy znalazłam się na szczycie szerokich schodów wiodących na salony, stał tam we własnej osobie, pogrążony w ponurej zadumie nad pustą szklanką. Nie widziałam go od czasu jego wyjazdu do Rosji na polowanie na niedźwiedzie. Pomijając zatrucie jedzeniem mużyków**, natrafił na jedynego w tamtej części Rosji niedźwiedzia, śpiącego pod śnieżną zaspą. Zanim ucichło zamieszanie, niedźwiedź opuścił legowisko i poszedł sobie.

– Widzisz przed sobą człowieka cierpiącego na notoryczną niestrawność – oznajmił ambasador.

– Co za wspaniałe przyjęcie – zauważyłam. – Kim są ci wszyscy ludzie?

– Kolonia amerykańska. Jest tu dziewięćdziesięciu Amerykanów. Nie znasz ich?

– Nigdy wcześniej ich nie spotkałam – wyjaśniłam mu.

Podeszła do nas polska sekretarka, która zajmowała się organizacją wszystkich jego zajęć.

– Powinna pani spotkać się z tymi ludźmi – zwróciła się do mnie. – Proszę za mną.

– Bardzo chętnie.

---

* John Cudahy (1887–1943) – ambasador Stanów Zjednoczonych w Polsce w latach 1933–37.

** Ros.: chłopi.

– Nie teraz – rzekł ambasador. – Nie mogę tu zostać sam.

Podprowadził mnie do szerokiego parapetu przy oknie na drugim końcu pokoju i tam przysiedliśmy. Taneczna muzyka, przekąski i napoje oraz pochłonięci zabawą wystrojeni ludzie jedynie pogłębiali jego ponury nastrój.

– Oni sądzą, że jestem zbyt naiwny na to stanowisko – oznajmił posępnie. – Myślą, że nie mam pojęcia, co się dzieje. Problem w tym – uśmiechnął się nieoczekiwanie i jego twarz nabrała zupełnie innego wyrazu – że kiedy tu przyjechałem, naprawdę nic nie wiedziałem. Musiałem znaleźć Polskę na mapie, żeby się upewnić, gdzie leży.

– Wszyscy zdają sobie sprawę, że od tego czasu wiele się pan nauczył. Tyle, że Europejczycy zawsze uważają Amerykanów za naiwnych. To dlatego, że od razu przechodzimy do rzeczy. Razi ich brak pozorów.

Ambasador westchnął.

– Przebywam tu od dwóch lat i w Ameryce uchodzę teraz za autorytet od spraw polskich. Wygłaszam wykłady na te tematy, kiedy przyjeżdżam do kraju. Ale tak naprawdę, im więcej wiesz, tym głębiej sobie uświadamiasz, o ilu sprawach nie masz pojęcia.

– To dobry znak.

– Wszystko świetnie by się układało, gdyby nie było tych bali – powiedział, spoglądając na rozbawionych gości. – Nie znoszę tańca.

Wypiliśmy jeszcze trochę szampana.

– Proszę posłuchać – powiedziałam. – Nie mogę tu długo zostać, a powinnam poznać przynajmniej kilka osób.

Ambasador nie wykonał jednak żadnego gestu, który świadczyłby, że zamierza wstać i mnie komuś przedstawić.

– Co oni sobie pomyślą? – zapytałam.

– Przypuszczam, że jeśli cokolwiek pomyślą, nie przypadnie im pani do gustu.

Zachichotał po raz pierwszy od chwili, gdy przyszłam.

Opuściłam przyjęcie z okazji urodzin Waszyngtona nie zamieniwszy słowa z nikim więcej. Kiedy następnym razem spotkałam ambasadora, powiedział, że przykro mu to mówić, ale słyszał nieprzyjemne komentarze.

– Zdaje się, że uważają panią za snobkę – oznajmił. – Tylko dlatego, że poślubiła pani księcia, uważa się pani za lepszą niż zwyczajni ludzie. Szkoda – stwierdził – że amerykańska dziewczyna tak zadziera nosa.

– Wytłumaczył im to pan?

– Oczywiście, że nie. Po co? – Roześmiał się. – Niech sobie gadają. – Uważał to za przedni żart.

Mojego męża wezwano pilnie do Paryża. Miały nastąpić przetasowania wśród dyrektorów w jego przedsiębiorstwie, a francuskie biuro chciało podzielić całą odpowiedzialność między mojego męża i Francuza, który od piętnastu lat był dyrektorem na Śląsku. Zmiana wiązała się ze zwolnieniem jednego Niemca i jednego Francuza, którzy dotychczas uczestniczyli w prowadzeniu interesów i niweczyła nadzieje na to, że kilku Polaków znajdzie się na wysokich stanowiskach. Kiedy Paweł przebywał w Paryżu, wpadł jeden z polskich znajomych z przedsiębiorstwa, aby się ze mną zobaczyć. Wypił whisky z wodą sodową, plotkując grzecznościowo o tym i tamtym. Potem odstawił szklankę i odchrząknął.

– Nie chciałbym, abyś pomyślała, że nie doceniam kwalifikacji Pawła – oznajmił. – Wiesz, że jestem jego przyjacielem.

Poprawił się na krześle i zapalił papierosa.

– Ale od roku, odkąd jest z nami, bardzo dobrze się bawi tutaj, w Warszawie.

– Niezupełnie rozumiem, co masz na myśli – odparłam. – Spędza w Katowicach więcej niż połowę swego czasu. A i tutaj pracuje bez wytchnienia.

– Z pewnością. I wiem, że przyjeżdża do Katowic. Mimo to wynajmuje tu kosztowne biuro, ma sekretarkę. Nie wiem, czy to się opłaca.

– Cóż, o tym zadecydują Francuzi. Jakby nie patrzeć, to był ich pomysł.

– Tak. Francuzi mogą podjąć decyzję. Ale ostatnie słowo będzie należeć do wojewody śląskiego.

Umilkł na chwilę, a potem podjął:

– Sądzę, że wojewoda może nie być zadowolony z nowych ustaleń – powiedział, śledząc spojrzeniem kółka dymu z papierosa, które wydmuchiwał.

– Skąd wiesz? – zapytałam.

– Och, niczego nie jestem pewien tak do końca – stwierdził, dolewając sobie whisky do szklanki. – Po prostu mam przeczucie. A ponieważ wysoko cenię twoją inteligencję, chciałem, abyś to zrozumiała.

– Ale nie jestem przekonana, czy rozumiem.

– Powiedz mi – ciągnął znajomy męża – dlaczego w ogóle wyszłaś za Pawła?

– Małżeństwo z rozsądku, oczywiście. Nie wiedziałeś? – zmusiłam się do uśmiechu.

– Nie, mówmy poważnie. – Przyjrzał mi się przenikliwie. – To jasne, że masz zupełnie inny rodzaj umysłowości. Możesz nazwać to większą bystrością, jeśli chcesz.

– Czyli jesteś wilkiem w owczej skórze.

Nawet nie mrugnął, tylko odpowiedział mi niewinnym spojrzeniem. Wyciągnął zegarek i oznajmił, że wielka szkoda, lecz musi już iść.

– Nie jestem wielkim złym wilkiem – odezwał się z uśmiechem, wychodząc.

– Tak czy inaczej, nie obawiam się ciebie – odparłam, zanim zamknęłam drzwi. Ale to nie do końca była prawda.

Wyjechałam po męża na stację i pomimo postanowienia, aby nie mówić mu o tej wizycie lub przynajmniej wspomnieć o niej dopiero później, wyrzuciłam to z siebie, zaledwie usadowiliśmy się w aucie, by wrócić do domu.

– Niewykluczone, że wojewoda powstrzyma wasze plany – oznajmiłam.

– Co masz na myśli? Kto ci coś takiego powiedział?

Powtórzyłam zasłyszane insynuacje. Mąż roześmiał się beztrosko.

– Nie wierzę, aby wojewoda się wtrącał – stwierdził. – Obserwuje Francuzów od dwudziestu lat. Dobrze wie, co zamierzają. A jeśli chodzi o mnie, to gdy przeszedłem do jego przedsiębiorstwa, mówił mi, jak bardzo się cieszy, że zostałem tam dyrektorem. To było zaledwie kilka miesięcy temu.

– Nie zaprzątaj sobie tym głowy – powiedział jeszcze, zanim położyliśmy się do łóżka. – Nie sądzę, aby coś się stało.

Śnieg topniał w górach i smutna pora zwana wiosną miała się zacząć lada chwila. Nadszedł czas, aby Krysia wróciła do domu. Rano przed jej spodziewanym przyjazdem mój mąż obudził się przeziębiony. Wyglądał na cierpiącego, więc zmierzyłam mu temperaturę. Okazała się znacznie podwyższona. Nie mając tej zimy swojego lekarza, nie licząc pediatry, nie wiedziałam, do kogo zadzwonić. Ignorując głośne protesty, zatelefonowałam do Sofietki, choć było dopiero wpół do ósmej i poprosiłam, aby natychmiast przysłała do mnie jakiegoś doktora. Kiedy się zjawił, długo i cierpliwie badał mego męża. Wydawał się nieco skonsternowany. Po tym, jak drugi raz zmierzył mu puls, odwrócił się w moją stronę.

– Jak wysoką gorączkę miał książę, według pani?

Raz jeszcze mu powiedziałam.

– To bardzo dziwne – orzekł. – Ma pani coś przeciw temu, abym sprawdził pani temperaturę?

– Nic a nic.

Kiedy minęło dziesięć minut potrzebnych przy termometrze ze skalą Celsjusza, zabrał go z powrotem. Podszedł do okna, aby przyjrzeć się pomiarowi przy lepszym świetle.

– No tak! – Pokręcił głową. – Pani również ma dość wysoką gorączkę – powiedział mi.

Zrobiło mi się nienaturalnie ciepło. Wymieniliśmy z mężem zaniepokojone spojrzenia.

– Co powinienem zrobić – stwierdził doktor – to sprawdzić, czy ja również nie mam podwyższonej temperatury.

Okazało się, że nie. Do tego czasu postanowiłam zawiadomić nianię Krysi, aby nie przywoziła jej do tej wylęgarni chorób. Przygotowałam telegram. Tymczasem lekarz poszedł do łazienki i umył termometr. Potem obrócił go do góry nogami i przyniósł, żeby nam pokazać. Słupek rtęci wspiął się ku samej górze.

– Tak przypuszczałem – oznajmił doktor tryumfalnie. – Jest wadliwy. Jeden na dziesięć termometrów tak się zachowuje.

Cały dzień minął, nim znowu poczuliśmy się normalnie. Wyszłam na dworzec po Krysię. Usadowiona na ramieniu niani wydawała się zaokrąglona i rumiana.

– Moje uszanowanie – powiedziała do mnie po polsku. To było najnowsze wyrażenie, którego się nauczyła.

Wiał wciąż suchy, kontynentalny wiatr i kurz kłębił się na ulicach, lecz od czasu do czasu słońce wysuwało swoje blade oblicze i obdarzało miasto łagodnym ciepłem. Nie było już lodu na jeziorkach wokół letniego pałacyku w parku* i na powierzchni wody pomiędzy zeszłorocznymi liśćmi łabędzie pływały dostojnie lub wyciągały długie szyje, by złapać jakiegoś wczesnowiosennego owada. Na gałęziach drzew siedziały pawie, z ogonami spływającymi poniżej jak mech, pochłonięte chrapliwą pogawędką. Tu i ówdzie na ławkach pary w ubłoconych kaloszach i bezkształtnych kapeluszach rozgrzewały się nawzajem, wymieniając spojrzenia pełne uczucia. Za pomnikiem Chopina niemowlęta w dziecięcych wózkach wpatrywały się sennie w przymglone słońce.

Nadchodziła Wielkanoc. Kościoły, w których ołtarze okryto fioletowymi tkaninami, wypełniali skruszeni grzesznicy. Przed

---

* Mowa o Łazienkach Królewskich i pałacu Na Wyspie, który pełnił funkcję letniej rezydencji ostatniego króla Polski Stanisława Augusta Poniatowskiego.

Wielkim Piątkiem wszyscy się spowiadali, aby rozpocząć kolejny rok chrześcijański w pełnej zgodzie z Bogiem. Nie potrafiłam się zmusić, aby pójść do konfesjonału i wyjaśnić po polsku, zgodnie z formułą, że ciężko zawiniłam i nie należę do grona wiernych. Wydawało mi się bezcelowe mówienie o tym obcemu księdzu, gdy w głębi serca nie odczuwałam szczerej skruchy. Sofietka opowiadała o pewnym księdzu z krakowskiego uniwersytetu, który przyjechał do Warszawy, by uczestniczyć w obrzędach wielkanocnych, więc zatelefonowałam do niego i poprosiłam o przyjęcie.

Był pełnym energii młodym człowiekiem, który ani nie zwracał się do mnie per „dziecko", ani nie przemawiał ze zwykłą przesłodzoną dobrotliwością. Powiedziałam mu, że w Polsce wstrząsnęło mną to, jak wielki nacisk kładzie się na zewnętrzne formy religijności, a także stosunek do śmierci i bezrozumne uprzedzenia. Powiedziałam, że nie mogę żywić pokornego szacunku wobec księży, którzy bezsprzecznie są gorzej wykształceni niż ja. Powiedziałam również, co myślę o księżach wygłaszających kazania przeciw Żydom, o grupach ludzi oddających cześć trumnie i pobożnych damach, które zakładają, iż Bóg wywiera pomstę za niewiarę na bezbronnych dzieciach. I powiedziałam, że razi mnie rola wybranych męczenników, którą wierzący w Polsce najwyraźniej przyjęli. Ksiądz cierpliwie wysłuchał moich posępnych wynurzeń.

– Powinna pani zrozumieć – odezwał się, kiedy skończyłam – że Polska jest krajem katolickim od stuleci. Nie sprzeciwiano się Kościołowi i nie domagano się zmian w doktrynach wiary. Nie było potrzeby, aby musiał się bronić i dlatego wszystko układało się prosto i gładko, a ludzie przywykli do pewnych nadużyć, które zaczęli uważać za coś zwyczajnego. To jest jedna strona problemu. Drugą stanowi to – wyjaśnił, starannie dobierając słowa – że Kościół i wiara stanowią dla Polaków fundament, na którym zbudowano tożsamość narodową. Podczas lat rozbiorów Kościół, bardziej niż cokolwiek innego, podtrzymywał płomień patriotyzmu. Tak naprawdę, to naszej religii Polska zawdzięcza przetrwanie.

Ksiądz milczał przez chwilę, patrząc na mnie uważnie.

– Ale nie przyszła pani wyłącznie po to, aby się wyżalić. Potrzebuje pani rady, jak przypuszczam? – zapytał.

Przytaknęłam.

– Moja córeczka nie ma jeszcze dwóch lat – powiedziałam – ale już się modli. Wkrótce zacznie pytać mnie o Boga i nie wiem, co jej odpowiedzieć.

– Nie jest pani chrześcijanką? – spytał ksiądz.

– Myślę, że nią jestem. To znaczy, wierzę w braterską miłość, pokój i spoczywający na każdym obowiązek pomagania innym.

Podobnie jak moja teściowa dawno temu, odparł:

– To nie wystarczy.

– Wiem, że nie wystarczy, aby być katoliczką. Ale nie o siebie się martwię. Chodzi o dziecko. Nie chcę jej stracić na rzecz rodziny męża, która stanowczo dąży do zaszczepienia w niej swoich idei. Nie chcę też wciągać dziecka w konflikt. Dziecięcy świat powinien być bezpieczny, niezakłócony rozterkami.

– Pani przekaże jej swoje idee humanitarne. Lecz religii musi nauczyć ją ktoś inny – powiedział. – Nie mogę pani pomóc. Pani problemem jest duma. Chce pani wszystko zrozumieć, zanim uwierzy, a to niemożliwe.

– Ale jak mogę coś zaakceptować bez zrozumienia? – Starałam się być tak szczera, jak tylko potrafiłam. – Wychowano mnie, abym szukała uzasadnień, używała rozumu.

– Nie wie pani, dlaczego ziemia obraca się wokół swej osi. Dlaczego w jednym roku przychodzi powódź, a w następnym susza. Godzi się pani jednak z tymi zjawiskami. – Ksiądz przybrał surowy ton.

– Muszę się z nimi godzić, gdyż to są fakty. Natomiast takie kwestie jak ta, dokąd zmierza dusza, opierają się jedynie na domysłach.

– Miliony ludzi gotowe są wierzyć w naukę Chrystusa o nieśmiertelności – oznajmił. – Lecz, jak mówiłem, nie mogę pani pomóc. Tę walkę musi pani stoczyć sama. Może to zająć dziesięć lat, może toczyć się bez końca. Teraz nie mogę pani wyspowiadać. – Wstał, kończąc naszą rozmowę. – Nie jest pani na to gotowa. Dam pani książkę, która może okazać się odpowiednia, o życiu współczesnej świętej.

Podziękowałam i odwróciłam się, by wyjść.

– Proszę się nie martwić o dziecko – powiedział znacznie łagodniej. – Wszystko się ułoży. Widzę, że jest w dobrych rękach.

Choć w gruncie rzeczy nic nie zostało rozstrzygnięte, wracałam do domu z lżejszym sercem. Przeczytałam książkę, którą dał mi ksiądz, ale nie potrafiłam podzielać uniesień młodej świętej. Kiedy cierń wbił jej się w palec, zatrzymała go, godząc się z bólem, aż doszło do zakażenia i wytężonych zabiegów, aby uratować jej rękę. Przypomniałam sobie wówczas sprzeczkę z teściową, czytającą na głos historię francuskiego księdza, który – gdy miano mu amputować nogę – odmówił narkozy, składając swoje cierpienie jako ofiarę wotywną. Podkreśliłam bezcelowość samoudręczenia, ale dyskusja zakończyła się, jak zawsze w takich przypadkach, rozczarowaniem.

W Wielki Piątek kościoły tonęły w czerni. Figura Chrystusa w trumnie spoczywała u stóp każdego ołtarza. Nie odprawiano mszy, ale przez cały dzień tłumy ludzi przepływały przez stacje Drogi Krzyżowej. Poszukiwali wybawienia od tysiąca trosk, w nadziei, że choćby chwilowo wyzbędą się poczucia wstydu i niższości. To był czas zawieszenia codziennych obowiązków.

W Polsce w Niedzielę Wielkanocną i w poniedziałek niczego nie gotowano. Potrawy na zimno określano jako „poświęcone", ponieważ kiedy ustawiono je na rodzinnych kredensach, przychodził ksiądz i skrapiał je święconą wodą. Późne śniadanie wielkanocne spożyliśmy w jednym z warszawskich pałaców, w którym na długim stole piętrzyły się szynki z niedźwiedzia, prosię z goździkiem w ryjku i ciasta na zsiadłym mleku z ziarnami maku. Dzieci dostały jajka z delikatnymi wzorami wydrapanymi na skorupkach i barwionymi na różne kolory. Służący podawali jajka na twardo na srebrnych półmiskach i każdy z nas dzielił się z pozostałymi osobami, mówiąc: „Wesołego jajka" lub „Wszystkiego najlepszego". Na twarzach ludzi wypełniających ulice widać było, że dla nich Chrystus ponownie zmartwychwstał.

Mój mąż przebywał teraz nieustannie w Katowicach. Kiedy w przelocie wpadał na jeden dzień, był blady i zdenerwowany. Telefonował do Paryża albo Paryż do niego, a w przerwach między rozmowami siedział w gabinecie, podpisując papiery i zaraz potem znowu wyjeżdżał. Gdy go zapytałam, co się dzieje, przybrał nieodgadniony wyraz twarzy.

– Mamy dużo pracy – odparł i to było wszystko.

Raz, tuż zanim wsiadł do pociągu, stwierdził, że musi wrócić na stałe do Katowic. Już zaczął szukać domu. Mogłabym zostać bez niego w Warszawie, wyjaśnił, ale to by było kosztowne.

– Pojadę tam, dokąd ty pojedziesz – powiedziałam.

Tak więc przeprowadziliśmy się do Katowic, do mieszkania z widokiem na cmentarz. Ponieważ podczas wszystkich polskich pogrzebów rodzina i goście szli, nieważne jak daleko i w jakiej pogodzie, za karawanem aż do skraju grobu, zawsze było na co popatrzeć z naszych okien.

Nasz powrót na Śląsk okazał się jednak spóźniony. Do tego czasu przekonano wojewodę, że mój mąż nie ma pojęcia, co się dzieje w przedsiębiorstwie. Krążyły pogłoski, że Sapieha to figurant. Nie tylko sam wojewoda, ale i urzędnicy w Warszawie pragnęli usunąć francuskiego dyrektora, którego mądre kalkulacje doprowadziły do rozkwitu tej instytucji. Jako że dotarcie do niego inną drogą niż przez mojego męża wydawało się trudne, biuro wojewody uznało nagle, że obaj są winni złamania prawa. Pewna liczba butli z acetylenem nie została zaksięgowana i za to niedopatrzenie groziła wysoka grzywna lub trzy tygodnie więzienia.

Mąż postanowił wyjaśnić sprawę z wojewodą. Umówił się z nim na spotkanie.

– O co tak naprawdę chodzi? – zapytał.

– Przede wszystkim – odparł wojewoda – nie życzymy sobie tutaj arystokratów ani osób niezależnych finansowo.

– Ale sprawy przedstawiały się tak samo rok temu, kiedy zgodził się pan, abym objął stanowisko kierownicze.

– Cóż, wyjaśnię to panu – rzekł wojewoda. – Kiedy dołączył pan do tego przedsiębiorstwa, oczekiwaliśmy, że pomoże nam pan usunąć ze stanowiska pańskiego francuskiego kolegę. Rozczarował nas pan pod tym względem i straciliśmy do pana zaufanie.

– A zatem nie mam nic więcej do powiedzenia. – Mój mąż sięgnął po kapelusz i wyszedł.

Nie zawiadamiając o tym nikogo w Katowicach, pojechał do Paryża, gdzie spędził trzy dni, przekonując kierownictwo kompanii, iż musi zrezygnować, nie tylko dlatego, że nie ma ochoty iść do więzienia, ale również dlatego, że wrogie nastawienie wojewody źle wpływa na interesy. Francuski dyrektor zatelefonował ze Szwecji do mojego męża, by oznajmić, że jeśli zrezygnuje, będzie to oznaczało ruinę i nigdy mu tego nie wybaczy. Niemniej Francuzi w końcu przyjęli rezygnację Pawła.

W dniu, w którym Paweł wrócił do Katowic, wojewoda, nieświadom, że mój mąż zrezygnował z walki, wysłał policję do dawnego biura, którym mąż poprzednio kierował, nakazał wszystkim zostać w swoich pokojach i zarekwirował księgi kompanii z ostatnich siedmiu lat, aby udowodnić, że mój mąż sprzedawał węgiel bez odnotowywania tego faktu.

Wieczorem przyszło dwóch znajomych – jednym z nich był ten, który ostrzegał mnie w Warszawie, drugim człowiek, który objął dawne stanowisko męża – aby omówić z nami sytuację.

– To po prostu bandyci – oznajmił mój mąż.

Ale jego przyjaciele nie zgodzili się z nim. Szkoda, stwierdzili, że nie zachował większej ostrożności przy sprzedaży węgla.

Rzecz jasna, orzekli, unosząc brwi, w transakcjach z rządem z pewnością byłeś absolutnie uczciwy.

Wkrótce potem, z poważnymi minami, dwaj starzy przyjaciele uświadomili sobie, że mają niecierpiące zwłoki sprawy do załatwienia gdzie indziej i opuścili nas.

Była ciepła noc i trzymaliśmy okna naszego pokoju otwarte. Z kamienicy naprzeciw dobiegał głos Kiepury, zwielokrotniony przez tuzin radioodbiorników, wypełniając noc operową arią. Nie mogliśmy spać. Wreszcie usnęłam, lecz po krótkiej chwili obudziłam się gwałtownie i zobaczyłam, że mój mąż wychyla się przez okno.

– Wydawało mi się, że słyszę policję – powiedział, wracając znużonym krokiem do łóżka.

Następnego dnia wsiedliśmy do auta i wyruszyliśmy do Karlsbadu, aby spłukać z siebie nagromadzoną gorycz w leczniczych wodach źródlanych.

ROZDZIAŁ ÓSMY

Teściowa zaprosiła moich rodziców, którzy gościli w Karlsbadzie, aby złożyli wizytę w majątku. Nie znali rodziny mego męża ani nie widzieli jeszcze swojej najmłodszej wnuczki. Otrzymałam telegram z wiadomością, że przyjadą do Lwowa o szóstej wieczorem ekspresem z Pragi. Ponieważ praski ekspres zgodnie z rozkładem miał przybyć o pierwszej nad ranem, zatelegrafowałam do nich na polską granicę, aby pozostali w pociągu, dopóki ich nie odbiorę. Dotarli zdezorientowani, ale cali i zdrowi, i spędziliśmy noc w hotelu, w zarezerwowanych przeze mnie pokojach zalatujących kauczukiem, z ciemnymi, poplamionymi tapetami na ścianach. Twardo postanowiwszy niczego nie krytykować, mój ojciec nie wspomniał o ciężkiej jak ołów kołdrze przypiętej guzikami do prześcieradła, przez co jego ramiona i stopy nie były okryte ani o zapadającym się materacu bez sprężyn.

– Cóż – powiedział z chichotem następnego ranka. – Oto i Wow.

Radośnie opuścił pierwszą literę polskiej nazwy Lemberga.

Pokazałam im namalowaną przez Kossaka panoramę, na której oddane w rozmiarach naturalnych polskie pułki walczą z Rosjanami, wywierając osobliwe wrażenie, że uczestniczysz w bitwie*. W ormiańskim kościele oglądali współczesne freski

* *Panorama Racławicka* – dzieło Wojciecha Kossaka (1856–1942) i Jana Styki (1858–1925), przedstawiające sceny z bitwy pod Racławicami (1794). Obecnie znajduje się we Wrocławiu.

autorstwa malarza*, który jako modele świętych i aniołów wykorzystał przyjaciół ze Lwowa. Wychodząc stamtąd, minęliśmy niewielką kapliczkę odgrodzoną żelaznymi prętami od chodnika. Drzwi były otwarte i dzienne światło sączące się do środka podkreślało pożółkłą twarz i złożone ręce postaci spoczywającej na podwyższeniu. Moja matka, sądząc, że jest to być może jakieś dzieło sztuki ormiańskiej, chciała tam wejść, lecz ją powstrzymałam. Podeszłam do dzieciaka, który toczył kamienie po podwórku i zapytałam, co znajduje się w kapliczce.

– A, to – kontynuował zabawę, nie podnosząc oczu. – To zmarły. Pochowają go jutro.

Pociąg potrzebował dwóch godzin, żeby pokonać pięćdziesiąt mil do Rawy Ruskiej. Na stacji pełno było młodych mężczyzn i dziewcząt ze wsi, którzy przyszli z gór, aby pomóc przy żniwach, a teraz tłoczyli się i przepychali, by zająć miejsca w naszym pociągu. Dostrzegłam wyraz zagubienia w oczach mojej matki, gdy prowadziłam ją do auta. Była sobota i na ulicach Rawy Ruskiej, tonących w błocie po deszczach, brodaci Żydzi świętowali szabat. W swoich atłasowych czarnych szatach i bramowanych futrem kapeluszach przechadzali się wokół, podczas gdy starsze Żydówki w perukach stały w odrapanych drzwiach i wymieniały plotki.

Teściowa pojawiła się na tarasie od frontu, by powitać moich rodziców. Jej głowa drżała lekko, gdy szukała angielskich słów. Popatrzyłam na ojca, kiedy Iwan całował jego osłoniętą rękawiczką dłoń, lecz miał niewzruszony wyraz twarzy.

Rozpalono w piecyku w ich pokoju, aby odpędzić wieczorną wilgoć, cienie się wydłużyły, a dwie lampy naftowe dawały zaledwie tyle światła, by się umyć. Nie przypominało to ich pokoi w domu z wytapetowanymi ścianami, migdałowookimi chińskimi damami w połyskliwych ramkach, pluszowymi zasłonami

* Chodzi o Jana Henryka Rosena (1891–1982).

i jasnymi nocnymi lampkami do czytania przy łóżku. Mimo to przeżywali przygodę.

Zaprowadziłam mamę na górę, żeby zobaczyła Krysię. Kiedy pochyliła się nad łóżeczkiem, aby w półmroku przyjrzeć się czystej, drobnej, śpiącej buzi, wiedziałam już, że jest zadowolona.

– Jak mam z nią rozmawiać? – zapytała.

– Obawiam się, że nie będziesz mogła. Zna tylko polski. Ale to nie ma znaczenia.

– Twój ojciec będzie nią zachwycony – oznajmiła. – Przypomina drezdeńską lalkę z porcelany.

Przesiedzieliśmy cały wieczór przy dużym okrągłym stole, pośrodku którego stała lampa. Teściowa w sukni z wysokim czarnym kołnierzykiem i moja matka w lekkich, powiewnych szyfonach rozprawiały o rodzie Sapiehów i łupiestwach wojennych. Ojciec siedział w milczeniu. Pod wpływem wilgoci bolało go kolano i od czasu do czasu pocierał je ostrożnie. Zauważyłam, że zerka dyskretnie na zegarek.

Kiedy rano przyniosłam Krysię do ich pokoju, nie odezwała się ani nie uśmiechnęła. Patrzyła na swoich dziadków z dostojną rezerwą. Padał zimny deszcz i niedziela ciągnęła się przed nami niczym długa droga pozbawiona zakrętów. Obejrzeli w gabinecie teścia – gdzie nie zmieniono nic od jego odejścia – fotografie zjazdów rodzinnych, a także ściany obwieszone akwarelami ukazującymi dzieci z gołymi ramionkami i krzyżykami zawieszonymi na szyjach. Wysłuchali opowieści o babce, którą zastrzelono podczas rewolucji w Pradze w 1848 roku*, kiedy wychyliła się przez okno, aby zobaczyć, co się dzieje na placu poniżej. Po tym, jak opowiedziano im o wizycie w majątku amerykańskich przyjaciół Elżbiety, zainteresowanych pracą społeczną, usiedliśmy razem na ciasnej, przeszklonej werandzie od frontu, czekając,

* Mowa o Wiośnie Ludów – serii ludowych zrywów rewolucyjnych i narodowych w Europie w latach 1848–49.

aż deszcz przestanie padać. Po południu zabraliśmy rodziców na przejażdżkę do lasu nazywanego „mieszanym", ponieważ dęby, buki i brzozy wyrastały między jodłami, ale było jeszcze zbyt jasno, by napotkać jelenia, zbyt wilgotno dla mojego ojca na przechadzkę, a dla matki, która nie spodziewała się takiej pogody, zbyt zimno. Kiedy wracaliśmy przez wioskę, ojciec szepnął do mnie:

– To wygląda jak sto lat temu.

Gdy weszliśmy do domu, zapalając wcześnie lampy, aby w pokoju zrobiło się cieplej, położyli się dla zażycia drzemki. Wraz z mężem wymknęliśmy się na spacer. Idąc za nim szybko przez ciemniejący las, zaczęłam sobie wyobrażać, co może stać się z rodzicami, jeśli lampy zaczną kopcić. Pewnego razu przyjechał w odwiedziny ksiądz, który zasnął nad brewiarzem i obudził się kilka godzin później, by odkryć, że jest czarny od sadzy, on sam i cały pokój. Pospiesznie zszedł na dół i obudził Iwana, który uznał go za diabła. Minęły trzy dni, nim udało się księdza doszorować. Nie dawało mi to spokoju. Nie ma mowy, żeby coś im się stało tak daleko od domu. Zawróciłam i szłam najszybciej, jak mogłam, a już blisko domu zaczęłam biec. Wtargnęłam do ich pokoju. Lampy nie kopciły. Rodzice nie byli zachwyceni tym, że im przeszkodzono.

Następnego dnia pojawiło się słońce i gdy mój ojciec wędrował po parku, robiąc zdjęcia domu, stawów rybnych oraz dziecka, matka pojechała do oddalonego o dwie mile gospodarstwa. Wróciła pobladła i pospieszyła na górę. Poszłam za nią.

– Moje buty – powiedziała, osuwając się na fotel i przyciskając chusteczkę do nosa.

Dopóki nie przeszła przez całą oborę, nie zauważyła, że krowy stoją we własnym łajnie.

Nim wizyta dobiegła końca, Krysia okrążyła dom z moim ojcem, trzymając jego palec w rączce i usiadła na kolanach mojej matki. Mąż towarzyszył im w części drogi powrotnej. Ucieszyłam się na wieść, że dotarli do Karlsbadu i są już bezpieczni.

Przed mianowaniem nowego wojewody na Śląsku nie było możliwe, aby mój mąż znalazł inne zajęcie w przemyśle węglowym, postanowił zatem zamieszkać w rodzinnym majątku i postarać się, by przynosił większe dochody. Moja teściowa z Elżbietą zamierzały wyjechać na zimę do Krakowa i pozostawić dom do naszej dyspozycji. Kiedy przebywały w Austrii, zaczęliśmy instalować elektryczność. Jak dzień długi rozbrzmiewało teraz stukanie w ściany i sufity. Wszędzie sypał się tynk, a meble pokrywała warstwa białego pyłu. Byliśmy przepychani z jednego pokoju do drugiego przez drobnego elektryka, który przekopywał się przez stary dom niczym kret.

Oficjalnie nie byłam jeszcze panią tego domu. Służba mnie tolerowała, lecz wszyscy dostrzegali, że nie wiem, gdzie się przechowuje mąkę, kiedy jest świniobicie ani ile mięsa trzeba zamówić u rzeźnika z Rawy Ruskiej. Zauważyli również, że nie chodzę do pralni ani chłodni, nie mam pojęcia, gdzie oni śpią i jakie dostają pensje, moje zainteresowanie kurami i indykami ogranicza się do odganiania ich od trawnika, a gdy chłopi przychodzą z jakąś prośbą, nie wiem, kiedy odmówić, a jeśli mam coś dać, to nie wiem co.

Do kuchni weszła bosa kobieta i powiedziała, że przemierzyła pieszo pięć mil, aby się ze mną spotkać. Twierdziła, że nie stać jej na obuwie, a gdy nadejdą jesienne deszcze, będzie jej zimno w nogi. Przyniosłam swoje stare brązowe buty z gumowymi podeszwami. Wymamrotała coś, skłoniła się i ucałowała moje ręce. Kilka dni później zauważyłam, że te buty ode mnie nosi jedna z podkuchennych. Zapytałam Iwana, co się stało.

– Sprzedała je za sześć złotych – odparł.

– Myślałam, że ona potrzebuje butów! Przecież były lepsze niż te, które mogłabym dla niej kupić w Rawie.

– Możliwe. Ale wstydziłaby się je nosić – wyjaśnił Iwan, uśmiechając się spoza gąszczu brody.

Postanowiłam, że już nigdy tak się nie zbłaźnię. Wkrótce potem zatrzymał mnie na drodze niedaleko domu wieśniak w podartych spodniach, o zaczerwienionych oczach i skórze pokrytej strupami. Padł na kolana i byłby ucałował moje stopy, gdybym się nie cofnęła.

– Zeszłej nocy przyśnił mi się stary książę – zaczął. – Kazał mi przyjść do księżnej pani z moim zmartwieniem.

– O co chodzi? – spytałam, unikając jego upiornego spojrzenia.

– Mój syn jest bardzo chory i zakonnice kazały mi kupić lekarstwo, ale ono kosztuje dziesięć złotych.

– Co dolega chłopcu?

– Ledwo dycha – odpowiedział.

Poprosiłam, żeby zaczekał na drodze. Schodząc na dół z pieniędzmi, napotkałam Iwana, któremu powtórzyłam, co usłyszałam. Rzekł na to, że powinnam upewnić się u zakonnicy, czy to prawda, poszłam zatem do szkoły, w której przebywały siostry. W chwili, gdy dotarłam do drzwi, z zarośli wypadł czerwonooki wieśniak. Wcześniej przebiegł przez trawnik, by znaleźć się tam przede mną, lecz na mój widok znieruchomiał. Weszłam do budynku i zakonnica powiadomiła mnie, że chłopiec stale uczęszcza do szkoły i że nic jej nie wiadomo o jego „dychaniu". Kiedy wyszłam, chłopa już nie było.

Pewnego dnia Krysia, która skończyła dwa latka, przyszła do mnie z tajemniczą miną.

– Jeśli ładnie się ubierzesz i pójdziesz do lasu – oznajmiła – może przyjdzie pewien pan, porozmawia z tobą i da ci czekoladki.

– Skąd wiesz, że tak zrobi? – zapytałam.

– Bo niania co dzień je dostaje – zapewniła mnie.

Uznałam, że nadszedł czas, by zwolnić tę Polkę i napisałam do Londynu, prosząc o angielską nianię. Za pierwszym razem, kiedy zostawiłam Krysię samą z Angielką, po powrocie zastałam obie we łzach, ponieważ nie potrafiły z sobą rozmawiać. Przez niemal miesiąc Krysia nawet nie próbowała powtarzać angielskich słów. Tłumaczyła służącym, że ma nianię, która nie umie mówić. Cała służba jej współczuła i napomykała, iż dziwna to matka, która skazuje dziecko na taką niedolę. Zaczynała mnie już martwić ta pantomima, gdy pewnego popołudnia spotkałam je wracające do domu ze spaceru. Twarz niani promieniała.

– Krysia mówi po angielsku – oznajmiła.

– Co powiedziała?

– Na kwiatku w lesie zobaczyła pszczołę i przemówiła: „*Nurse, bee!*”*.

Po tym zdarzeniu zostały przyjaciółkami.

Podczas instalowania przewodów w całym domu wszystkie obrazy, poroża i łby dzików zostały zdjęte ze ścian i kolejno opróżniano pokoje. Kiedy stopniowo przywracaliśmy porządek, zrezygnowaliśmy z niektórych zdjęć słynnych kościołów i rozmieściliśmy zwierzęce rogi, które Iwan porozwieszał wszędzie, gdzie uznał za stosowne, zgodnie z logicznym porządkiem. Zostawiliśmy na ścianach trochę wolnych przestrzeni, aby oko mogło odpocząć. W bawialni na dole, którą moja teściowa otwierała mniej więcej dwa razy w roku, aby przyjmować napływające tłumy gości, znajdowały się dwa japońskie przedmioty odlane z brązu, ryba rozmiarów niemowlęcia i wielki dzwon świątynny – rzeczy, które teść przywiózł czterdzieści pięć lat temu jako swą kolekcję z Dalekiego Wschodu, wystawianą w krakowskim muzeum.

Wychowana wśród powściągliwych rzeźb chińskich artystów, które zbierał mój ojciec, nie polubiłam ozdobnej ryby i dzwonu, i kiedy postanowiliśmy umeblować ten pokój po naszemu, schowałam je na uboczu. Papugę, która mieszkała w salonie, przeniosłam do kącika tuż obok kuchni, skąd nie dobiegała mnie jej paplanina, wkrótce jednak nauczyła się naśladować szczególne pogwizdywanie mojego męża, na które zawsze odpowiadałam. Jedynie psy – Salomon, Pupski i Helga – nie dawały się nabrać. Kiedy papuga wołała je po imieniu, oddalały się, przybierając

* Ang.: Nianiu, pszczoła!

postawę dorosłych, którzy nie mają czasu dla dzieci. Teściowej i Elżbiecie brakowało papugi. Uważały, że źle potraktowałam to stare hałaśliwe ptaszysko.

Przygotowano uroczystość na cześć księgowego, który pracował w majątku od czterdziestu lat i miał wkrótce przejść na emeryturę. Najpierw odprawiono mszę zamówioną w jego intencji. Później wszyscy zebraliśmy się w niewielkim domu, który służył jako biuro. Mężczyźni wystąpili z tej okazji w garniturach i krawatach. Przybyły również ich żony oraz kilku dygnitarzy z Rawy Ruskiej. Zarządca majątku i mój mąż wygłosili mowy wychwalające upartego, skrupulatnego staruszka. Kiedy mąż dziękował mu za pracę całego życia, buchalter popłakiwał w swą pomiętą chustkę do nosa. Potem wręczyłam mu złoty zegarek zakupiony przez męża i kiedy całował mnie w rękę, upuścił zegarek na podłogę. Rzucając się, by go podnieść, zderzyliśmy się głowami, ale zegarek nie był uszkodzony. Później wszyscy przeszli do domu, gdzie podano posiłek przypominający poczęstunek weselny. Mężczyźni rozmawiali z moją teściową lub z sobą nawzajem. Ja skupiłam uwagę na kobietach.

– Jaka pani szczupła – zauważyła jedna z nich.

– Przedwczoraj widziałam pani córeczkę na drodze – powiedziała inna. – Jest bardzo blada, prawda?

– To smutne miejsce od czasu, gdy stary książę pan odszedł do nieba – stwierdziła żona honorowego gościa. – A teraz, gdy nasza droga księżna wyjedzie do Krakowa, w domu zrobi się zupełnie pusto.

Dwie z kobiet wyraziły chęć zobaczenia Krysi, więc zaprowadziłam je na górę. Jadła obiad i nie chciała powiedzieć „dzień dobry".

– Może ona jeszcze nie umie mówić? – zastanowiła się pierwsza z nich.

– Pozwala pani, aby spała sama? – zapytała druga. – Nie potrafię pojąć, jak matka może znieść spanie w oddaleniu od dziecka.

Odprowadziłam je z powrotem do jadalni. Oznajmiły mojej teściowej, jakie to szczęście, że dziecko tak bardzo ją przypomina. Po południu goście odjechali.

Na Zaduszki, w ramach krótkiego wytchnienia przed czekającą nas zimą, odbyliśmy czterogodzinną podróż błotnistymi drogami do zamku cioci Betki. Wszędzie cmentarze w pobliżu wiosek pełne były ludzi zajętych grobami swoich bliskich. Kiedy zapadł zmrok, zapalili małe świeczki, które tliły się i migotały przez całą noc dla niezapomnianych zmarłych. Wcześnie rano w krypcie pod wiejskim kościołem odprawiono mszę za krewnych cioci Betki. Za niewielkim ołtarzem ułożono dziesięć, może dwanaście trumien przybranych pięknymi kwiatami z zamkowej oranżerii. Sam ołtarz, barierki wokół niego i ławki modlitewne udekorowane były czarnym aksamitem, a ksiądz miał na szyi ozdobną czarną stułę z białą czaszką z tyłu. Drzwi do krypty pozostawiono otwarte i z ulicy dobiegał monotonny rytm marsza żałobnego Chopina granego przez zamkową orkiestrę. Pod koniec ceremonii ciocia Betka i Alfred, jako patroni kościoła, ucałowali mszalną patenę, uklękli na kilka chwil przed niektórymi trumnami, następnie zaś wspięli się po stopniach z powrotem na ulicę, mijając muzykantów i tłumy mieszkańców z odkrytymi głowami, którzy przyszli złożyć wyrazy szacunku podczas ceremonii. Po śniadaniu wszyscy, którzy zanocowali w zamku, przebrali się w jasne stroje sportowe, już bez powagi chmurzącej ich twarze i wybrali się na nieoficjalne polowanie na bażanty.

Zanim matka mojego męża wyjechała do Krakowa*, przekazała mi listę ubogich osób, które przychodziły do niej po wsparcie w ostatnich kilku latach, z wypisanymi nazwiskami i zaznaczeniem, co kto otrzymał z zapasu mąki, wełnianych koszul, materiału na ubrania, drewna na opał lub pieniędzy, a do tego dołączyła spis prezentów wręczanych na Boże Narodzenie.

---

* Teściowa Virgilii, Matylda, wyjechała do Krakowa z córką Elżbietą w listopadzie 1936.

– Jest tak wielu ludzi, o których trzeba się zatroszczyć – powiedziałam.

– Ach, to niełatwe. Nie wiem, czy zadowolą cię drobne osiągnięcia. To życie pozbawione jakichkolwiek dochodów z zewnątrz. Sama się przekonasz – dokończyła.

– Ale mama przeżyła tu prawie czterdzieści lat.

– Tak. Gdy dzieci były małe, mąż bardzo często wyjeżdżał na dłużej do Wiednia. Nie mieliśmy telefonu, a listy szły przez wiele dni. W tamtych czasach wszystko wyglądało zupełnie inaczej. Żyliśmy w znacznie większym odosobnieniu – dodała moja teściowa.

– Nie czuła się mama osamotniona, przesiadując jedynie z dziećmi i guwernantką?

– Na tym polega obowiązek kobiety – odparła. – Ponadto nie zawsze kocha się najbardziej te miejsca, w których było się szczęśliwą.

W dniu jej odjazdu służący płakali. Wokół domu ustawiły się w deszczu kobiety ze wsi, załamując ręce.

– Bóg otoczy was opieką – powiedziała, wsiadając do samochodu.

Gdy stanęliśmy pod oknem wagonu, by ją pożegnać, wychyliła się do nas.

– Teraz zostaniecie sami – zauważyła – jak dwoje dzieciaków w lesie.

Posiadłość obejmowała osiem tysięcy akrów lasu i dwa tysiące akrów ziemi ornej. Leśnictwo było najważniejszą częścią rodzinnych interesów i głównym źródłem dochodów. Mój teść bardzo dbał o drzewostan, wycinając najmniej jak się dało i przykładając wagę do ponownego zalesiania. Co roku pojawiały się grupy studentów i inżynierów z innych części Polski, aby obejrzeć tutejsze lasy. Każdej jesieni drzewa, które miały zostać ścięte, oznaczano i sprzedawano handlarzowi drewnem. Prawdziwą wycinkę przeprowadzano po pierwszych opadach śniegu. Kłody ładowano na sanie i przewożono do tartaku, gdzie przerabiano je na materiały budowlane i podkłady kolejowe na niemiecki i angielski rynek. Zanim mój mąż przejął kierownictwo, drzewa wycinano akr po akrze, za każdym razem wyrąbując połać lasu, ale obecnie chciał wprowadzić system przerzedzania, dzięki któremu pewne drzewa z każdego rodzaju pozostawiano, aby proces wprowadzania siewek do gleby przebiegał w sposób naturalny. Przy tej metodzie wymagało szczególnych umiejętności, by nie dopuścić, aby potężne pnie zwalanych drzew łamały sąsiednie gałęzie i uszkadzały te, które miały pozostać na miejscu.

Obok lasów, do majątku należały jeszcze cztery młyny, gorzelnia produkująca alkohol z ziemniaków, sztuczne jeziora, w których hodowano karpie i szczupaki, sprzedawane na targu rybnym, a także trzy gospodarstwa rolne. Oprócz plonów zbieranych w celu wyżywienia ludzi i zwierząt na terenie majątku, uprawiano jeszcze pszenicę i buraki cukrowe na sprzedaż. Mleko od stu pięćdziesięciu krów z największego gospodarstwa jechało do wspólnej mleczarni w Rawie Ruskiej.

W swoim biurze mąż zatrudniał dyrektora naczelnego, oficjalistę odpowiedzialnego za gospodarstwa wiejskie, trzech inżynierów leśników oraz kobietę prowadzącą księgi. Sporządzono mapy lasu i wyznaczono spomiędzy leśniczych jedenastu, którzy mieli odpowiadać przed inżynierami. Umundurowani i uzbrojeni patrolowali swój rejon na podobieństwo policji. To oni odpowiadali za sadzenie drzew, szkółki leśne i wycinkę.

W zyskownych latach, kiedy drewno i pszenica osiągały wysokie ceny, inwestowano w nowe kanały odwadniające albo podziemne zbiorniki, lub też w doprowadzanie wody do obór. Wynagrodzenia dla pracowników biurowych, stróżów, robotników rolnych oraz małżeństw służących w domu – wypłacane były w połowie w gotówce, a w połowie w mące, ziemniakach, mleku i drewnie na opał. Zaopatrzenie z gospodarstw obciążało w księgach nasz rachunek. Między gospodarstwem a kuchnią nieustannie toczył się zaciekły spór. Kucharz orzekł, że u nas cielęta zbyt drogo kosztują i powinniśmy kupować je w Rawie Ruskiej, na co odpowiedziano z gospodarstwa, że kucharz jest zbyt dumny, by wykonać niezbędne ćwiartowanie. Ochmistrzyni ubolewała, że nie ma czym karmić drobiu i świń, podczas gdy w gospodarstwie twierdzono, iż tym, co sama pochłania, mogłaby wyżywić całą armię. Ktokolwiek zarządzał domem, niezależnie od kosztów, biurowi pracownicy uważali go za rozrzutnego, a służba domowa przypisywała mu skąpstwo i niesprawiedliwe traktowanie.

Przez długi czas moja teściowa zatrudniała jako gospodynię Hanię, kobietę ze wsi, która nie umiała czytać ani pisać. Dzierżyła ona klucze do spiżarni, wydzielała codzienne zapasy dla kucharki, ubijała masło, wędziła szynki, doglądała świń i ptactwa. Była tęgą kobietą o łagodnym wyrazie twarzy, na którą służba nigdy nie narzekała, ponieważ dawała im do jedzenia to, co chcieli, a jej pojęcie o czystości nie odbiegało od ich własnego. Mieszkała z siostrą w domku, który podarował im mój teść. Ponadto zaoszczędziła trochę pieniędzy, więc choć przekroczyła już czterdziestkę, zaręczyła się z młodym, dwudziestopięcioletnim mężczyzną.

Mój mąż próbował odwieść ją od tego zamążpójścia.

– Tutaj od lat masz własny pokój i jesteś niezależna. Teraz zamieszkasz w jednej izbie z czworgiem ludzi. Będziesz musiała gotować dla starych rodziców i opiekować się nimi.

– Wiem – odparła. – Miłe to nie będzie, ale podołam.

– Posłuchaj, Haniu. To jeszcze chłopak. Jest dla ciebie za młody. Pożałujesz tego.

– Może i tak. – Kilka łez spłynęło po jej powściągliwej twarzy. – Ale takie jest życie.

Wyprawiliśmy zatem wesele dla Hani odzianej w białą suknię i w naszej pralni zjawili się goście, aby tańczyć i wznosić piwem toasty za jej zdrowie. Kilka dni później ze wsi dobiegł przeraźliwy zgiełk. Myśląc, że gdzieś wybuchł pożar, pobiegliśmy tam. Mąż Hani wyrywał deski, jedną po drugiej, z części domu, która do niej należała, podczas gdy jej siostra, wydając wściekłe okrzyki, próbowała go powstrzymać. Tłumek dzieci stał nieopodal, podbechtując do walki. Samej Hani nigdzie nie było widać.

Warszawska agencja przysłała mi nową gospodynię, kobietę o czerwonej twarzy i napastliwym usposobieniu, która z miejsca znienawidziła ogrodnika.

– Co to ma być za ogrodnik? – pytała mnie. – Nie uprawia żadnych zielonych warzyw prócz kilku marnych sadzonek brukselki. Jabłka, które mi przynosi, mają plamy i są zarobaczone. Nawet nie wpuszcza mnie do swojej piwnicy!

Prawdą było, że ogrodnik dusił każdy grosz. Trzem córkom zabierał całe zarobki, aby wykończyć dom, który budował w Rawie Ruskiej i sam nie potrzebował nic do jedzenia. Kukurydza i szparagi, które wczesną jesienią przynosił do kuchni, były stwardniałe, ponieważ nie mógł znieść zbierania ich, kiedy były zbyt młode. Gdy powiedziałam mu, że potrzebujemy dużej ilości świeżych warzyw dla Krysi, odparł, iż nasiona są zbyt kosztowne i muszę zwrócić się do zarządu majątku, nim je zamówię. Ale nie wspomniałam o tym nowej gospodyni. To zbyt późna pora roku na uprawy ogrodowe, wyjaśniłam. Pomyślimy o tym wiosną.

Zimowe prace w lesie i cykl prac sezonowych na polach wiązały się z przypływem gotówki we wsiach, wystarczającym, aby ci, którzy byli zatrudnieni, kupowali to, czego najbardziej potrzebowali: naftę, sól, zapałki i buty. Większość z nich miała własne poletka, ale rzadko byli w stanie wydobyć z piaszczystej, pozostałej po wyrębach gleby dostatecznie dużo, by coś pozostało na sprzedaż. Ci, którzy nie pracowali w majątku, zimą wyrabiali fajansowe garnki, używając mokrej gliny, którą jesienią przynosili do domów.

Niedługo po wyjeździe teściowej przyjechał bryczką z Rawy Ruskiej wikary z żoną jakiegoś ważnego urzędnika. Usiedli sztywno na krzesłach i przez chwilę rozmawiali o pogodzie. Następnie ksiądz odchrząknął i oznajmił, że przysłano ich z prośbą, abym została prezeską Towarzystwa Zimowej Pomocy. Odpowiedziałam, że przebywam tutaj zbyt krótko, aby wiedzieć cokolwiek na ten temat i obawiam się, iż zwracają się do mnie wyłącznie dlatego, że jestem żoną księcia. Odjechali niezadowoleni, lecz ich wizyta pobudziła mnie do działania. Wcześniej odkurzałam książki, wieszałam obrazy i przestawiałam meble, jakby to było celem mojego życia, podczas gdy za tymi stawami i ogrodami mieszkali ludzie, których lodowate ręce zimy ściskały niczym imadło.

Postanowiliśmy zorganizować własną zimową pomoc i przez pięć miesięcy, aż do wiosny, zapewniać wszystkim dzieciom poniżej dziesiątego roku życia jeden posiłek dziennie. Zakonnice z wiejskich szkół gotowały owsiankę, do której dodawały mleko i dwie kostki cukru na każde dziecko. Najpierw zważyliśmy dzieci, a potem wezwałam lekarza, by je obejrzał. W najbliższej wiosce znaleźliśmy tylko jedno dziecko bez powiększonych węzłów chłonnych i jedynie troje nie miało krzywicy. Żadne z nich nie nosiło bielizny. Kiedy lekarz chciał osłuchać płuca małej, grubej dziewczynki, która chrapliwie oddychała, musiałam przeciąć jej sukienkę na ramionach, ponieważ bardzo mocno ją zszyto, a na widok własnego brzucha, całego w brudnych smugach, dziecko wybuchnęło płaczem. Lekarz odsiał tych silniejszych, a pozostałym podaliśmy po łyżce tranu przed jedzeniem.

Niedługo po rozpoczęciu podawania posiłków przybyły gromadnie zakonnice, aby się z nami spotkać. Powiedziały, że niektóre dzieci odmawiają zjedzenia cukru, ponieważ chcą zachować te kostki na Boże Narodzenie. Inne musiały obiecać, że przyniosą je matkom do domu. Najgorszą rzeczą, którą wykryły zakonnice, było to, że w kilku rodzinach dzieci, które otrzymywały od nas posiłki, nie dostawały od rodziców nic innego do jedzenia, przez co przychodziły do szkoły bledsze i jeszcze bardziej apatyczne niż wcześniej. Zakonnice przyznały, że we wszystkich trzech szkołach chłopcy wyglądają zdrowiej niż dziewczynki. W domu lepiej ich żywiono, ponieważ stanowili bezpieczniejszą inwestycję.

Wiedzieliśmy, że darmowe posiłki dla dzieci wpływają demoralizująco na zamożniejszych chłopów – wcześniej słyszeliśmy, że w innych miejscach matki, które mogły sobie na to pozwolić, przekazywały pod wpływem nacisków mleko, ziarno i ziemniaki do ogólnych zapasów – ale w naszej wsi wszyscy twierdzili, że są zbyt biedni, aby udzielić pomocy. Zakonnice ze szkoły w pobliżu gospodarstwa musiały płacić za mleko dostarczane z obór oddalonych zaledwie o kilkaset jardów, choć piły je dzieci zatrudnionych tam robotników rolnych.

Siostry poprosiły mnie o wygłoszenie przemowy do kobiet. Słuchaczki zebrały się tłumnie w sali w zimne niedzielne popołudnie. Okna zaparowały od ciepła wydzielanego wewnątrz, a światło lampy wydobywało wypukłości i zagłębienia na ich twarzach. Tkwiły ciasno jedna przy drugiej, gdy weszłam na katedrę nauczycielską. Kartki z przygotowanym przemówieniem leżały na biurku, o które się oparłam. Powiedziałam, że przyszłość Polski zależy od dzieci, że są one filarem narodu i dlatego niemowlęta muszą być prawidłowo żywione, a starsze dzieci nauczone utrzymywania czystości. Szczegółowo opisałam zasady opieki nad noworodkiem i starałam się uświadomić tym kobietom, że zdrowie jest podstawą wszystkiego. Widziałam jednak w ich oczach, że mi nie wierzą. Kiedy skończyłam, zapytałam, czy chcą coś powiedzieć.

– To, co było dobre dla nas, jest dobre i dla naszych dzieci! – wykrzyknęła jedna.

– Co mam robić? – zapytała inna, przepychając się w moją stronę. – Gdy dziecko krzyczy w nocy tak, że nikt nie może spać, po prostu muszę podać mu pierś.

– Płacze, bo nie było regularnie karmione.

– Urodził się w czasie żniw – wyjaśniła – a ja musiałam wychodzić w pole, więc nigdy nie karmiłam go za dnia.

– Chętnie bym się dowiedziała – odezwała się kobieta z tyłu sali – jak mamy utrzymywać czystość, jeśli krowy i świnie mieszkają razem z nami, nasi starzy rodzice plują na podłogę, a dzieci nie chcą chodzić do wygódki?

– Tak, i trzeba nosić wodę ze wspólnej studni.

Kilka kobiet wdało się w sprzeczkę, przekrzykując jedna drugą podniesionymi głosami. Przemówiła zakonnica, uciszając wrzawę.

– Księżna była łaskawa przyjechać tutaj, by z wami porozmawiać. Musicie jej podziękować.

– Nie, nie – wtrąciłam. – Ale chcę o coś zapytać.

Popatrzyłam uważnie na różne twarze.

– Ile z was straciło dziecko?

Niektóre zaczęły płakać.

– Same widzicie – podjęłam. – Może dałoby się je uratować, gdybyście pomogły im się wzmocnić.

– To wola Boża! – zawołała kobieta z tyłu sali.

– Tak, tak – poparło ją kilka głosów. – Taka jest wola Boża.

Elektrycy skończyli okablowanie domu, a silnik Diesla został wreszcie zainstalowany w pomieszczeniu po drugiej stronie dziedzińca. Pewnego wieczoru usłyszałam odległy, nieznajomy warkot, a potem liczne kroki w holu. Mąż zawołał do mnie. Paliły się światła. Szli pospiesznie z Iwanem i robotnikami niosącymi kosz żarówek i drabinę. Pobiegłam za nimi przez pokoje. Po raz pierwszy dostrzegłam plamy i pęknięcia, których światło lamp naftowych nigdy nie wydobywało, ciepłe tony wypolerowanych sosnowych desek podłogi, ponurą monotonię pomalowanych na czekoladowo drzwi i framug okiennych. Złowrogi zmierzch został przegnany, by ustąpić miejsca poczuciu bezpieczeństwa, bez cieni i mrocznych kątów.

Iwan promieniał. Nigdy więcej nafty trzymanej w pokoju kredensowym, żadnych lamp do czyszczenia i roznoszenia po całym domu i żadnej obawy przed pożarem.

– Powiem ci, co możemy zrobić – oznajmił mój mąż. – W chacie Iwana zainstalujemy elektryczne oświetlenie. Będzie jedynym we wsi, który ma coś takiego.

Dom Iwana stał na obrzeżach. Kazaliśmy wbić dodatkowy słup, by dociągnąć przewody do dachu i umieścić kontakt w suficie. Kiedy już wszystko było gotowe, zapytaliśmy Iwana, jak to się podoba jego żonie.

– Owija żarówkę gazetą – odparł. – Mówi, że ją oślepia.

Kiedy do stajni, biura, domu zarządcy, do poczty i szkoły, gdzie mieszkały zakonnice – a wszystkie te budynki stały na skraju lasu tuż poza naszym trawnikiem – doprowadzono przewody, wzniesiono słupy i podłączono prąd, praca elektryków dobiegła końca. Malarze i ludzie kładący nowe rury wodociągowe również zrobili swoje. Robotnicy, którzy spali w majątku, posilali się w naszej kuchni i naruszali naszą prywatność, nareszcie odchodzili i cieszyło mnie to.

Pewnego dnia przyszła jakaś pulchna kobieta z wioski. Kulała i jedną rękę miała zabandażowaną. W przeciwieństwie do innych wieśniaczek nosiła szmizjerkę wpuszczoną w spódnicę i spoglądała na mnie nieco śmielej. Powiedziała mi, że choruje na gruźlicę, spędziła pewien czas w szpitalu we Lwowie, gdzie zagoiły jej się rany, ale teraz znowu zaczęły ropieć. Dodała z płaczem, że nie ma gdzie się podziać w zimie, ani nawet chusty albo płaszcza, żeby się okryć. Chciała odwinąć bandaże i pokazać, co jest pod nimi, ale zaprotestowałam.

– Starsza księżna pani by mi pomogła, gdyby tutaj była – oznajmiła kobieta.

Teraz już szlochała głośno.

– Jestem tylko biedną, skrzywdzoną sierotą.

Słowo „sierota" poruszało nawet najbardziej niemrawe polskie serca. Poszłam poradzić się Iwana, lecz nie mogłam go znaleźć, więc zniosłam na dół swój stary płaszcz do gry w polo i podarowałam jej. Pochwyciła go żarliwie, mnąc materiał między palcami i odeszła, kulejąc.

Wieczorem, gdy nie było już pracowników, mąż wbiegł do mojego pokoju.

– Co ty znowu zrobiłaś, moje biedactwo?! – wykrzyknął.

– A w czym rzecz?

– Ta kobieta, która wczoraj z tobą rozmawiała... uciekła z młodzieńcem pracującym dla elektryka.

– Jeśli nawet, cóż z tego?

– Rozpowiedziała we wsi, że dałaś jej płaszcz, ponieważ jest twoją ulubienicą i pomożesz jej wyjść za mąż.

– Nie dbam o to.

– Ale zrozum, ona jest wioskową ladacznicą.

To był ostatni raz, kiedy coś komuś podarowałam bez zgody Iwana.

ROZDZIAŁ DZIEWIĄTY

W połowie grudnia wyjęłam z szuflady biurka listę teściowej ze sprawami do załatwienia przed Bożym Narodzeniem i przejrzałam ją pobieżnie. Trzeba było przygotować dwie uroczystości, polską Wigilię dla służby z dziećmi i wiejskiego przedszkola oraz ruską, wypadającą zgodnie z unickim kalendarzem szóstego stycznia dla parobków z gospodarstw i ich dzieci, mleczarek i ruskiego przedszkola. Oprócz prezentów dla tych wszystkich ludzi musieliśmy przygotować dodatkowo pewien zapas ciepłych zimowych materiałów i wełniane zestawy różnych rozmiarów dla nieokreślonej liczby chłopów, którzy pojawiali się o tej porze każdego roku.

Od ekonoma w gospodarstwie dostałam listę dzieci z podaniem imion i wieku oraz spis parobków z uwzględnieniem ich przybliżonego wzrostu, i z pomocą Iwana spisałam szczegóły dotyczące dzieci związanych z naszym domem. Z każdej z trzech szkół zakonnice podały imiona najbardziej potrzebujących dzieci na wypadek, gdybym mogła im także coś kupić. Z torebką wypchaną papierami pojechałam wcześnie rano do Lwowa wraz z pokojówką, której rady, jak już wiedziałam, mogły okazać się niezbędne.

Sklepy pełne były niechlujnych, hałaśliwych ludzi. Najpierw poszłyśmy zamówić siedemdziesiąt pięć poświęconych kalendarzy, wypełnionych artykułami o działalności misyjnej Kościoła i skróconymi żywotami świętych. W katolickich sklepach nad drzwiami były obrazy Najświętszej Dziewicy z płonącymi przed nimi czerwonymi lampkami. W jednym z nich, sprzedającym hurtowo materiały, wybrałyśmy odpowiedni wzór tkanin flanelowych po dwadzieścia pięć centów za jard dla wiejskich kobiet, prawdziwą wełnę dla bardziej strojnych mężatek i prążkowany materiał na koszule, po trzy dla każdego ze służących. W sklepie z bielizną mieli jedynie trzy męskie rozmiary, z których największy był dłuższy i obszerniejszy niż ten, który mógłby pasować na któregokolwiek z napotkanych przeze mnie chłopów. Kupiłyśmy również zestawy ubrań dla chłopców między drugim a czternastym rokiem życia. Wszystkie dziewczęta i mleczarki miały dostać swetry. Te tanie były sztywne i cienkie, z minimalnym dodatkiem wełny do przędzy, więc wybrałam droższe, granatowe z okropnymi guzikami, jasnozielone z wyszywanymi kwiatami i jaskraworóżowe z niepasującymi do nich frędzlami. Do chwili, gdy zatrzymałyśmy się na lunch, wydałam około dwustu dolarów, nie nabywając ani jednej rzeczy, na którą można by spojrzeć z przyjemnością. Po południu miałyśmy wciąż do kupienia bluzki i bawełniane pończochy dla kobiet służących w domu, tytoń do fajek, papierosy i skarpety dla mężczyzn, dziesięć funtów słodyczy dla przedszkoli i sterty arkuszy błyszczącego kolorowego papieru ze zwojami sznurka. Najłatwiej było wybrać dekoracje na choinkę. Wśród tych kruchych, delikatnych błyskotek nawet lwowskie gospodynie domowe wyglądały radośnie.

Paczki złożono w pokoju gościnnym, który zamykałam na noc i w którym spędzałam obecnie całe dni. Napełniłyśmy razem z pokojówką sto pięćdziesiąt papierowych torebek ze słodyczami i ciastkami pieczonymi z miodem, których kucharka zrobiła tysiąc. Ugniatałyśmy i zwijałyśmy nieporęczne wełniane koszule w schludne węzełki, wsuwałyśmy kalendarze i oznaczałyśmy każdy pakunek, aby któryś z parobków nie dostał dwóch, a inny żadnego. Z szafy Krysi wyciągnęłyśmy wszystko, bez czego mogła się obyć, dla dzieci z naszej listy i zrobiłyśmy osobne paczki dla służby, do rąk własnych. Zabrałyśmy dodatkowe zabawki jako niespodziankę dla przedszkoli. Kolana mi zesztywniały od klęczenia, a palce obtarłam zmagając się z opornymi sznurkami. W łóżku prześladowała mnie pełna lęku myśl, że o kimś zapomniałam. Kiedy wszystko wreszcie dobiegło końca, trzysta czerwono-zielonych paczek piętrzyło się jedna na drugiej.

Chłopi z najodleglejszych wsi napływali codziennie na dziedziniec. Trudno było zdecydować, co z nimi zrobić, kiedy czekali na swoją kolej, gdyż trzeba było mieć na nich oko. Kucharka irytowała się, kiedy wchodzili do kuchni, gospodyni była zła, jeśli siadali w jadalni dla służby, Iwan zaś nie wpuszczał ich do pokoju kredensowego. Tłoczyli się więc za kuchennymi drzwiami i gdy schodziłam na dół, by zapytać o ich imiona, wszyscy zaczynali mówić równocześnie, a starsze kobiety spoglądały wrogo na siebie nawzajem i odpychały starszych mężczyzn na bok.

Rano przed Wigilią pozbyłam się już ostatnich zgromadzonych rzeczy, a pozostało trzech lub czterech wieśniaków, którzy zgodnie z listą mojej teściowej zawsze otrzymywali coś na Boże Narodzenie. Wzięłam samochód i pojechałam do Rawy Ruskiej. Był to ostatni dzień targowy przed świętami. Ulice przepełniały wozy, a na błotnistym placu kłębił się tłum chłopów w futrzanych czapkach i Żydów kręcących się wokół straganów, targując się o kaczki, gęsi i indyki, zimowe jabłka, ziemniaki, święte obrazki, kalosze, wąskie, drewniane ramy łóżek i barwne chusty. Świnie kwiczały, ptaki gdakały i skrzeczały, karłowate chłopskie konie cofały się i wierzgały, a ostry zimowy wiatr wywiewał nagromadzone odory. Weszłam w ciemną przestrzeń sklepu wypełnionego ludźmi kłócącymi się między sobą i wydmuchującymi nosy.

– Potrzebuję dwudziestu pięciu jardów flaneli – zwróciłam się do starej Żydówki w rudej peruce. Rozchyliła usta w powitalnym uśmiechu, ukazując poczerniałe zęby.

– Mamy tu piękną flanelę – powiedziała. – Mamusia zawsze u nas kupuje – dodała, mając na myśli moją teściową.

Policzyła dwa razy tyle co w sklepie we Lwowie i zapakowanie tego, co kupiłam, zajęło jej pół godziny. Odprowadziła mnie do auta, zacierając ręce.

– Chyba w Ameryce jest zupełnie inaczej – zawołała za mną po niemiecku.

Kiedy wróciłam, zastałam dwóch zakonników z klasztoru pod Rawą Ruską, którzy przybyli złożyć bożonarodzeniowe życzenia, przynosząc stertę białych cienkich opłatków, na których odbito scenę Narodzenia. Jeden z braci zakonnych miał zaciętą twarz średniowiecznego mnicha. W niedzielny poranek po odprawieniu nabożeństwa podsłuchałam go rozmawiającego z młodą wieśniaczką, która trzymała niemowlę w ramionach.

– Za kogo mnie uważasz? – podniósł głos. – Dlaczego nie spotkałaś się ze mną przed mszą? Tego ranka nie mam czasu na chrzest. Idź do domu – krzyknął, kiedy wciąż stała, chwiejąc się lekko, przy drzwiach kaplicy. – Nie widzisz, że jestem zajęty?

Później przyszedł do domu i przesiedział prawie godzinę przy śniadaniu, zajadając szynkę z galaretą i paląc papierosy. Kiedy potem opowiedziałam o tym mężowi, znalazł sposób, aby udzielić mu nagany.

Teraz zakonnicy, którzy chcieli się zobaczyć z moim mężem, a nie ze mną, kręcili się niespokojnie w fotelach. Mówili o swoim zdrowiu, troskach i o tym, jak wielu biednych w tym roku potrzebuje opieki, aż wreszcie, z pokłonem i szelestem brudnych brązowych habitów, odeszli.

Zjawiło się kilku mężczyzn z dużą siecią, którą przeczesali mniejszy staw – niezamarzający, gdyż wpływał do niego strumień – w poszukiwaniu karpi przeznaczonych dla pracowników biura jako prezent świąteczny. Doglądałam wypieku tuzina dodatkowych bochenków białego pszennego chleba dla ogrodnika, stangreta, nocnego stróża, listonosza i innych służących, którzy nie spożywali posiłków w domu. Przygotowałam paczuszki z monetami dla chłopców, którzy służyli do mszy i mężczyzn rąbiących drewno na opał. Zaplanowałam z kucharką posiłek dla służby. Choć zazwyczaj jedli osobno, tak aby starsi, na których spoczywała większa odpowiedzialność, dostawali coś lepszego, do bożonarodzeniowego posiłku zasiadali wszyscy razem. Potem nadszedł czas, aby udać się do szkoły, gdzie dzieci przed przerwą świąteczną wystawiały szopkę.

Wszystkie ozdoby na ich drzewko wykonały zakonnice. Świeciło się już, kiedy tam weszłam. Na scenie powyżej dzieci tańczyły, śpiewały i recytowały. Szeleściły papierowymi skrzydłami, potykały się o długie białe szaty i przepychały między sobą. Ich piskliwe, monotonne głosy prawie nie docierały do drugiej strony sali. Kiedy zakończyła się ostatnia scena z Maryją Panną i aniołami w stajence, zakonnica wyszła zza parawanu, skąd podpowiadała kwestie i rozdzieliła torby ze słodyczami, które przywiozłam. Żadne z dzieci nie otworzyło swojej torby, dopóki tam byłam. Ściskając je mocno, patrzyły na mnie oczyma oślepionymi przez migotliwe światło świec.

Przed wigilijnym obiadem ubraliśmy naszą choinkę. Na szczycie umieściliśmy gwiazdę, a na niższych gałęziach zawiesiliśmy czekoladowe figurki ludzi, statki, gitary i koty zawinięte w srebrny i złoty papier. Niania Krysi zeszła na dół i przybrała drzewko kłaczkami waty. Podniszczoną figurkę Dzieciątka, którą mój mąż pamiętał od swych pierwszych świąt Bożego Narodzenia, ułożyliśmy na wiązce słomy w topornej drewnianej kołysce tuż przez drzewkiem. Znieśliśmy na dół wszystkie prezenty oprócz tych przeznaczonych dla Krysi, które zamierzaliśmy umieścić w jej pokoju, kiedy uśnie. Siedziałam z mężem przy kominku, kiedy pojawił się Iwan z wiadomością, że praczka chce się ze mną widzieć. Gdy zapytałam, w jakim celu, odparł, że nie ma pojęcia. Iwan z zasady twierdził zawsze, że nic nie wie. Praczka, z którą się spotkałam, miała spuchniętą twarz.

– W domu są złodzieje – powiedziała z płaczem.

– Co masz na myśli?

– Wczoraj wieczorem zostawiłam swoją kolację, żeby ją zabrać do domu dla dzieci. Zamknęłam talerz w kuchennym kredensie. Rano już go nie było.

– Kto go zabrał?

– Nie wiem – odpowiedziała.

Nie potrafiłam odkryć, kto to zrobił. Każdy w domu znał tę historię i każdy wskazywał na osobistego wroga. Dawne swary odżyły na nowo i przelano bezużyteczne łzy. Boże Narodzenie poszło w niepamięć w burzy, która, jeśli nawet nie w szklance wody, groziła zerwaniem pokrywki z imbryka do herbaty. Zanim przybył ksiądz, który miał zatrzymać się u nas na dwa tygodnie, mąż i ja również byliśmy bliscy wrzenia.

– Przygotowaliśmy dla tych ludzi drzewko i prezenty, a oni tak się zachowują – powiedział mój mąż.

– Nie mam ochoty ich oglądać ani nic im dawać – odparłam.

Ksiądz, który przyjeżdżał co roku i znał służbę, uspokoił nas. Pół godziny po piątej, o godzinie, kiedy miała się rozpocząć uroczystość, wszyscy zebrali się wraz z dziećmi w tylnym holu. Podążając za duchownym, weszliśmy tam.

– Niektórzy z was zdają się nie pamiętać – przemówił spokojnie – że jest to wyjątkowy czas, wymagający pokoju.

Następnie zaczął ich upominać. Każdemu po kolei spoglądał w oczy.

– Chrystus patrzy w głąb waszych serc – powiedział.

Gdy skończył, kobiety pociągały nosami, a mężczyźni wbijali wzrok w podłogę.

– A teraz – oznajmił po chwili niezręcznej ciszy – możecie podejść do choinki.

Zaintonował kolędę i stopniowo wszyscy do niego dołączali. Podtrzymywał śpiew, gdy gromadzili się w pokoju. Polskie kolędy, w przeciwieństwie do większości słowiańskiej muzyki, są w tonacji durowej, z zaśpiewem, który mogło wychwycić nawet najgłuchsze ucho. Niczym powiew chłodnego powietrza przenikały do wewnątrz. Nieświadomie głowy się podnosiły, a twarze rozjaśniały.

Kiedy rozdzielono paczki, a dzieciom rozdano słodycze z drzewka i odpalono kilka fajerwerkowych kół ognistych, kiedy zamieniliśmy z każdym przynajmniej jedno zdanie, a ksiądz zaintonował kolejną kolędę, odeszli szeregiem ze swymi podarunkami. Przewietrzyliśmy pokój i posłaliśmy po Krysię.

Stała w ciemnościach przed połyskującą choinką, z rączkami założonymi za plecy, blada i niezdolna wydobyć z siebie słowa. Pochłonęło mnie zbieranie fragmentów sznurków i wyklepywanie poduszek na sofie. Zapadła długa cisza.

– Mały dzwoneczek – usłyszałam jej szept.

Zajęłam się dalszym porządkowaniem pokoju.

– Na czubku jest gwiazda – powiedziała, a potem dodała głośniej: – I szyszka, taka jak w lesie, ale srebrna. I bańki. I mały domek.

Stanęła na palcach i wyciągnęła w górę obie rączki.

– O! Ta mi się podoba! – zawołała po polsku. – I ta, i ta!

Rumieńce pojawiły się na jej buzi. Krążyła wokół choinki, wskazując palcem. Potem podeszła znowu do drewnianej kołyski.

– To Jezus – oznajmiła. – Miłe dzieciątko, ale nie ma się czym pobawić.

Ostrożnie zdjęła pozłacany owoc z gałęzi, do której mogła dosięgnąć i umieściła w pobliżu ręki podniszczonej lalki.

– Masz. To dla ciebie – powiedziała.

Tuż przed kolacją dla służby zeszliśmy z mężem do kuchni, zabierając cienkie białe opłatki, które przynieśli mnisi. Przełamaliśmy się z każdym ze służących i zjedliśmy kawałki, mówiąc: „Wszystkiego najlepszego" oraz „Najlepsze życzenia". Potem odbyliśmy z księdzem tradycyjną wigilijną wieczerzę. Pod wielkim białym obrusem ułożono wiązki siana. Między owymi „śnieżnymi wzgórzami" stała ceramiczna stajenka z Maryją, Józefem i Dzieciątkiem. Zjedliśmy zupę, karpia, pieczone ziemniaki i ciemnoszarą papkę z maku – i to było wszystko. Pod drzwi przyszli chłopcy ze wsi i zaczęli śpiewać. Iwan wpuścił ich na oszklony ganek i patrzyliśmy przez okna, jak odgrywają swoje przedstawienie. Nosili kostiumy: króla, biskupa, starego Żyda, wilka i Śmierci we własnej osobie z udatnie wykonaną białą czaszką. Fabuła nie była w pełni zrozumiała, ale widzieliśmy, że na końcu Śmierć wygania większość przyjaciół na lodowaty taras na zewnątrz. Potem wrócili i śpiewali kolędy, a mąż dał im trochę ciastek i kilka złotych.

Ksiądz popijał herbatę z miodem, aby odświeżyć wyczerpane gardło przed mszą. Zapytałam go o życie w Krakowie.

– Mieszkam w seminarium duchownym i całymi dniami uczę – wyjaśnił. – Muszę wstawać o piątej rano i iść do kościoła, zanim zaczną się zajęcia, a wieczorami kładę się jako ostatni, ponieważ spoczywa na mnie nadzór nad dormitorium. Ale przynajmniej mam kontakt z młodymi ludźmi – ciągnął. – Przedtem – zniżył głos – służyłem przez lata w więzieniu. Musiałem wysłuchiwać spowiedzi i towarzyszyć idącym na śmierć.

Umilkł. Po chwili dodał, jakby do samego siebie:

– To i tak już skończone.

Na mszę o północy stawiła się cała wieś. Kaplicę wypełnili szczelnie mężczyźni w kożuchach, kobiety w kocach naciągniętych na głowy i dzieci opatulone chustami. Jedna z zakonnic grała na organach, lecz ich dźwięk zagłuszały ochocze głosy wiernych, wyśpiewujących świąteczne pieśni. W zimnym powietrzu unosiła się mocna woń kadzidła, a ściany kaplicy pociły się pod wpływem wilgoci. Ale owej nocy zima nie mogła tak dotkliwie kąsać, gdyż ponownie narodziło się Dzieciątko i – przynajmniej w tej godzinie – staliśmy się ludźmi dobrej woli.

Grube płatki śniegu padały w następnym tygodniu przy bezwietrznej pogodzie. Krysia woziła się na swoich sankach z Rabki, a ksiądz wybierał się każdego ranka na narty, żeby pojeździć na pagórku za domem. Mój mąż był pochłonięty spotkaniami w biurze z łowczymi, ustalając pierwsze polowanie na Sylwestra, podczas gdy ja planowałam posiłki, liczyłam obrusy, wybierałam książki w rozmaitych językach do pokoi gościnnych i odnawiałam niektóre zatęchłe zakątki domu.

Mąż wybrał gości, których mieliśmy zaprosić. Na polowanie rzadko zapraszano kobiety, częściowo dlatego, że w przeciętnym domu potrzebowano wszystkich wolnych łóżek dla myśliwych, ale również z tej przyczyny, że kiedy kupiono futra, buty, strzelby, naboje i bilety kolejowe dla mężczyzn, nie zostawało pieniędzy na wydatki ich żon. Kilku najlepszych strzelców spędzało całą jesień i zimę, podróżując ze służącym z jednego lasu do drugiego, podczas gdy w domach ich żony zajmowały się majątkiem i dziećmi oraz zbierały grosz do grosza, aby opłacić męskie rozrywki sportowe. Raz w roku kobietom wolno było w nagrodę zaszaleć we Lwowie lub w Warszawie, gdzie widywano je w niedbałych strojach i niesłychanie przyjacielsko nastawione na pokazach koni i balach.

Dzięki opadom śniegu łowczy potrafili określić po śladach niemal dokładnie, gdzie przebywają dziki i jak wielu można się ich spodziewać. Nadchodzące i odchodzące ślady, rozstawione podobnie jak u świń, tworzyły szlaki komunikacyjne nieodległe od siebie, którymi dziki zazwyczaj się przemieszczały, jeśli coś nie odciągnęło ich w inną stronę. Strażnicy potrafili rozpoznać po rozmiarze i ilości śladów, czy dziki były młode czy stare. Bardzo młode towarzyszyły matkom w grupach liczących cztery albo pięć sztuk. Dwulatki już wyruszały własnymi drogami. Najcenniejsze były samotne, stare samce, których kły stawały się rodowymi trofeami. Za dnia dziki zaszywały się głęboko w zaroślach. Pod wieczór opuszczały upatrzone schronienia i wyruszały w poszukiwaniu pożywienia. Kiedy śnieg był głęboki i tak zmrożony, że nie mogły przeryć się w głąb, często wychodziły z lasu i przemierzały całe mile. Aby temu zapobiec, mój mąż rozmieszczał ziemniaki i końską padlinę kupowaną w Rawie Ruskiej za dolara od sztuki w tych rejonach lasu, w których najczęściej przebywały. W pobliżu zwłok koni zawsze poniewierały się odłamki kości. Dziki były kosztownymi zwierzętami, ponieważ – pomijając zimowe karmienie – w ciepłej porze roku szerzyły nocami na polach tak wielkie spustoszenia, że mąż wypłacał rocznie chłopom co najmniej tysiąc dolarów tytułem odszkodowania. Były najsprytniejszymi stworzeniami w lesie. Zające, jelenie i nawet lisy płoszone przez nagonkę wybiegały prosto na myśliwych, ale dziki często chroniły się w krzakach i czekały, aż naganiacze je ominą.

Mój mąż z głównym inżynierem oraz Borkowy, najstarszy leśniczy, decydowali, którędy pójdzie nagonka i jak wiele sztuk się ustrzeli. Ustalali na dane polowanie stanowiska dla dziesięciu mężczyzn, którzy mieli strzelać, przeznaczając najlepsze dla najważniejszych gości i starając się zarazem, aby każdy uczestnik polowania miał uczciwą szansę na ubicie zwierzyny. Borkowy wetknął w śnieg ponumerowane kije, oznaczając stanowiska, a przed kijami ustawił niskie osłony z sosnowych gałęzi. Sporządził dach z tychże gałęzi nad otwartą przestrzenią, gdzie zawsze podawano obiad. Zebrał stu naganiaczy, a ponieważ to on ich prowadził, losy polowania spoczywały głównie w jego rękach.

Dzień przed przyjazdem gości, kiedy spacerowałam odległą alejką pomiędzy drzewami, pojawił się bezszelestnie Borkowy. Z czarną futrzaną czapą w ręku stanął w pozie pełnej uszanowania.

– Niech będzie pochwalony Jezus Chrystus – powiedział.

– Na wieki wieków. Powiedzcie mi tylko, czy dzików wystarczy? Książę się niepokoi.

– Jaśnie oświecony książę nie ma powodu do obaw. W lesie jest czterdzieści dzików i osiemnaście lisów. Dziś w nocy zatkamy lisie nory.

– Co z dużymi dzikami?

– Są trzy. Jeden ogromny. Odcisk racicy na ścieżce mierzy pięć cali. W zeszłym roku też go tropiłem. Urósł od tego czasu.

– Ile dostaniemy, jak myślicie?

– Przynajmniej piętnaście. – Jego małe oczka rozbłysły w pomarszczonej, beznamiętnej twarzy. – Ale, za przeproszeniem – dodał – niektórzy z dżentelmenów mogą zachowywać się hałaśliwie. Obiecuję, że zobaczą dziki, ale nie mogę obiecać, że je ustrzelą.

Stuknął obcasami i skłoniwszy się, zniknął między ośnieżonymi gałęziami, nie trąciwszy żadnej z nich.

Część gości przybyła w porze kolacji na dzień przed sylwestrem. Oboje z mężem, z głowami kipiącymi od szczegółów, próbowaliśmy prześcignąć się nawzajem w skuteczności działania. Wydawaliśmy tak wiele poleceń, że w rezultacie, gdy podjechał pierwszy wypakowany samochód, nie było przy drzwiach nikogo, kto zająłby się bagażem, kucharka zapomniała o zaparzeniu kawy, a na toaletkach nie było gorącej wody, kiedy wreszcie odprowadziliśmy naszych gości do łóżek. Uwzględniając dwie pary małżeńskie, czterech samotnych mężczyzn, przybyłych służących oraz szoferów, wszystkie łóżka w domu zostały zajęte. Wczesnym rankiem pospieszyłam na dół, by sprawdzić tace ze śniadaniami dla dwóch kobiet, podczas gdy mój mąż omawiał z Borkowym nocne poczynania dzików. Na śniadanie dojechało autem jeszcze trzech myśliwych. Potem wszyscy wciągnęli wyłożone filcem buty, dodatkowe swetry, grube szale, futrzane czapy, futrzane rękawice i futrzane płaszcze. Zawiesili strzelby na ramionach, upchnęli w kieszeniach papierosy, zapałki, kompasy i pudełka z nabojami, zabrali składane krzesła i wsiedli do wyłożonych słomą wiejskich sań, których pół tuzina czekało przed domem.

Było około dziesięciu stopni poniżej zera i kiedy jechaliśmy, powietrze kąsało nas w twarze. W lesie nie było wiatru. Młode, sprężyste gałęzie, ciężkie od czap śniegu, zwisały do samej ziemi. W głębokiej ciszy jedynymi dźwiękami były nasze zniżone głosy i pobrzękiwanie końskiej uprzęży. Wysiedliśmy z sań w szerokiej alei i odprowadzono je poza zasięg słuchu, aby tam czekały. Jeden za drugim szliśmy bez słowa, prowadzeni przez inżyniera i Borkowego w dół wąską ścieżką wiodącą do pierwszych stanowisk strzeleckich. Kiedy wszyscy myśliwi zajęli swoje pozycje, Borkowy się oddalił, by dołączyć do naganiaczy. Ja zostałam z kuzynem męża, Andrzejem, którego postrzelono w głowę podczas wojny. Rozkładając krzesło, wbiłam je w śnieg i usiadłam z przodu, czekając. Usłyszałam pstryknięcie, kiedy zwalniał bezpiecznik. Nie poruszaliśmy się. Wydawało się, że upłynęło dużo czasu, zanim dobiegł nas z oddali pojedynczy dźwięk rogu. Borkowy i jego ludzie ruszyli w naszą stronę. Dziki, choć ich małe oczy widziały raczej niewiele, dysponowały wyczulonym słuchem. Jeśli miały przeciąć nam drogę, powinny były rychło nadbiec, daleko przed naganiaczami. Szelest gałęzi, poruszenia drobniejszych gałązek lub spadający miękko z drzewa płat śniegu sprawiały, że serca biły szybciej. W głębi lasu, na tyle daleko, na ile mogłam dostrzec, wydawały się poruszać ciemne kształty. Odwróciłam wzrok na krótką chwilę. Kiedy ponownie spojrzałam, wciąż tam były, krzaki lub tylko cienie, lecz nie dziki. Dotychczas nie padł ani jeden strzał.

Nagle go zobaczyłam, moje pierwsze naprawdę duże zwierzę. Stał o kilka jardów dalej, na prawo od nas, w prześwicie pomiędzy drzewami, a jego wydłużony, kanciasty bok i gardziel rysowały się czarno na tle śniegu. Wstrzymałam oddech i czekałam na strzał.

– Cholera, o, cholera! – usłyszałam mruknięcie Andrzeja.

– Strzelaj! – szepnęłam.

– Nie mogę. To niebezpieczne.

Pobiegł dalej ścieżką, aby mieć lepszy widok. Z głową pochyloną do ataku dzik wygiął ciało w imponujący łuk, przemknął przez drogę i zniknął w lesie za nami. Poniżej rozległo się kilka strzałów, ale to mnie nie pocieszyło.

– Dlaczego, na miłość boską, nie strzelałeś? – Odwróciłam się, by spojrzeć na Andrzeja. Pod futrzaną czapą jego twarz pozieleniała, a policzki drgały nerwowo. Poirytowany przebierał nogami.

– Wolę chybić dzika niż mieć wypadek – oznajmił.

Naganiacze wychynęli z krzaków naprzeciw nas z twarzami podrapanymi i pokrwawionymi od oblodzonych igieł jodeł, a ich oddechy, urywane i przyspieszone, tworzyły kłęby pary. Był to pstry tłum młodych mężczyzn ze wsi, jak na taki mróz cienko odzianych, ale cieszyli się z polowania. Był to łatwiejszy sposób zarobienia kilku złotych niż całodzienne ścinanie drzew.

Wróciliśmy ścieżką, by spotkać się z resztą myśliwych. Borkowy już tam był, a za nim leżała duża maciora i pulchny dwulatek z niewielkimi, schludnymi ciosami. Zastrzelili ich nasi sąsiedzi, podczas gdy ważni goście niczego nie upolowali. Pospiesznym szeptem przekazałam mężowi, jak Andrzej przepuścił rekordowego dzika.

– Kwestia nerwów – stwierdził mój mąż. – Czasami strzela świetnie, a czasami nie może zapanować nad sobą. Nie przejmuj się. Dzisiaj już z pewnością nie ujrzymy tego dzika, ale wytropimy go sami w przyszłym tygodniu.

Na następne łowy wybrałam się z Alfredem, synem cioci Betki, który był gościem honorowym. Zanim przyjechał, słyszałam, że przybywając z wizytą do zwykłych domów, przywozi własne prześcieradła i ręczniki, ale tym razem pojawił się bez nich, choć w towarzystwie lokaja, służącego, który odpowiadał za jego strzelby oraz szofera. Siedzieliśmy razem na zboczu wzgórza naprzeciw rzadkiej ściany lasu, gdzie podszycie nie przesłaniało widoku. Dzik między pniami drzew powinien być doskonale widoczny, a strzał łatwy. Alfred był jednak w nastroju do rozmowy. Nie przestawał mówić nawet po tym, gdy zabrzmiał róg. Próbowałam zasugerować, poprzez zwięzłe odpowiedzi i taktowne milczenie, że powinniśmy zachować ciszę. Po chwili dobiegł nas podwójny wystrzał, ale głuche odgłosy sugerowały nietrafienie do celu. Obserwowałam szereg drzew, próbując dostrzec poruszającą się plamę, lecz nic się nie pojawiło. Potem bezgłośnie, zupełnie jak padający śnieg, wyskoczył – najwyraźniej znikąd – lis i przebiegł w pobliżu. Alfred z niewymuszonym wdziękiem złożył się do strzału i wypalił. Lis wyleciał w górę niczym żółta kula i spadł na ziemię. Drgnąwszy raz czy dwa, znieruchomiał.

Gdy później dołączyliśmy do pozostałych myśliwych, dowiedzieliśmy się, że generał postrzelił dużego dzika, który – pozostawiwszy kilka kropel krwi na liściach – zniknął. Wysłano już kogoś, aby szukał śladów. Podczas ostatniej nagonki przed obiadem zostałam z generałem. Tym razem nie padło ani jedno słowo. Ponieważ poprosił, abym usiadła za nim, nie mogłam zajrzeć między drzewa. Wkrótce po sygnale usłyszeliśmy przybierające na sile odgłosy przedzierania się przez krzaki naprzeciw nas. Z gwałtownym poruszeniem gałęzi, gnając na oślep, stara locha przemknęła szybko przez polanę, a za nią pojedynczym rzędem cztery brzuchate warchlaki. Generał wystrzelił dwa razy, tak szybko, że dwa echa zlały się w jedno. Dwa warchlaki, które biegły na końcu, padły martwe.

Ogień płonął blisko obitego jodłowymi deskami pawilonu, kiedy przyjechaliśmy na obiad. Iwan pełnił obowiązki gospodarza, nalewając gorącą grochówkę, podczas gdy goście popijali wódkę, aby się rozgrzać. Po głównym daniu złożonym z kiełbasek, kapusty i ziemniaków ugotowanych razem w garnku, podano ciasto i czarną kawę. Zebraliśmy się wokół ognia, wyciągając ręce i walcząc z nieuchronnym zimnem, które po jedzeniu przenikało nas do kości. Odeszłam z kręgu ognia, aby usłyszeć, co Borkowy mówi do inżynierów.

– Tego ranka było łącznie dwanaście dzików – oznajmił.

– Ale gdzie się podziały? Dostaliśmy tylko cztery.

– Zbyt dużo hałasu – Borkowy westchnął. – Były tam, ale dżentelmeni ich nie zauważyli. Gdyby książę pan dzisiaj polował, nic takiego by się nie zdarzyło.

– Co z tym zranionym? – zapytałam. – Byłoby pięć.

– Dostał w nogę. W tym zimnie natychmiast się zasklepiło, więc przestała krwawić i rana się wygoi. Teraz jest już po drugiej stronie lasu.

– Przypuszczam, że generał liczy na tego dzika – zauważyłam.

– Powiedzieliśmy mu, że nadal broczy krwią i padnie przed wieczorem. Chcieliśmy, żeby był zadowolony – powiedział Borkowy z cieniem uśmiechu na pełnej uszanowania twarzy.

– Proszę wsiadać! – usłyszałam nawoływanie męża.

Wszyscy wdrapali się z powrotem do sań. W świetle wczesnego popołudnia śnieg nabierał fioletowego zabarwienia. Czułam, jak chłód szczypie mnie i przenika po kilku spędzonych tu godzinach, postanowiłam zatem wrócić do domu. Zajrzałam do pokoi gościnnych, sprawdziłam piecyki, upewniając się, że są ciepłe, powiesiłam rozrzucone części garderoby, opróżniłam popielniczki, rozsunęłam zasłony, gdyż przed powrotem myśliwych musiała już zapaść ciemność i na koniec wystawiłam męskie buty, które Władek musiał wypucować tak, by skóra błyszczała. Po sprawdzeniu zastawy do herbaty i wymianie plotek z księdzem i Władkiem na temat porannych wydarzeń, położyłam się, aby z przyjemnością chłonąć atmosferę pustego domu.

Brzmienie głosu męża, kiedy sanie podjechały pod drzwi, powiedziało mi, że popołudnie okazało się udane. Kilku gości miało zwycięsko przypięte do czapek gałązki sosny, oznaczające, iż ustrzelili dzika. Kiedy składali swoje rzeczy w holu, a służący ściągali im ośnieżone buty i biegli na górę po domowe kapcie, wszyscy mówili jednocześnie. Zatrzymałam mojego męża.

– Ile? – szepnęłam.

– Siedem dzików i pięć lisów.

– To dobrze.

– Nieźle. Ale często pudłowali. Borkowy bardzo się zezłościł.

Mimo to widziałam, że mąż nie jest rozczarowany. Kiedy szykowano się do podwieczorku, pospieszyłam na dziedziniec, gdzie dziki i lisy, już wyładowane, zwisały za tylne nogi z wysokich żerdzi. Choć było zbyt ciemno, aby je obejrzeć, służba zgromadziła się wokół, by popatrzeć na zesztywniałe ciała. Kiedy po tygodniu dziki kruszały, Iwan obdzierał je ze skór, aby wyłożyć powozy lub podłogi korytarzy, gdzie hulały przeciągi, a z mięsa kucharka przygotowała szynki na zapas. Ja zaś sprzedawałam lisy Żydowi z Rawy Ruskiej za trzy dolary od sztuki.

Światło ognia przemykało po zaczerwienionych twarzach rozgrzewających się myśliwych, gdy popijali herbatę i przechwalali się swymi dokonaniami. Generał tej zimy, jak oznajmił, zabił najpotężniejszego samotnika, starego samca, i zamierzał wysłać jego kły na wystawę w Berlinie. Roman, na którego stanowisko przypadło więcej dzików niż na nasze i który przez cały czas uganiał się za nimi, opowiedział, jak to postrzelił wielką lochę, która, zostawiwszy kałużę krwi przy własnych śladach, przebiegła trzy mile nim padła martwa od kuli tkwiącej w jej wnętrznościach. Eugeniusz przyznał, że nigdy nie ustrzelił dzika z porządnymi kłami. Ale znalazł się w centrum uwagi, kiedy napomknął, że młody dzik, którego zastrzelił dwie godziny temu, szarżował na niego.

– Byłem na stromej ścieżce – mówił. – Dzik pojawił się siedemdziesiąt pięć jardów nade mną, na szczycie wzgórza. Strzeliłem mu w bok, od razu zatoczył się i przewrócił. Myślałem, że już po nim i ruszyłem w jego stronę. Nagle poderwał się na nogi, prychnął i runął w dół ścieżką. Na szczęście miałem drugi nabój. Dostał w łeb i wtedy było już po wszystkim. Jeśli mi nie wierzycie – dodał z powagą – poślę rano Iwana, żeby wydobył pociski i sami zobaczycie.

Kiedy przed kolacją zeszłam do bawialni, wszyscy już tam byli, popijając wódkę i zajadając coś, co wyglądało jak nerki w ciemnym sosie, które mój mąż podawał z parującej misy. Ponieważ było to coś nowego, czego nie uwzględniliśmy, omawiając jadłospis, zapytałam o to.

– Nieważne – odparł. – Po prostu spróbuj.

Nałożyłam sobie odrobinę na talerz i skosztowałam. Było przepyszne. Alfred, który stał obok mnie, również wydawał się rozkoszować smakiem.

– Co to jest? – zapytałam. – Czy poznajesz?

– Przypuszczam, że nerki – odrzekł.

Erika podeszła do nas.

– Naprawdę nie wiesz? – spytała z uśmiechem. – To pewna część ciała dzika, przyrządzona w winie – powiedziała po angielsku.

Zaśmiałyśmy się obie, lecz zaróżowiona twarz Alfreda wyraźnie pobladła. Po chwili przeprosił towarzystwo i poszedł na górę. Kiedy wrócił, zaproponowałyśmy mu kolejną porcję.

– Nie, nie – powiedział pospiesznie, unikając naszych spojrzeń. – Nie, dziękuję.

Ponieważ zawarliśmy z mężem porozumienie, że nie będziemy denerwować służących, wydając im dodatkowe polecenia, kolacja przeszła gładko, spłukana delikatnym, wytrawnym szampanem, który amerykański ambasador ofiarował nam na Boże Narodzenie.

Po kolacji rozmowy stały się nieco bardziej swobodne. Zapytałam męża, czy mógłby nakłonić księdza do udania się na spoczynek.

– Nie pójdzie – mruknął mi do ucha. – Ale nie martw się. Nic mu nie będzie.

Gdy jednak wieczór się przeciągał i żarty stawały się bardziej niestosowne, tak iż nawet stary generał się rumienił, podeszłam do księdza i usiadłam obok.

– Wszystko to musi się księdzu wydawać niemądre – powiedziałam.

– W żadnej mierze – odparł. – Nieczęsto widuję ludzi, którzy dobrze się bawią. – Jego szczupłą twarz rozświetlił uśmiech. – To drugie przyjęcie, na jakim się znalazłem – wyznał. – Pierwszym było wesele siostry, tuż przed moimi święceniami.

– Czyli nigdy ksiądz nie tańczył? To znaczy, zanim został księdzem?

– O, nie. Nie umiałem.

O wpół do jedenastej Iwan przyniósł więcej szampana, którym mieliśmy powitać Nowy Rok. Z radia płynęła muzyka z londyńskiego nocnego klubu. Odsunęliśmy krzesła i tańczyłam z Eugeniuszem, który był jedynym znanym mi mężczyzną w Polsce stawiającym wydłużone, delikatne kroki i którego poczucie rytmu było nienaganne. Tymczasem Erika tańczyła kozaka, kucając na podłodze i wymachując zgrabnymi nogami, widocznymi spod jej jedwabnych spódnic. Alfred, który przysnął na krześle przy kominku, znów się obudził i wykrzykiwał z ożywieniem: „Brawo! Brawo!", cokolwiek się działo.

Tuż przed północą ksiądz wstał.

– Po dwunastej nie mogę więcej pić i muszę położyć się do łóżka – oznajmił. – Pozwólcie więc, proszę, że wzniosę toast.

Wszyscy sięgnęli po kieliszki, a on uniósł swój w naszą stronę.

– Wasze zdrowie! – zawołał. – I życzę syna w tym roku!

– Szczęśliwego Nowego Roku! – wykrzyknęliśmy do siebie nawzajem.

Mój mąż odszukał Iwana i wręczył mu kieliszek szampana. Iwan wypił go do dna z promiennym uśmiechem.

– Nareszcie – stwierdził, rozglądając się po pokoju – naprawdę żyjemy.

ROZDZIAŁ DZIESIĄTY

Gdy dobiegły końca obchody unickiego Bożego Narodzenia w gospodarstwie i ostatnia paczka zniknęła, ujrzałam przed sobą ciąg pustych dni. Pół godziny po trzeciej po południu zapadał już zmrok, mróz podnosił się z ziemi i podstępnie otaczał nogi wzbierającą falą. Codziennie pojawiali się pod kuchennymi drzwiami obdarci obcy przybysze, którym gospodyni wydzielała mleko i czarny chleb na zakwasie. Pomimo darmowych posiłków w szkołach frekwencja spadła, ponieważ wiele dzieci nie miało butów, w których mogłyby tam dotrzeć. We wsi grypa przenosiła się z domu do domu i starsza zakonnica, która opiekowała się chorymi, spieszyła wszędzie z koszem baniek, które przystawiała im do pleców i piersi. Środki lecznicze, których używała, pomijając bańki, ograniczały się do wody utlenionej, jodyny, aspiryny oraz rozmaitych ziół i mchów zebranych w lesie. Na bandaże wypraszała ode mnie skrawki materiału i starych prześcieradeł. Ponieważ podczas wojny pracowała w szpitalu, gdzie leczono tyfus, potrafiła rozpoznać i rozróżnić tyfus, dur brzuszny i czerwonkę, ale wszystkie inne choroby były dla niej „katarem". Kiedy jednej z podkuchennych zrobił się czyrak wysoko na udzie i przerażona z uporem odmawiała udania się do lekarza, posłałam po zakonnicę. Po spotkaniu ze służącą przyszła do mojego pokoju.

– Przepisałam jej maść – oznajmiła.

– Czy to duży ropień? – zapytałam.

– Nie wiem – odparła zakonnica. – Nie widziałam go. To wbrew regułom naszego zakonu, patrzeć powyżej kolana.

Pewnego dnia, kiedy popychałam Krysię na sankach leśną drogą, dostrzegłam Julię, najstarszą wieśniaczkę w okolicy, idącą w moją stronę z bańką mleka. Kiedy mnie zobaczyła, zaczęła utykać i głośno stękać. Przystanęła przed nami i popatrzyła na Krysię.

– Jakie miłe dziecko – odezwała się piskliwym głosem. – Czyje to?

– Moje – odparłam.

– Matko Święta! – wykrzyknęła. – A takie ładne! – dodała, kręcąc głową.

– Idźcie lepiej do domu – poradziłam. – Za zimno dla was.

Następnego dnia do biura przyszedł jej syn, by prosić mojego męża o deski na trumnę. Iwan powiedział, że tej nocy ściął ją mróz.

Zjawili się mężczyźni, by rozbić gruby, ciemny lód na stawie rybnym za domem. Pracowali cały dzień gołymi rękami, zanurzając tyczki i odmierzając bloki lodu, tnąc je i przeciągając do sań, by następnie przewieźć do piwniczki, gdzie lód pakowano i składowano na przyszły rok.

Zaczęła się wycinka drzew w lesie. Przyjechałam z mężem, aby śledzić postępy prac i stałam po kolana w śniegu, podczas gdy leśnicy, Borkowy i mój mąż dyskutowali z Żydami, którzy zjawili się, by ocenić zwalone drzewa i zdecydować, które mają zostać odesłane do tartaku. Każdą kłodę znakowano i numerowano. Na niektórych pniach słoje były równe i idealnie czyste, na powierzchni innych występowały załamania. Mężczyźni, którzy je kupowali, przykładali ostre, przypominające ołówki narzędzia do owych nierówności, by oszacować rozmiar szkód. Za nami rozbrzmiewało równomierne zgrzytanie dwuręcznych pił, gdy wieśniacy cięli kłody na opał. W szałasie skleconym z gałęzi dwóch mężczyzn przycinało nad ogniem gonty. W powietrzu unosiła się ostra woń świeżego drewna. Przy powtórnej wycince, gdzie po raz pierwszy zastosowano nowy system przerzedzania lasu, dwie potężne jodły otarły się o sąsiednie gałęzie, a parę stojących wciąż drzew miało poharatane pnie. Mój mąż przywołał człowieka odpowiedzialnego za przebieg prac.

– Co to ma być za robota? – wrzasnął. – To zbrodnia.

Pobladł z gniewu. Oddaliłam się poza zasięg słuchu, kiedy wyrażał swoją opinię. I tak wycinanie drzew napełniało go goryczą. Każdy nowy wyrąb był jak cmentarz, na którym kikuty pni przedstawiały smutną historię zniszczenia. W drodze powrotnej do domu wskazywał, jak wiele młodych jodeł ma oddarte gałęzie.

– Wieśniacy robią to złośliwie – powiedział. – Nie szanują praw własności. Przez cały czas niszczą i okradają nie tylko mnie, ale i siebie nawzajem.

– Czego spodziewasz się po ludziach, którzy nie mają żadnego wykształcenia i ciągle przymierają głodem?

– Ale obecnie mają dostęp do edukacji. Idą do szkół średnich i nawet na uniwersytety, a potem zostają oszustami lub obibokami, gdyż nie wystarcza miejsc pracy dla tak zwanej inteligencji. Nie pojmujesz jednego – podkreślił – tego, że Polska nie jest krajem przemysłowym; to kraj rolniczy. Dla chłopów nie ma miejsca w miastach. Muszą zostać na roli.

– Lecz jeśli nie są w stanie z niej wyżyć?

– Mogliby, ale są zbyt leniwi. W innych częściach świata farmer wstaje o czwartej rano, aby pracować w polu. Tutaj zaczyna około ósmej, a o dziesiątej kładzie się pod drzewem i ucina sobie drzemkę. Nie – rzekł mój mąż tonem, który nie dopuszczał dalszej dyskusji – im nie jest potrzebne wykształcenie. Kiedy nauczą się czytać, zaraz sięgają po te komunistyczne gazety i chłoną każde słowo. Myślą, że jeśli coś zostało wydrukowane, musi być prawdą. Gdybym był wieśniakiem mającym rodzinę, przyuczałbym synów do uprawy roli lub posłał do nauki rzemiosła. Dlaczego, na przykład, nie uczą się robienia porządnych butów? Niech zarabiają pracą własnych rąk.

– Ich położenie jest rozpaczliwe. – Postanowiłam uświadomić mu, jak to wygląda z mojego punktu widzenia. – Żyją tak, jak ich dziadkowie, a ich dzieci będą żyć tak samo, walcząc o byt, byle tylko przetrwać.

– Powodzi im się tysiąc razy lepiej niż biedakom w miastach – oznajmił mąż. – Jestem przekonany, że ludzie w nowojorskich slumsach mają gorzej. Chłop posiada przynajmniej własny dom i kawałek ziemi, podczas gdy wasz robotnik mieszkający w jednym pokoju w czynszówce nie ma nic.

– Ma większe szanse. Jego dzieci mogą sobie lepiej poradzić. Przy odrobinie szczęścia jego syn może zostać prezydentem.

Mąż się roześmiał. Moja argumentacja była słaba, lecz kryło się w niej ziarno prawdy. Tutaj zakładano, że człowiek zostanie tam, gdzie się urodził. Jego droga była wytyczona i musiał po prostu nią podążać. Nawet sami chłopi tak uważali. „Co było dobre dla naszych rodziców, jest dobre i dla nas" – powiedziała wcześniej jedna z kobiet. Nikt tu nie zadawał dzieciom pytania, które w Ameryce jest na porządku dziennym: „Kim chcesz zostać, kiedy dorośniesz?". Polska była republiką, ale nie istniała w niej równość szans.

W Rawie Ruskiej rząd zorganizował szkolenia dla strażników granicznych. Mieszkali w solidnych koszarach, którymi szczyciło się miasteczko. Wojskowy w randze pułkownika, kierujący szkołą, przyprowadził oddział do naszego lasu, aby przećwiczyć wysadzanie drzew z korzeniami. Mój mąż udał się tam, aby obejrzeć ów eksperyment. Niski pułkownik i kilku innych oficerów biegało dookoła, doglądając przygotowań. Mąż podsunął myśl, że pewne drzewo rozszczepi się na niebezpieczne drzazgi, jeśli rozmieszczenie zapalników nie zostanie zmienione, ale pułkownik stwierdził, że wszystko będzie dobrze. Gdy założono ładunki, mężczyźni się cofnęli.

– Stoi pan zbyt blisko! – zawołał mój mąż do młodego oficera, ale ten ani drgnął.

Drzewo z hukiem wyleciało w powietrze. Kawał pnia, oderwany przez wybuch, runął na nogę oficera. Ten padł na ziemię. Wszyscy nadbiegli i wpatrywali się w niego. Nie było lekarza ani nie przygotowano pierwszej pomocy. Nikt nie miał pojęcia, co robić.

– Rozetnijcie mu but – polecił mąż.

Kiedy ukazała się zakrwawiona, strzaskana noga, jeden z obserwujących oficerów zemdlał. Wreszcie, ułożywszy rannego na desce, przenieśli go na drogę, zapakowali do naszego auta i zawieźli do lekarza w Rawie Ruskiej, który stwierdził, że nogę trzeba amputować. Musiano go zabrać do Lwowa.

W naszym okręgu nie było szpitala w promieniu dwudziestu pięciu mil. Od czasu do czasu burmistrz i doktor rozmawiali o jego zbudowaniu. Powołali nawet komitet zbierający fundusze na ten cel i poprosili mojego męża o wyznaczenie miejsca. Powiedział im, że najpierw musi zobaczyć plany. Kiedy wreszcie mu je przedstawili, przekonał się, że wszystkie łóżka mają stać w wąskich przejściach prowadzących na otwarty balkon, lecz nie przewidziano żadnego pomieszczenia dla pielęgniarek ani na ambulatorium, a koszt całego przedsięwzięcia oszacowano na milion złotych. Odmówił więc przekazania części posiadłości.

Jedna z pięciu świń, które trzymaliśmy dla zaopatrzenia naszego gospodarstwa domowego w tłuszcz, zachorowała, przeleżała bezwładnie dwa dni i zdechła. Mąż przebywał gdzieś na polowaniu, poleciłam więc staremu buchalterowi wezwać weterynarza, gdyż chciałam wiedzieć, co zabiło świnię. Gdy zapytałam Iwana, czy zbadano zwierzę, odparł, że – o ile mu wiadomo – doktor nie przyjechał. Na ścieżce w pobliżu biura spotkałam buchaltera.

– Dlaczego świnia nie została zbadana? – spytałam go.

– Ponieważ nakazałem, aby natychmiast ją zakopano.

– Ale w takich sprawach ja decyduję.

– Gdybyśmy dopuścili tu weterynarza, kazałby wybić wszystkie świnie.

– Jeśli to choroba zakaźna, powinno się je zabić.

– Nie stać was na taką stratę – oświadczył staruszek. – Zwłaszcza, że na dom idzie zbyt dużo pieniędzy.

– Wydaje mi się, że ocena należy do księcia.

– Gdy pomyślę, co powiedziałby stary książę, gdyby to zobaczył... – Wskazał gestem otoczenie. – Nigdy w kurniku nie było tak brudno; nigdy służba nie sprawiała tyle kłopotu co teraz, gdy podniesiono im pensje. Nie wiem, do czego tu dojdzie – zakończył.

– Dobrze wiecie, że nikt nie dostał podwyżki większej niż o kilka złotych miesięcznie.

– To zdemoralizowało cały dom.

– Nie pytałam pana o zdanie – powiedziałam, starając się mówić spokojnie – ale przedstawię swoje. Znalazłszy się na cudzym miejscu, musiałam przejąć prowadzenie domu, którego sobie nie wybierałam. Muszę walczyć z ciemnotą i lenistwem, aby osiągnąć przyzwoity poziom życia. Gdyby pan wiedział, jak żyją ci służący, jak myte są nasze naczynia i jakie panują warunki w pralni... ale pan zapewne wiedział i uważał, że wszystko jest w porządku.

– Jeśli to było dostatecznie dobre przez czterdzieści lat – powiedział – jest tak samo dobre i teraz.

– Nie dla nas – oznajmiłam. – A kiedy proszę, aby pracownicy coś zrobili, oczekuję, że prośba zostanie spełniona. – Ku mojej zgrozie głos załamał mi się piskliwie, a oczy napełniły łzami. Odwróciłam się i umknęłam.

Dotychczas służbie płacono w biurze, ale od tamtego miesiąca zaczęłam sama wypłacać im wynagrodzenie i kiedy zauważyłam, że podkuchenne dostają równowartość 3 dolarów miesięcznie za pracę od piątej rano do dziewiątej wieczorem, a praczka, która miała na utrzymaniu trójkę dzieci, odpowiednik 5 dolarów, poprosiłam męża, by pozwolił mi płacić im trochę więcej. Wszyscy byli ubezpieczeni na wypadek choroby w ramach podatku od ich pensji, który opłacaliśmy, zapewniając w podstawowym zakresie opiekę medyczną i szpitalną. Ponadto płaciliśmy pewną sumę rocznie lekarzowi z Rawy Ruskiej za nadzór nad stanem zdrowia ludzi w majątku. Po dwunastu latach zmagania się z przesądami i biernością doktor zaczął pić, a chłopi, którzy nie mieli do niego zaufania, wykorzystywali ten fakt jako wymówkę, aby nie wzywać go do chwili, gdy było już za późno.

Pewnego ranka powiedziano nam, że coś dolega żonie Steca, nocnego stróża.

– Iwan twierdzi, że jest bardzo chora – powiedział mój mąż. – Zamierzam posłać po lekarza.

– Co jej jest?

– Cóż, wygląda na to, że od tygodnia ma krwotok.

– Od tygodnia!

– Tak. Iwan wyjaśnił, że na wsi uważa się za zły omen wspominanie o tym, iż żona rodzi dziecko, więc Stec powiedział mu dopiero wczoraj wieczorem, bo zaczęła sinieć.

Stec był chudym, żylastym chłopem, który pojawiał się po południu, pomagał przynosić opał do pieców, a później – w zimie o ósmej, a w lecie o dziewiątej – spuszczał z łańcucha psy, które krążyły wokół domu i po parku przez całą noc, odstraszając zabłąkanych szubrawców. Był jedyną osobą, której psy natychmiast słuchały. Pewnego razu, kilka lat wcześniej, kiedy przysnął na ławce, niemal pożarły zamroczoną starszą wieśniaczkę, która leżała w rowie. Po tym wydarzeniu mój teść zawiesił żelazne koło na drzewie w pobliżu domu i Stec miał uderzać w nie raz na godzinę, by dowieść, że trwa na posterunku. Jedyny raz, kiedy z nim rozmawiałam, zdarzył się wtedy, gdy mój mąż polecił mu przyprowadzić psy przed drzwi frontowe, abym je nakarmiła.

Kiedy lekarz zbadał żonę Steca, natychmiast przybiegł do domu.

– Trzeba bezzwłocznie przewieźć ją do szpitala – oznajmił.

Wysłaliśmy ją samochodem z zakonnicą, która po powrocie powiedziała nam, że kobieta musiała czekać całe popołudnie, zanim ją przyjęto.

Trzy dni później Stec otrzymał kartkę ze Lwowa, z wiadomością, że ciało jego żony leży w kostnicy i – jeśli nie zechce go odebrać – przekażą je do szkoły medycznej.

– Tak mocno bijała najstarszego chłopaka, że aż zidiociał – wyznał mi Iwan. – Steca też czasami biła. Była diablicą – podsumował – ale jej śmierć go zasmuciła.

Zastałam Steca przechadzającego się tam i z powrotem po drodze przed domem. Poprosił o wolną noc, aby odebrać ciało.

– Przysłali mi kartkę – powiedział, mnąc czapkę w rękach. – Powinni wiedzieć, że zapłaciłbym za telefon.

Nasi najbliżsi sąsiedzi mieszkali około dziesięciu mil od Rawy Ruskiej, po drugiej stronie miasta. Żona uchodziła za najbardziej energiczną kobietę w okolicy. Poza przewodniczeniem większości komitetów była samozwańczą obrończynią praw kobiet. Napisała dwie powieści, jedną o ciężkich doświadczeniach rodzin ziemiańskich, drugą zaś, nader odważną, o kobiecie, która urodziła więcej dzieci, niż mogła wyżywić. Krążyły pogłoski, że nawet rozmawia z wieśniaczkami o kontroli urodzin i gdyby nie wiedziano, jak szczodrze wspiera biednych, krytykowano by ją bardziej otwarcie.

– Oryginalna z niej osoba – poinformowała mnie teściowa. – Mimo to uważam, że ma dobry charakter.

Na swą przypadającą dwa razy w roku wizytę sąsiedzi owi przyjechali otwartym, warkotliwym autem o wysokim zawieszeniu, w skórzanych kaskach i kurtkach, z twarzami zaczerwienionymi od wiatru. Nie widzieli domu od czasu, gdy go przejęliśmy, pokazałam im więc wprowadzone ulepszenia. Przy herbacie sąsiadka głośno wyrażała swój zachwyt.

– Wszystko jest takie zachodnie – mówiła. – To mogłaby być Francja albo nawet Anglia.

Spytałam o jej ostatnią powieść.

– Recenzje wciąż się pojawiają, choć minęły trzy miesiące od czasu, gdy ją opublikowałam. Sprzedałam około pięciuset egzemplarzy. Nieźle – uśmiechnęła się. – To niemal pokrywa koszty druku.

Opowiedziała mi o swoich córkach, z których jedna studiowała rolnictwo w Szwecji, a ja opowiedziałam jej o Krysi.

– A cóż porabia tej zimy pani szwagierka Elżbieta? – zapytała.

– Przebywa w Krakowie z matką. Działa trochę w kobiecych kręgach, rozumie pani. Ale, jak sądzę, prowadzi dość smutne życie.

– Cóż, z tego, co słyszałam, ma już za sobą pewne doświadczenia.

– Doświadczenia?

– Być może nie powinnam pani o tym wspominać – ciągnęła, zniżając głos – ale wydaje się, że przed laty, po wojnie, chciała wyjść za pewnego oficera, a rodzice byli temu przeciwni, więc uciekła z nim do Ameryki. Wie pani, że była w Ameryce?

– O, tak.

Przypomniałam sobie opowieść Elżbiety o podróży trzecią klasą z dwoma dziewczętami, które miały podjąć pracę w bostońskich slumsach. Pamiętałam również, jak opowiadała o swojej wizycie w polskiej ambasadzie w Waszyngtonie i o tym, jak odesłano ją, aby jadła z dziećmi, ponieważ nie była stosownie ubrana.

– Nie rozumiem jednak, jak pani mogła uwierzyć w coś podobnego – oznajmiłam.

– Może, mimo wszystko, to tylko plotki – odparła.

W jej głosie zabrzmiało rozczarowanie.

Podczas naszej pogawędki jej brodaty małżonek spoczywał w fotelu niczym senny niedźwiedź. Dopiero gdy próbowałam wciągnąć go w rozmowę, odkryłam, że jest głuchy. Zanim odjechali, poprosiła, abym nazywała ją Amelią*.

Wybrałam się na spotkanie komitetu Opieki nad Dziećmi i Młodzieżą, do uczestnictwa w którym zaprosiła mnie Amelia. Zasiedliśmy przy dużym stole w jednym z pokojów urzędu burmistrza. Znalazły się tam żony miejscowych obywateli, wikary, lekarz, zastępca burmistrza i szkolny inspektor. Amelia z wyraźną satysfakcją odczytała protokół. Ktoś podsunął myśl, że wypożyczanie pouczających filmów może podnieść poziom kulturalny młodzieży. Jakaś kobieta przedstawiła rezultaty kursów szycia, które zorganizowała w swojej wsi. Ksiądz powiedział nam, że powinno się sprowadzić obwoźną bibliotekę z pobożnymi książkami, aby przeważyć wpływ radykalnej propagandy. Dama w bardzo podeszłym wieku rozpoczęła tyradę przeciw niemoralności, lecz Amelia uderzyła dłonią w stół i poprosiła, by trzymać się porządku obrad, więc starsza pani ucichła. Zastępca burmistrza wstał i wygłosił mowę o tym, jak polskie dzieci powinny się trzymać razem i odseparować od siebie element ruski i żydowski. Po mniej więcej godzinie inspektor szkolny uniósł głowę znad kartki, na której coś bazgrał i przemówił:

– To bardzo dobrze, że rozmawiamy o kulturze, ale w okolicach Rawy Ruskiej jest tysiąc pięćset dzieci, które nie chodzą do szkoły z powodu braku butów.

Postanowiono zatem, iż z pieniędzy przekazanych przez rząd dla ubogich w naszym regionie komitet zakupi sto par butów. Rozmawiając z kilkoma kobietami po spotkaniu odkryłam, że wszystkie dokarmiają u siebie dzieci w wieku szkolnym, a starsza pani, która sprawiała wrażenie tak gadatliwej, przeznaczała połowę swych skromnych dochodów na ubrania i żywność dla swoich włościan. Większość naszych sąsiadów, których majątki

---

* Amelia Łączyńska (1893–1993) – pisarka, pedagożka, działaczka oświatowa, publicystka. Przed II wojną światową wydała dwie powieści: *Dachy płoną* (Lwów, 1935) oraz *Życie nie ustaje* (Lwów, 1938). Mieszkała w Zaborzu wraz z mężem Zygmuntem.

obejmowały znacznie więcej pól niż lasów i dlatego przynosiły bardzo niewielkie zyski, przez całe życie pomagała otaczającym ich ludziom. Stworzyli podstawy opieki społecznej w Polsce.

Po ośmiu latach gorączkowej aktywności na Śląsku mojemu mężowi trudno było zadowolić się doglądaniem szczegółów prowadzenia majątku. Był przytłoczony świadomością, że jeśli spadnie zbyt wiele śniegu albo nie spadnie wcale, będzie to równie tragiczne dla trzech szkółek leśnych i że jeśli wiosna będzie mroźna lub zbyt wcześnie zrobi się ciepło, żniwa będą nieudane; że tak naprawdę wszystkie jego starania zdane są na łaskę natury – co napełniało go niepokojem. Pojechał do Warszawy, a po powrocie przyznał, że nabył udziały w warszawskim konserwatywnym „Czasie" i został sekretarzem partii konserwatywnej, która próbowała wywrzeć nacisk ekonomiczny na socjalistyczny rząd. Od szesnastego wieku, gdy wpływowe osobistości w Polsce wprowadziły zasadę *liberum veto* (zgodnie z którą żadne prawo ani reforma nie mogły wejść w życie bez jednomyślnego głosowania, przykład szaleńczego politycznego indywidualizmu, który pozbawił Polskę siły i w końcu doprowadził do jej upadku), polityka stała się ulubionym powołaniem niezależnych warstw społecznych. Było to naturalne ujście dla powstrzymywanej energii mojego męża. Musiał z czymś walczyć, więc zajął się straconą sprawą prywatnej przedsiębiorczości stawiającej opór rządowym monopolom.

Umowa najmu naszego apartamentu w warszawskim wieżowcu jeszcze nie wygasła i Tilka spędzała tam zimę przy kilku stołach i krzesłach, które zostawiliśmy. Pojechałam z mężem na bal z lampionami, który co roku wydawała hrabina Róża na rzecz warszawskiego Towarzystwa Opieki nad Ociemniałymi. Był silny mróz i choć miałam na nogach filcowe buty, nie dałam rady naciskać pedału gazu. Wsunęłam się w śpiwór z owczej skóry i siedziałam, oddychając tak płytko, jak tylko mogłam, podczas gdy mąż i Władek prowadzili na przemian szeroką, wyłożoną cegłami drogą. Miasta i wioski były całe białe, śnieg skrył ich brud i nędzę, tak iż nawet białe kaczki i gęsi wyglądały niechlujnie. Wieśniacy na kilku wozach, które minęliśmy, siedzieli niczym sztywno ustawione bele sukna, ze szczelnie opatulonymi głowami i ramionami. Płaskie pola błyszczały w słońcu.

Po wielu tygodniach uwięzienia w lodowato zimnym lesie poczułam się zagubiona wśród hałasu, dymu i natłoku twarzy w hotelu. Ponieważ był to bal publiczny, pojawiło się wielu ludzi, których nigdy wcześniej nie spotkałam, damy w wyzywających kreacjach i bladzi mężczyźni z wypomadowanymi włosami. Wyniosły siostrzeniec cioci Betki, który mieszkał w pałacu w Warszawie, oznajmił, kiedy ludzie przepływali tam i z powrotem obok naszego stolika: „To dość zabawne, choć raz zobaczyć mieszczan" – zupełnie jakbyśmy byli rodziną królewską obserwującą zabawy pospólstwa. Zrobiło mi się lżej, gdy polski Don Juan poprosił mnie do tańca i szeptał komplementy na temat moich nóg, a po chwili z filozoficznym spokojem usiadłam sam na sam z zasuszonym i pożółkłym wdowcem, kolegą męża w nowym politycznym przedsięwzięciu, który zwierzał mi się, jak bardzo żałuje odejścia żony.

– Nie powinna pani jednak myśleć – rzekł, nagradzając moją cierpliwość – że nie doceniam pani wdzięku.

Wtedy przyszedł po mnie mąż.

– Tilka siedzi przy barze z mężczyzną, którego nie znam. Sądzę, że lepiej byłoby do nich dołączyć – powiedział.

Jej znajomym okazał się Osterwa*, górnolotnie przemawiający aktor, którego poznałam rok wcześniej przy podwieczorku. Powiedział mi, że przeczytał Szekspira po polsku i marzy o wystawieniu *Hamleta* w swoim teatrze, ale najpierw musi zrozumieć ukryte motywy działania w sztuce. Trudno było w zatłoczonym barze zgłębiać jego analizę, lecz Tilka, cichsza niż zwykle, poświę-

* Juliusz Osterwa (1885–1947) – aktor i reżyser teatralny, twórca teatru Reduta, dyrektor teatrów w Warszawie i Krakowie.

cała mu coraz więcej uwagi. Nie odrywała roziskrzonych oczu od jego twarzy.

– Co to za człowiek? – mruknął mój mąż, kiedy chwilowo skończyliśmy z Hamletem i obydwoje poszliśmy tańczyć. – Nigdy nie lubiłem aktorów.

– Nie bądź snobem. Ponadto musisz przyznać, że nie wygląda groźnie. Po prostu ma w sobie dużo żaru.

– Za dużo jak na mój gust – burknął mąż, gdy usiłowałam dotrzymać mu kroku.

Później spotkaliśmy Mikusza, przewodniczącego klubu wyścigowego w Warszawie, który natychmiast zaproponował szampana. Mikusz był jednym z najbardziej lekkomyślnych hrabiów lat dziewięćdziesiątych, w czasach, kiedy przyjęcia trwały niekiedy trzy dni i noce, gdy w pewnych chwilach można było się ogolić i przebrać, lecz nigdy wyspać i jedynie pozbawionych sportowego ducha słabeuszy odnajdywano nieprzytomnych w ciemnych zakątkach, skąd taszczono ich do łóżek. Obecnie jednak Mikusz, jak przyznał, dobiegał już sześćdziesiątki i bal trwający do rana w zupełności mu wystarczał.

– Zawsze byłem wzorowym mężem i ojcem – oznajmił znad pełnego kieliszka, a w jego oczach nie było ani śladu ironii.

Zasypał nas nieszkodliwymi plotkami ze swego pokolenia i kiedy mówił, odnosiło się wrażenie, iż nigdy nie było takich intryg miłosnych jak w Warszawie, która przed wojną łączyła wesołe życie rosyjskiego dworu z modną zachodnią nutą.

Kiedy tłum się przerzedził, rozejrzałam się za hrabiną Różą. Znalazłam ją siedzącą samotnie.

– To było wspaniałe przyjęcie – zawiadomiłam.

– Tak. Zebraliśmy sporo pieniędzy. Ale, wie pani – podjęła ze znużeniem – tak naprawdę nie można nic zrobić dla ociemniałych. Nigdy nie są wdzięczni. Znam ich od bardzo dawna i próbuję im pomagać. Ale niewidomi są najbardziej zgorzkniałymi ludźmi na świecie.

– Musi pani być bardzo zmęczona – powiedziałam.

– Zmęczona? Oczywiście, że tak. Ale to nie ma żadnego znaczenia.

Wstała i odeszła, skinąwszy lekko głową.

Tilka jak zwykle nie miała ochoty wracać do domu. Kiedy wychodziliśmy, wciąż siedziała w towarzystwie Osterwy. Pół godziny po dziewiątej Władek obudził nas na śniadanie.

– Pokój księżniczki Tilki jest pusty – oznajmił.

Wymieniliśmy z mężem spojrzenia.

– Jeśli nie wróci do dziesiątej, dzwonię na policję – powiedział, kiedy Władek wyszedł.

Pojawiła się w chwili, gdy przystąpiliśmy do śniadania. Mój mąż rozłożył gazetę i zaczął ją czytać. Tilka zatrzymała się w progu. Zapadła pełna napięcia cisza. Przełknęłam łyk kawy i wyszłam. Po chwili usłyszałam, jak Tilka wchodzi do swojego pokoju i zamyka drzwi.

– Będę musiał napisać do matki – powiedział mąż, gdy przyszedł. – Ona nie może tu zostać sama, jeśli tak się zachowuje. Żeby wracać do domu o takiej porze! Nawet jeśli jadła śniadanie w towarzystwie, to nie ma nic do rzeczy. Co ten aktor może sobie o nas pomyśleć?

– Dlaczego miałby myśleć cokolwiek?

– Zapominasz, że to nie Ameryka.

Kiedy po południu wracałam z zakupów, Tilka właśnie wychodziła.

– Czy przynajmniej dobrze się bawiłaś? – zapytałam.

– Tak.

– A Osterwa jest miły?

– Takie odniosłam wrażenie wczoraj wieczorem – odparła – ale dzisiaj mnie nudzi. Ledwo go znam – dodała lekkim tonem i odeszła.

Następnego ranka wracaliśmy na wieś. Gdy się pakowaliśmy, wiał silny wiatr i chwilami miotał w okna tumanami śniegu.

– Może powinniśmy zostać i pojechać nocnym pociągiem – powiedział mąż, wyglądając na zewnątrz.

– Dlaczego, na litość boską?

– Zrobią się zaspy.

– Opowiadasz głupstwa – stwierdziłam. – Dojedziemy tam na podwieczorek. I mamy dużo bagażu.

Odwiedziłam wcześniej pewien warszawski sklep, który miał nieodparty urok. Cieszący się patronatem żony ministra spraw zagranicznych i kilku innych dam z kręgów rządowych, był czymś w rodzaju kiermaszu, na którym prezentowano najlepsze rękodzieła mieszkańców wsi z wszystkich stron Polski. Nie było dwóch takich samych rzeczy, ponieważ chłopi nie mogli robić tego samego. Kupiłam bieżniki na stół z grubego kremowego płótna, obramowane szerokim czarnym haftem z wplecionymi srebrnymi i złotymi nićmi, długi, barwny, tkany chodnik na podłogę do korytarza, duży, matowy, czarny wazon na kwiaty, a ponadto słomianki, materiał na zasłony oraz świeczniki i klosz do lampy. Kiedy mój mąż zobaczył trzynaście paczek i toreb, zgodził się na podróż samochodem.

Silny powiew wiatru niemal zepchnął nas z drogi, kiedy wyjechaliśmy poza miasto. Było ślisko i zimno. W połowie drogi zatrzymaliśmy się, by wypić herbatę i uzupełnić paliwo. Mąż ponownie zaproponował, abyśmy zaczekali na pociąg, ale nakłoniłam go do dalszej jazdy. Fale śniegu niesionego wiatrem, nieczęste z rana, stały się gwałtowniejsze i częstsze, aż wreszcie przybrały postać stałej zadymki wiejącej w jedną stronę. Przemierzając szary, bezniebny świat, poczuliśmy się tak przytulnie w naszym domku na kołach, że zaczęliśmy śpiewać. Mijając wioskę, powiedzieliśmy sobie: „Jeszcze pięćdziesiąt mil". Wjechaliśmy na wzgórze i ruszyliśmy wysadzaną drzewami aleją na jego wierzchołku. W chwili, gdy wspięliśmy się na szczyt wietrznego wzniesienia, auto stanęło. Mąż wyskoczył na zewnątrz, a zaraz za nim Władek.

– Szybko. Przesiądź się na moje miejsce. Nie pozwól, aby silnik zgasł – polecił mój mąż.

Czułam, jak popychają samochód od tyłu. Nacisnęłam pedał gazu. Kopali w koła, aby strząsnąć z nich śnieg. Uchylając się przed wiatrem, przebiegli naprzód i spróbowali pchnąć z tej strony. Silnik pracował równomiernie, ale samochód nie ruszał z miejsca. Mąż otworzył drzwiczki.

– Koła przymarzły. Potrzebujemy łopat. Tam niżej po prawej jest jakaś szopa – zawiadomił, dysząc ciężko.

Pobiegł w stronę dachu majaczącego niewyraźnie wśród tumanów śniegu. Poleciłam Władkowi utrzymywać motor na chodzie i ruszyłam za mężem. Wiatr niemal natychmiast mnie przewrócił. Jakoś zdołałam wstać i przytrzymując się jedną ręką słupa telegraficznego, otrzepałam kolana. Doskoczyłam do następnego słupa, gdzie się zatrzymałam, by złapać oddech i znowu ruszyłam biegiem. Za czwartym słupem stała chata. Właśnie wychodził z niej mój mąż z łopatą.

– Wejdź do środka i zaczekaj – powiedział.

Wewnątrz nie było światła ani ognia na palenisku. Jedynym meblem był stół. Za zasłoną z tyłu leżała krowa, dysząc chrapliwie. Chłop wyglądał przez szybki maleńkiego okna.

– Utknęliśmy – stwierdziłam. – Lepiej byście poszli i pomogli im kopać.

– A po co? – spytał. – Tam na polu umrą.

Z ciemnego kąta wyłoniła się kobieta.

– Po co? – powtórzyła. – Tylko by zamarzł.

– Słuchaj. – Przytrzymałam go za ramię. – Idź tam. Nic ci się nie stanie. Później zapłacimy.

Kobieta ściągnęła chustę i owinęła wokół jego głowy.

– No idź – powiedziała, otwierając przed nim drzwi. – Krowa jest chora – zwróciła się w moją stronę – i zostało nam tylko kilka ziemniaków. O Boże mój! – Wpatrywała się w nadciągającą ciemność. – Powiadam pani, to koniec świata.

Położyłam pięć złotych na stole i wyszłam z chaty. Kiedy dotarłam z powrotem do auta, mąż nacierał Władkowi uszy śniegiem.

– Całkiem już zbielały – odezwał się do mnie po angielsku. Pot zamarzł mu na jednym policzku, więc mówił kątem ust.

Usłyszeliśmy samochodowy klakson. Spoza szarej kurtyny śniegu wyłonił się wielki autobus. Ponieważ ugrzęźliśmy w zaspie pośrodku drogi, nie mógł przejechać. Kierowca i policjant wysiedli z łopatami i zaczęli pracować nad oczyszczeniem drogi z boku.

– Hej tam! – zawołał mój mąż. – Koła nam przymarzły. Pomóżcie.

Nie odpowiedzieli. Podszedł do policjanta.

– Musicie nam pomóc – powiedział.

– To pańska sprawa. – Policjant kontynuował odgarnianie śniegu. – Nie mamy czasu.

W mgnieniu oka wskoczyli do autobusu i z warkotem ruszyli drogą. Teraz zrobiło się prawie zupełnie ciemno. Wieśniak z chaty gdzieś przepadł. W naszą stronę z turkotem toczył się jakiś wóz.

– Stójcie! – krzyknął mąż, ale dwaj mężczyźni okutani w koce jechali dalej.

Wskoczył na wóz i pochwycił lejce.

– Zejdźcie i pchajcie – polecił mężczyznom.

– Jedziemy do domu. To nie nasza sprawa – odpowiedział jeden z nich.

Mąż wyrwał mu bat z ręki.

– Przeklęty durniu! Schodź, kiedy każę!

Zsiedli, ale gdy tylko mój mąż znalazł się po drugiej stronie auta, wskoczyli na wóz i odjechali.

– Dajmy temu spokój – powiedziałam. – Zostawmy samochód i wracajmy do wioski pieszo.

– Zostawić auto? Nigdy w życiu.

– Księżna pani ma słuszność – wtrącił Władek. Odezwał się po raz pierwszy od czasu, jak auto stanęło.

– Siedź cicho i rób, co mówię – nakazał mój mąż.

Zbliżała się kolejna furmanka.

– Jak daleko stąd do wioski? – zawołał mąż.

– Półtorej mili – odparł chłop.

– Jest tam jakiś dwór?

– Tak. Pan hrabia mieszka w pobliżu stacji.

– Dobrze, natychmiast jedź do hrabiego i powiedz, żeby przysłał tu konie. Przekaż mu, że utknęliśmy. Rozumiesz?

– Tak.

– Zaczekaj. Moja żona pojedzie z tobą.

– Bez ciebie nigdzie nie jadę – oświadczyłam.

– Owszem, pojedziesz. Tylko przeszkadzasz. Wsiadaj na furmankę.

– Proszę – powiedziałam.

– Wsiadaj! – krzyknął pod wiatr, przebierając nogami. – Zaczekaj na poczcie, dopóki nie przyjedziemy.

Skuliłam się w słomie, próbując unikać lodowatych podmuchów wiatru. Przy poczcie wieśniak wskazał światła pobliskiego domu obok kępy drzew.

– Tam jest pałac – wyjaśnił.

Z poczty zamówiłam rozmowę z domem i powiedziałam Iwanowi, żeby się nie martwił i że przyjedziemy nocnym pociągiem. Porywy wiatru i kłęby śniegu wpadały za każdym razem, ilekroć otwierano drzwi. Wreszcie pojawił się mój mąż.

– Samochód jest już bezpieczny. Chodź. Musimy podziękować hrabiemu. Nigdy się z nim nie spotkałem.

Zadaszony powóz podjechał po nas. Hrabia czekał w drzwiach i wprowadził nas do pokoju zabudowanego aż po sufit półkami pełnymi książek. Jego żona pożyczyła mi domowe pantofle, a potem napiliśmy się gorącej herbaty przy kominku. Nalegali, abyśmy zostali na noc, ale oświadczyliśmy, że musimy jechać pociągiem o pierwszej. Nagłe ciepło sprawiło, że poczułam się senna i z wysiłkiem brałam udział w rozmowie.

– Zapewne macie państwo jakieś obowiązki? – zapytałam po chwili z nadzieją. – To najście z naszej strony. Z pewnością sprawiamy kłopot.

– Och nie, doprawdy – odparł hrabia. – Nigdy nie miewamy gości. To dla nas wielkie wydarzenie.

W porze kolacji dołączyła do nas teściowa hrabiego, dwóch synków i ich dwie milczące guwernantki o pociągłych twarzach. Byłam tak głodna, że nie zniechęciło mnie nawet skruszałe, ciemne mięso zająca i czerwona kapusta. Po posiłku hrabia pokazał nam swój księgozbiór. Studiował filozofię. Tej zimy, jak nas powiadomił, czytał Prousta. Gdy powiedziałam, że również czytałam Prousta, jego wrażliwa, blada twarz zabarwiła się rumieńcem.

– Moja żona jest zbyt zajęta synami i domem – wyznał. – Nie ma czasu na takie sprawy.

– Nie dbam o to, ile kostek cukru pan Proust wrzucał do herbaty – zauważyła drobna, pulchna hrabina i odciągnęła mnie, aby pokazać zdjęcia przedstawiające jej ogród latem.

– Moja córka przywiązuje wielką wagę do wykształcenia chłopców.

Starsza dama zbliżyła się i usiadła przy nas.

– Jakie są pani plany co do waszej córeczki?

– Chciałabym wysłać ją do szkoły w Szwajcarii, kiedy podrośnie.

– Ale czy nie zauważyła pani, że Polacy, którzy pobierali nauki za granicą, zawsze są później niezadowoleni?

Stłoczyli się wokół nas i każde z nich miało mnóstwo do powiedzenia. Od czasu do czasu zerkałam na zegarek. O jedenastej podniosłam się z miejsca.

– Proszę – zaczęłam – proszę nie pozwalać nam zatrzymywać się dłużej. Możemy sobie poczytać, zanim nadejdzie czas odjazdu.

– Ależ za nic w świecie nie poszlibyśmy spać – odparła hrabina. – Od miesięcy nie spędziłam czasu równie przyjemnie – uśmiechnęła się z entuzjazmem.

Mąż i ja nie patrzyliśmy na siebie. Tłumiłam nieopanowane ziewnięcia, które wzbierały mi w gardle. Za kwadrans pierwsza, po wylewnych podziękowaniach, pożegnaliśmy się i usadowiliśmy w zadaszonym powozie z Władkiem oraz trzynastoma torbami i pakunkami. Wyjąca wichura szarpała dach nad naszymi głowami i płatki śniegu wpadały przez szpary. Nie było żadnej poczekalni, więc udaliśmy się do nieogrzewanego biura zawiadowcy, gdzie zebrał się tłum ludzi z zepsutego autobusu i usiedliśmy w naszych futrach na podłodze. Władek stanął w kącie obok bagażu. W mętnym świetle jego uszy, spuchnięte od odmrożeń, sterczały spod czapki jak wachlarze. Spojrzawszy na niego, mój mąż parsknął głośnym śmiechem.

Po mniej więcej godzinie zawiadowca, który przez większość czasu obsługiwał centralkę telefoniczną, odwrócił się w naszą stronę.

– Dwa lata temu ten pociąg utknął na tydzień – powiedział.

– Jak bardzo będzie opóźniony dzisiaj? – zapytał mąż.

– A czy ja wiem? Może w ogóle nie przyjechać.

Ponownie zaczął śledzić sygnalizację.

– Lepiej wróćmy do tamtego domu – rzekł do mnie mąż. – Przynajmniej będziemy mieli łóżka do dyspozycji.

Władek pobiegł tam i obudził stangreta. Kiedy przybyliśmy, hrabia udał się już z gorączką do swego pokoju, ale zastaliśmy hrabinę, pospiesznie przygotowującą łóżko, z którego najwyraźniej kogoś usunięto. Wymieniliśmy przeprosiny i zapewnienia, prześcigając się w uprzejmościach, aż wreszcie udała się na spoczynek. Bez mycia, ponieważ hrabina nie wspomniała o łazience, opadliśmy na łóżko. Zaledwie zdmuchnęliśmy lampę, dobiegł nas nostalgiczny gwizd naszego pociągu, zbyt późno wjeżdżającego na stację. Musieliśmy pogodzić się z losem i przespać.

Następnego dnia jedyny pociąg do Rawy Ruskiej odchodził wczesnym popołudniem. Nasz obiad, na którym brakowało hrabiego, jego teściowej i jednej z guwernantek, gdyż pozostali w łóżkach chorzy na grypę, został przerwany przez służącego, który zjawił się z wiadomością, iż pociąg nadjedzie za piętnaście minut. Nie zatrzymując się, aby wygłosić stosowną mowę pożegnalną, wybiegłam z jadalni, narzuciłam płaszcz, pochwyciłam tyle pakunków, ile tylko zdołałam i zawołałam do męża, że wychodzę. Nic nie mogło mnie powstrzymać przed złapaniem tego pociągu. Ale musieliśmy czekać prawie dwie godziny, zanim się pojawił. Nie ujechał więcej niż kilka mil w stronę domu, gdy zahamował z gwałtownym szarpnięciem. Po chwili ludzie wylegli na korytarz i pełni niepokoju powystawiali głowy, lecz nie dało się nic zobaczyć prócz padającego nieprzerwanie śniegu ani nic usłyszeć poza nieustannym wyciem wichury. Powietrze w przedziale zaczęło się oziębiać. Po tylu godzinach zwłoki, powiedział ktoś, w pociągu mogło zabraknąć węgla. Było już zupełnie ciemno, kiedy pojawił się oddział żołnierzy przysłanych z garnizonu w najbliższym mieście, aby wykopać nas ze spiętrzonych zasp. Pracowali przez dwie godziny, a potem wsiedli do pociągu, gdy wreszcie ruszył dalej, aby podjechać do najbliższej stacji. Podzieliliśmy się papierosami z mężczyznami w naszym wagonie. Kiedy o północy dotarliśmy do Rawy Ruskiej, śnieg przestał sypać, a wiatr przycichł. Naciągnęliśmy koce na nosy, gdy otwarte sanie bezgłośnie sunęły wzdłuż ciemnej ściany drzew przez polarną biel, aż wreszcie zbliżyliśmy się do czujnie zapalonych, ciepłych świateł domu.

Upłynęły dwa tygodnie, zanim drogi oczyszczono na tyle, aby można było posłać po auto. Ale zaledwie pociągi zaczęły jeździć zgodnie z rozkładem, mój mąż ponownie pojechał do Warszawy, by sprawdzić, co dzieje się z Tilką. Wrócił z ponurą miną.

– Po przyjeździe zastałem matkę – powiedział. – Nie zgadniesz, co się wydarzyło. Tilka jest zaręczona z Osterwą.

Palił papierosa, choć było jeszcze przed śniadaniem.

– To straszne – dodał.

– Nie rozumiem dlaczego, jeśli on jej się podoba.

– Moja siostra ma poślubić aktora?

– Czemu nie? Mimo wszystko nie powinieneś tak unosić się dumą. Przyjrzyj się własnemu małżeństwu.

– To co innego – wyjaśnił mąż. – Kiedy kobieta wychodzi za mąż, przyjmuje nazwisko męża i jego pozycję społeczną.

– Jesteś niedorzeczny – stwierdziłam ostro – z tym swoim feudalnym podejściem do spraw.

– Moja droga – jego głos był chłodny i niezwykle ugrzeczniony – to jest coś, czego ty chyba nie zechciałabyś zrozumieć.

ROZDZIAŁ JEDENASTY

Tuż po ciężkiej zimie nastąpiło jak zwykle zniechęcające interludium, gdy lód pękał pod topniejącym śniegiem, z kałuż na leśnych ścieżkach sączyło się zdradliwe błoto, a blade słońce obdarzało oszukańczym ciepłem brunatne łaty na trawniku oraz wątłe gałązki, nadal osłaniające krzewy różane przed mrozami, które mogły jeszcze nadejść. Codzienne przechadzki były teraz mniej monotonne, gdyż przyjechała przyjaciółka z Ameryki. W swym modnym płaszczu i butach na wysokich obcasach przeskakiwała przez na pół stopiony śnieg, podziwiając z determinacją pola i drzewa. Zaciągnęła mnie przez grzbiet pagórka za domem w gęste zarośla poniżej, wołając: „Widzę bazie!". Dzięki niej mieliśmy te pulchne symbole pączkującego roku w każdym pokoju. Krysia przyniosła mi gałązkę z oderwanymi puchatymi kulkami.

– Napraw je – powiedziała.

– Nie potrafię.

– To daj tacie, żeby naprawił.

– On też nie da rady.

– No to dajmy je szoferowi albo Władkowi, albo Iwanowi.

– Posłuchaj – zaczęłam. – To Bóg je stworzył i jedynie On może złożyć je z powrotem.

– Bóg tego nie zrobi – oznajmiła stanowczo Krysia. – Jest jak jeleń, zawsze kryje się w zaroślach, gdzie nie możesz się do Niego dostać.

Mój mąż często wyjeżdżał do Warszawy na długie, bezowocne spotkania ze swoimi kolegami konserwatystami. Tilka wciąż tam przebywała, z Elżbietą w charakterze przyzwoitki, a między członkami najbliższej rodziny krążyły tam i z powrotem listy na temat jej karkołomnych planów. Teściowa nadal nie uznała zaręczyn.

Tymczasem minęła pora tropienia dzików, a na zwierzynę płową, wciąż w szarym ochronnym umaszczeniu i z rogami okrytymi jeszcze futrzaną osłonką, nie można było polować aż do czerwca. Pewnego wieczoru jednak, gdy niebo niemal idealnie naśladowało to prawdziwie wiosenne, pojechaliśmy na odległe moczary w głębi lasu, gdzie czasami tuż przed zmierzchem pojawiały się słonki. Wybraliśmy sobie pieńki, na których przysiedliśmy, i czekaliśmy. Na początku wydawało się, że nie słychać żadnego dźwięku. Ale kiedy wtopiliśmy się w krajobraz niczym zwykłe nieruchome cienie, które można zignorować, społeczność zamieszkująca podmokłą łąkę i przesiąknięte wilgocią zarośla powróciła do życia. Dobiegało nas buczenie, furkot, rechotanie, wymiana dobitnie brzmiących świergotów, a niekiedy krótkie, śpiewne poświstywanie. Była to ostatnia chwila krzątaniny, zanim noc ostatecznie ukołysze owady i ptaki do snu. Nie wiedziałam, który z tych odgłosów może mieć jakieś znaczenie, więc śledziłam wyraz twarzy męża. Odwrócił się, by zerknąć na kępę drzew, skąd rozległy się gardłowe dźwięki, niepodobne do innych, a potem szelesty wędrujące w górę. Uniósł broń i złożył się do strzału, a wówczas dwie słonki wzbiły się wysoko i widać było wyraźnie ich długie dzioby. Kiedy przelatywały nad naszymi głowami, ponownie zabulgotały chrapliwie i mój mąż strzelił. Jedna spadła, a druga szybko zniknęła. Przeszukiwaliśmy w zapadającej ciemności wysokie, mokre trawy, aż wreszcie znaleźliśmy ptaka i zatknęliśmy za wstążkę przy kapeluszu męża małe, delikatne piórko.

Zimowe dożywianie dzieci dobiegało końca, więc odwiedziłam szkoły, by zważyć podopiecznych. Pomimo sinawego odcienia cery, niemal wszystkie przybrały na wadze ponad 3 funty.

Teraz, gdy śnieg stopniał i światło na zewnątrz stało się łagodne, te spośród nich, które wcześniej cierpiały na jaglicę, widziały znacznie lepiej. W przedszkolu dla Rusinów wygłosiłam krótką przemowę do matek, które przyszły popatrzeć na ważenie. Gdy skończyłam, nowo przybyła ruska zakonnica mówiła do nich przez kilka minut w ich ojczystym języku. Jedna z wieśniaczek w końcu jej przerwała.

– Mów po polsku, aby księżna mogła zrozumieć! – zawołała. – Dla nas to bez znaczenia.

Zakonnica poczerwieniała.

– Polecono mi posługiwać się wyłącznie językiem ruskim.

To był pierwszy raz, kiedy zetknęłam się z przejawami ruchu narodowościowego. Od czasu powstań w trakcie wojny polsko-bolszewickiej wykształceni Rusini we Lwowie byli niezadowoleni i pełni żalu do Polaków. Złożono wówczas obietnice, których nie dotrzymano. Nie zapewniono uniwersytetu, o który prosili, i uważali, że mają zbyt mało własnych szkół, choć w istocie wszędzie w Polsce szkół brakowało. Ale chłopi w ostatnich latach zawarli rozejm. Dopiero gdy uniccy biskupi zaczęli wysyłać młodych, wyszkolonych propagandowo księży i siostry zakonne, w najuboższych rejonach znowu zaczęto mówić o niesprawiedliwym traktowaniu mniejszości. Kiedy mój mąż odkrył, że nowa zakonnica dyskryminuje nieliczne polskie dzieci chodzące do jej przedszkola, złożył skargę u matki przełożonej zakonu i natychmiast tę zakonnicę odwołano. Ruski duchowny na tym terenie był tolerancyjnym, pełnym godności starszym człowiekiem, pragnącym zachować pokój, lecz nie dość silnym, aby poradzić sobie z nowymi nacjonalistami ani też złodziejami i awanturnikami w swojej parafii.

– Ci ludzie są zaślepieni – zwykł mówić, kręcąc ze znużeniem głową.

Z owej wsi pewien Żyd wyruszył raz o świcie, aby pojechać do Rawy Ruskiej na wesele syna. W kieszeni miał 300 złotych dla pana młodego. Po kilku godzinach pod drzewem w naszym lesie, niedaleko głównej drogi, on oraz jego woźnica zostali znalezieni martwi, z poderżniętymi gardłami, dla pewności, że nie przeżyją i nic nie powiedzą. Policja aresztowała ośmiu podejrzanych chłopów i posłała ich do więzienia, ale ponieważ nie sposób było dowieść im winy, wkrótce zostali zwolnieni. Od tego czasu mój mąż, przejeżdżając przez wieś, nie pozdrawiał mieszkańców, lecz trzymał się sztywno i spoglądał ponad ich głowami. Kilka tygodni później stróż polowy z tej samej wsi, który nocą patrolował majątek, został znienacka napadnięty i pobity na śmierć. Pozostawił ciężarną żonę i czworo dzieci bez środków do życia. Ale nawet ten przerażający czyn nie poruszył miejscowej opinii publicznej, gdyż choć wszyscy wiedzieli, kto to zrobił, nikt nie chciał nic powiedzieć.

Pięciu policjantów, którzy mieli odpowiadać za kilka wsi w promieniu około dwudziestu mil, nie potrafiło wyjaśnić zbrodni. Odmawiali aresztowania kogokolwiek za kradzież, jeśli nie było naocznego świadka przestępstwa. Teraz przymknęli oczy na dwa morderstwa. Mój mąż, pełen oburzenia, wysłał oficjalne pismo do burmistrza, postulując, aby ten zwrócił się do rządu z prośbą o przysłanie większych sił policyjnych. Kiedy nie doczekał się odzewu, postanowił powołać własną, prywatną brygadę. Zamieścił w lwowskiej gazecie ogłoszenie skierowane do odważnych młodych mężczyzn. Wśród tych, którzy na nie odpowiedzieli, znalazł się woltyżer z cyrku, skrzypek i były skazaniec. Mąż wybrał kilkunastu, wyposażył ich w mundury i broń, i postawił najrozsądniejszego z nich na czele jako kapitana. Dostępny pusty budynek został przerobiony na koszary dla nich. Dniem i nocą patrolowali dwójkami pola i lasy, wypatrując złodziejaszków, których mogli aresztować, ale nie karać. Miejscowi wkrótce znienawidzili brygadzistów, a służba kuchenna, która musiała przygotowywać im posiłki, żywiła do nich gorzką urazę. Z tego, co wiedział mój mąż, mogli okazać się bardziej niebezpieczni niż złoczyńcy, których mieli ścigać. Zaczęło mi się wydawać, że brakuje nam tylko fosy i mostu zwodzonego, aby w pełni powrócić do średniowiecznego sposobu życia.

Tydzień przed Wielkanocą przyjechał ksiądz misjonarz, aby wygłosić cykl kazań przygotowujących społeczność do wiosennej spowiedzi. Iwan powiedział mi, że chłopi go lubią, więc pewnego popołudnia poszłam go posłuchać.

– Nikt nie wie – zaczął cicho – kiedy i gdzie czeka nas śmierć. Mogę zostać porażony, wygłaszając to kazanie. A kto potrafiłby odgadnąć – uniósł nieco głos – czy wszyscy z was powrócą dziś wieczorem do domu? Być może nawet teraz, tutaj, na dróżce wiodącej do tej kaplicy, jeden z was padnie martwy. Śmierć zawsze nam towarzyszy. – Wskazał palcem w stronę tłumu zebranego za ławkami. – Nie zapominajcie o śmierci! – zakrzyknął. – Może wówczas powstrzymacie się od grzechu, nim będzie za późno.

Moje dłonie i stopy skostniały z zimna, gdy słuchałam tego koncertmistrza, którego głos w moich uszach rytmicznie wznosił się i opadał.

– To właśnie nazywam dobrym kazaniem – zauważył później Iwan. – Wszyscy poczuli się po nim lepiej.

– Przez całe życie – powiedział nam kapłan przy kolacji – staram się ratować dusze.

Tego tygodnia kobiety robiły pranie w strumieniu, pocierając mokre ubrania jedno o drugie i tłukąc nimi o kamienie, a ich ręce były fioletowe z zimna. Najbardziej przedsiębiorcze z nich bieliły też swoje domy. Wszyscy szli do spowiedzi. W zimną, szarą wielkanocną sobotę wypowiadali szczególne powitanie: „Chrystus zmartwychwstał", na co odpowiadaliśmy: „Zaiste, zmartwychwstał".

Młody mężczyzna i dziewczyna przyszli do nas do dworu. Trzykrotnie pokłonili się aż do ziemi i ucałowali stopy męża i moje. Był to rytuał poprzedzający zaślubiny, podczas którego prosili o błogosławieństwo i, co nieodłącznie się z tym wiązało, otrzymywali kilka złotych. Następnego dnia wcześnie rozległ się łoskot weselnych bębnów. Poszłam do wioski. Matka panny młodej zaprosiła mnie do domu wypełnionego rozpromienionymi, tańczącymi chłopami. Oblubienica, w białej sukni przypominającej nocną koszulę, miała wyraźnie powiększony brzuch. Zanim zdołałam uciec, musiałam przyjąć szklankę piwa i pajdę chleba posypanego makiem. Później słyszałam, że kilku członków prywatnej brygady przyszło na tańce i w efekcie wywiązało się kilka bójek z weselnikami.

Gdy woda stała się wystarczająco ciepła, nadszedł czas na wiosenne tarło. Tych samych dwanaście dużych karpi zarybiało stawy od dwudziestu lat. Jedna samica przypadała na dwa samce. W krótkim czasie z jajeczek wyłaniały się małe rybki, trzymane osobno i żywione sztucznym pokarmem do jesieni, kiedy otwierano śluzy i – wyławiane ręcznie – ładowano je dyszące na chłopskie wozy, po czym zabierano do zimowych kwater w pobliżu domu. Tego roku były chudsze niż zazwyczaj, ponieważ kiedy w lutym lód stopniał, obudzone przedwczesnym ciepłem wyskakiwały na powierzchnię wody, próbując chwytać owady, przez co traciły na wadze.

Nadszedł teraz również czas na sadzenie lasu. Zimą wioskowy karzeł przesiadywał w gorącym, małym pokoiku, prażąc zebrane w lesie sterty sosnowych szyszek, póki się nie otworzyły, i składając nasiona na półkach nad piecykiem, żeby je przesuszyć. Kiedy powyrywano z korzeniami pnie z zimowej wycinki i oznakowano długie, świeżo wyorane bruzdy, Borkowy dał suche nasiona dziewczętom z wioski, które umieściły je w niewielkich dołkach wzdłuż bruzd i ostrożnie przykryły sypką ziemią. Na odsłoniętych, piaszczystych terenach sadzenie powtarzano czasem przez dwa lub trzy lata, zanim nasiona przebudziły się do życia i kiełkujące drzewka nareszcie ukazywały zielone igiełki.

Lasy zaczęły rozkwitać. Przebiśniegi i barwinki, rosnące bujnie wokół wysokich pni, nie zamarzały w spóźnionych opadach śniegu wchłanianego, zaledwie spadł, przez wilgotny mech. Kiedy zakwitły konwalie, las zapełnił się dziećmi i starszymi kobietami, które zrywały mocno pachnące bukiety, by sprzedać je w Rawie Ruskiej.

Nagle, z dnia na dzień, pojawiły się latające chrząszcze. Co cztery lata wylęgały się z białych larw, które niszczyły korzenie drzew. Ich złowróżbne roje obsiadały młode liście. Zatrudniono chłopców ze wsi do ich zbierania. Tysiące palono przed wieczorem, ale każdego dnia pojawiało się ich więcej. Chrabąszcze majowe rozpanoszyły się w całej Polsce. Choć rząd rozesłał obwieszczenia, jak należy je zwalczać, wydawało się, że nie istnieje skuteczniejsza metoda niż zbieranie ich ręcznie, co u nas wszyscy robili. Przynajmniej raz wrony, czarnoskrzydła podwórzowa zmora, okazały się użyteczne. Całe ich bataliony krążyły nad lasem i urządzały naloty na chrząszcze, którym wysysały wnętrzności, porzucając pancerze. Choć kradły nam jajka i znaleźliśmy niedaleko domu wysypisko skorupek, mój mąż, którego główną rozrywką było strzelanie do nich z każdego zakątka parku, zaprzestał tego daremnego pościgu. Obecnie były naszymi sojusznikami w walce z chrabąszczami. Później jednak, kiedy napór szkodników ustąpił, zabraliśmy kilku gości do małego zagajnika pośród pól ziemniaków, gdzie na każdym drzewie były wronie gniazda. Na pierwszą salwę z naszej broni ptaki wzbiły się z wrzaskiem w niebo, krążąc szaleńczo w powietrzu, a później powróciły do gniazd. Choć zestrzelono ich ze dwadzieścia, inne wciąż krążyły, nawołując ochryple swoje bezradne młode.

Premier wyruszył autem w objazd po wsiach. Przeprowadzał inspekcję wygódek, które okazały się nieskazitelnie czyste, ponieważ chłopi z nich nie korzystali*. Gdy wrócił do Warszawy, wydał dekret skierowany do wszystkich burmistrzów, oznajmia-

---

* Ówczesnym premierem (w latach 1936–39) był Felicjan Sławoj Składkowski (1885–1962), który jako minister spraw wewnętrznych wydał w 1928 roku okólnik nakazujący stawianie drewnianych wychodków – od imienia polityka nazywano je „sławojkami".

jący, że drewniane płoty przy publicznych drogach muszą zostać pobielone, aby rozweselić smutny polski krajobraz. Chłopi byli źli z powodu dodatkowych wydatków i pracy; mojego męża oburzała jałowość tego gestu. Kiedy upłynął wyznaczony termin, ogrodzenia przy należących do męża budynkach w Rawie Ruskiej nadal były z surowego drewna. Pewnego dnia znaleziono je leżące na ziemi, zburzone na polecenie burmistrza. Mąż kazał postawić je ponownie, nadal niepomalowane. To zapoczątkowało wojnę partyzancką między ratuszem a posiadłością.

Podczas dorocznych obchodów święta patrona wsi udzielano odpustów tym, którzy przystąpili do spowiedzi i komunii w czasie mszy, odprawianych nieprzerwanie do trzeciej po południu w kościele unickim. Wyjrzało słońce i pomimo wiatru, który wzbijał tumany piasku na drogach, rozrzucając je na wszystkie strony, z sąsiednich wsi nadjechały sznury furmanek pełnych chłopów. Wzdłuż alei wiodącej do kościoła stały rzędy straganów, na których sprzedawano kiełbaski, słodycze, kieszonkowe lusterka i zabawki z celuloidu. Tłumy ludzi gawędziły i oglądały stoiska: mężczyźni w koszulach z gęsto haftowanymi kołnierzykami i długich lnianych płaszczach wciętych w pasie, przyjezdne dziewczęta, ładniejsze niż nasze, przystrojone barwnymi wstążkami i sznurami lśniących paciorków. Przesuwali się powoli, aż nikt nie pozostał na zewnątrz za kościelnym ogrodzeniem. Na piaszczystych wzgórkach przed bramą siedziało kilku wiekowych, obdartych żebraków o pomarszczonych, zasuszonych twarzach. Z wyciągniętymi rękami wzywali Pana Boga na świadka rozlicznych nieszczęść, jakie ich spotkały. Trzeba było ominąć te skomlące psy podwórzowe, by dotrzeć do kościoła.

Wewnątrz, na dziedzińcu, trudno było się poruszać. Oprócz sumy odprawianej ze śpiewami w samym kościele, na zewnątrz przy niewielkim ołtarzu, otwartym i tylko osłoniętym drewnianym zadaszeniem, odbywało się drugie nabożeństwo. Na tyłach kościoła grupa ludzi składała pokłony i żegnała się przed stojącym pod ścianą krucyfiksem. W tym samym czasie czterech lub pięciu księży, siedząc na ziemi, wysłuchiwało spowiedzi. Wokół klęczeli lub stali wieśniacy czekający na swoją kolej. Jakaś kobieta uniosła bluzkę, by nakarmić płaczące w jej ramionach dziecko. Mali chłopcy przykucnęli, grając kamykami w wymyśloną przez siebie grę. Starsi mężczyźni, wciąż w swych futrzanych czapach, odsunęli się na bok, aby zapalić fajki i wymienić plotki. Kobiety, śpiewając pieśni i kołysząc się w modlitwie, lustrowały tłum przenikliwymi spojrzeniami. „Boże, zmiłuj się nad nami" – stara słowiańska pieśń kościelna płynęła przez otwarte drzwi kościoła. Dalej, w opustoszałej wiosce, małe koniki stały cierpliwie, podczas gdy tumany piasku fruwały wokół nich. Teraz wszyscy pościli. Ale kiedy już ostatni z księży odprawi mszę, zamierzali przy tej okazji najeść się do syta.

Zabieraliśmy Krysię i jej niańkę do Ameryki na polskim statku. Krysia cieszyła się, że zobaczy nowe miejsca, zwłaszcza iż wiedziała, że spodziewam się dziecka i czuła, że po powrocie sprawy przybiorą nowy obrót. Przyjechaliśmy do Gdyni w dniu, w którym „Batory" miał odpłynąć. Rozrastające się białe miasto lśniło w porannym słońcu, a wiejący od Bałtyku wiatr wlewał życie w moje płuca. Zjawiliśmy w porcie przed czasem, by zobaczyć schludnego, niedużego „Batorego", wyszorowanego i pod flagą, gotowego do wyprawy na północ.

Obecnie, gdy nie można było wywozić z Polski pieniędzy*, podróżowanie stało się skomplikowane, ale na podstawie mojego amerykańskiego paszportu zdołaliśmy uzyskać pozwolenie, by zabrać około pięćdziesięciu dolarów na nas czworo – wystarczająca kwota, dopóki nie dopłyniemy do Nowego Jorku. Zanim wieczorem weszliśmy na pokład, przeprowadzono na przystani rewizję osobistą, podczas której starannie przeszukano Krysię, by sprawdzić, czy nie przemyca pieniędzy.

---

* Chodzi o ograniczenia dewizowe wprowadzone dekretem Prezydenta z 26 kwietnia 1936.

Nim jeszcze opuściliśmy Kopenhagę i wypłynęliśmy na Morze Północne, angielska niańka leżała niczym bladozielone widmo na łóżku, pochłonięta nowymi dolegliwościami. Krysia wyszła ze mną na zewnątrz. Jeden z oficerów na statku zbliżył się z aparatem fotograficznym, ale runęła twarzą w dół na pokład i nie chciała się ruszyć, dopóki sobie nie poszedł. Kiedy kilkoro starszych dzieci, zamerykanizowanych Polaków, zapraszało ją do zabawy, chowała się za krzesłami lub kominami statku, posyłając podejrzliwe spojrzenia dzikusa z buszu. Gdy mijaliśmy północną Szkocję, powiał wiatr od tyłu i przeciążony od góry statek huśtał się na wezbranych falach, ale Krysia dobrze się czuła na morzu. Przez cały dzień wciągałam ją na drabinki i ściągałam z nich, goniłam po zimnych zakamarkach, unikając podmuchów, w złudnej nadziei, że zechce wyciągnąć się na leżaku, wpatrzona w wodę.

Siedzieliśmy przy stole sami z kapitanem, wysokim, niestroniącym od kieliszka Polakiem, który znał wszystkie europejskie języki i w przerwach między drinkami grywał na przystrojonej żółtymi wstążkami gitarze, śpiewając o miłości w świetle księżyca. Poprzedniej zimy wypatrzył niemiecką łódź rybacką, która wywiesiła podczas silnego sztormu białe koszule. Podpłynąwszy tak blisko, jak tylko mógł, trzykrotnie wysyłał szalupę ratunkową, aby przewieźć wyczerpaną załogę, która nie jadła nic od tygodnia. Żaden z przepływających statków nie zauważył ich trudnego położenia. Padli na kolana, dziękując kapitanowi. Był jedynym polskim marynarzem, który otrzymał od Hitlera medal za zasługi oddane Rzeszy na morzu.

Oprócz naszej niani, jak nam powiedział kapitan, jeszcze sześć szlachetnych dam pod pokładem cierpiało na chorobę morską. Zabrał nas na dół, żebyśmy je odwiedzili. Były to klacze pełnej krwi polskiej w drodze do stadniny w Teksasie. Każda z nich drżała w ciasnym drewnianym boksie, gdzie nie było miejsca, by się położyć. Nawet garść kostek cukru nie była w stanie ich pocieszyć, gdy dolna część kadłuba statku podskakiwała pod nimi.

„Nigdy już nie będą biegać" – orzekł mój mąż. Ich kolana nie wyzdrowieją po wstrząsie dziesięciodniowej podróży.

W pobliżu Nowej Fundlandii woda stała się czarna, a na pokładach osiadły płaty lodu. Poszłam na mostek, gdzie dyżurny oficer nanosił na mapę położenie gór lodowych, które przekazał mu przez radio międzynarodowy patrol. Płynęliśmy sto mil na południe od najbliższej z nich, a gdy tylko ją minęliśmy, fale zmieniły barwę i lód zniknął ze statku. Między Halifaxem a Nowym Jorkiem mgła była tak gęsta, że kapitan nie opuszczał mostka. Chociaż „Batory" nie był długi, ze swego miejsca kapitan nie widział nawet marynarza pełniącego wachtę na dziobie. Zanieśliśmy mu butelkę szampana i podczas gdy obaj z moim mężem wznosili toasty za Polskę, Amerykę, statek oraz nasze nienarodzone dziecko, przyciskałam raz na minutę guzik, uruchamiając syrenę przeciwmgielną. Nagle, przy ujściu rzeki Hudson, kurtyna mgły się uniosła, ukazując miasto w słońcu, w całym przepychu. Pospiesznie zaprezentowałam moje polskie dziecko urzędnikom paszportowym i szybko wróciłam na pokład, napawając się teatralną panoramą, która dla mnie nadal była domem. Mały, przybrany polskimi flagami parowiec dobił do nas i zagwizdał wesoło. Jeden z mężczyzn, którzy weszli na pokład, chciał wiedzieć, czy to ja jestem księżną Sapieżyną.

– Co pani sądzi o Nowym Jorku? – zapytał.

– Stąd właśnie pochodzę – odparłam.

Oddalił się z niesmakiem. Kiedy wsuwaliśmy się bokiem do portu, kapitan wezwał nas na mostek, aby się pożegnać. Objąwszy długimi ramionami szyję mojego męża, pochylił się i ucałował go w oba policzki. Starałam się ukryć pełen zażenowania uśmiech.

Sześć tygodni później, zostawiając Krysię z nianią w Ameryce, odpłynęliśmy z powrotem.

– Zrób dla mnie miłego dzidziusia – powiedziała Krysia, kiedy się rozstawałyśmy, i obiecałam, że się postaram.

Kiedy na peronie dworca w Hamburgu czekaliśmy na berliński ekspres, mąż kupił gazetę. Pierwsze słowa, które wpadły nam w oko, kiedy ją rozłożyliśmy, brzmiały: „Krakowski książę arcybiskup w niełasce". Zwięzły akapit poniżej niewiele nam wyjaśnił. Dopiero po powrocie do Warszawy zdołaliśmy odtworzyć przebieg całej historii.

Przez dwa lata, odkąd marszałek Piłsudski został wystawiony na widok publiczny w krypcie zamkowej katedry, nad którą arcybiskup sprawował pełną jurysdykcję, do kościoła napływał niekończący się strumień zwiedzających, nawet gdy odprawiano msze, aby ujrzeć słynne zwłoki, wokół których – mimo stałej opieki medycznej – zaczął się unosić lekki odór. Choć mauzoleum, w którym miał ostatecznie spocząć Piłsudski, zbudowano przy zewnętrznej ścianie kościoła, przeniesienie trumny z krypty odkładano z miesiąca na miesiąc, ponieważ pewnym ważnym osobistościom nie podobał się nowy grobowiec i życzyły sobie jego przebudowy. Arcybiskup dwukrotnie pisał do premiera, że uwielbienie, jakim otaczane są szczątki Marszałka, nie ma nic wspólnego z religią katolicką, nie służy katedralnemu sanktuarium i zmiana tej sytuacji jest sprawą pilną. Biurokracja wciąż odwlekała powzięcie decyzji. Po cichu, w środku nocy, na polecenie samego arcybiskupa przeniesiono trumnę.

Wzburzenie ogarnęło całą Polskę. Premier chciał podać się do dymisji. Gazety prześcigały się w rozwlekłych artykułach wstępnych. Studenci i inni wałkonie tłoczyli się na ulicach, wykrzykując: „Precz z Sapiehą!". Motłoch ciskał kamieniami w okna arcybiskupiego pałacu w Krakowie. Tymczasem sprawca zbrodni, silny przekonaniem, że racja jest po jego stronie, położył się do łóżka z zapaleniem płuc. Wszyscy twierdzili, że wiedzą z pewnego źródła, iż jest to zmyślona wymówka.

W warszawskiej restauracji, gdzie jedliśmy kolację w wieczór naszego powrotu, rozmaici młodzi mężczyźni, kuzyni lub po prostu przyjaciele mojego męża, przysiadali się bez zaproszenia do naszego stolika i wypowiadali swoje opinie.

– Jak twój stryj śmiał zrobić coś podobnego? – spytał jeden z nich. – Nie ma prawa zachowywać się jak autokrata.

– To świętokradztwo – oznajmił inny.

– Ta wywołana przez niego afera plami naszą reputację! – wykrzyknął hrabia z Krakowa. – Ludzie mówią, że arystokracja nie okazuje szacunku wybawcy kraju.

– Nie widziałem się z biskupem od czasu, gdy to się stało, nie mam więc zdania na ten temat – odpowiedział uprzejmie mąż.

Zanim jeszcze wrzawa ucichła, nastąpiło rodzinne wydarzenie w postaci ślubu Tilki urządzonego przy niechętnej zgodzie krewnych w klasztorze, czterdzieści mil od Warszawy, gdzie obecnie nauczała moja szwagierka Maria*. Wyjechaliśmy wczesnym rankiem, z pustymi żołądkami, na mszę odprawianą w klasztornej kaplicy. Później na weselne śniadanie zakonnice podały w szkolnej rozmównicy kawę i chleb z masłem wśród palm w doniczkach i świętych obrazków. W trakcie tej ascetycznej uroczystości moja teściowa zastukała w szklankę z wodą, aby nas uciszyć i wygłosiła do pana młodego kilka pełnych powagi słów. Odpowiedział melodyjnym głosem, że od pierwszej chwili, gdy ujrzał Tilkę, wiedział już, że stanie się ona jego natchnieniem. Nikt nie potrafił wymyślić, co jeszcze można by powiedzieć. Mąż i ja unikaliśmy nawzajem swoich spojrzeń. Bez toastów i wiwatów młoda para odjechała, gdyż Osterwa każdego wieczoru występował w swym eksperymentalnym teatrze. Spłukanie mdłego posmaku tego wydarzenia wymagało później, po południu, mocnego drinka.

Wróciwszy do majątku, natrafiliśmy jak zwykle na wzbierającą domową burzę. Pewien rosły chłopiec kredensowy wybuchnął płaczem w moim pokoju.

– Chodzi o gospodynię – powiedział. – Nigdy nie musiałem słuchać takiego języka, jakiego ona używa.

---

* Ślub odbył się 30 czerwca 1937 w Szymanowie.

Puściłam w niepamięć tę skargę, podobnie jak inne, aż do dnia, gdy idąc do kurcząt i indyków, usłyszałam gospodynię wołającą podkuchenną.

– Ty zarazo! – krzyczała z drugiej strony dziedzińca. – Cholero! Psiajucho! Przynieś mi to wiadro!

Przydybałam ją samą obok kojców i rozsądnym tonem zasugerowałam, że osoba, która posiada w kuchni tak wielką władzę, powinna bardziej uważać na słownictwo. Nie odpowiedziała. Dwa dni później posłałam pokojówkę, aby poprosiła ją o przyniesienie ksiąg rachunkowych do mojego pokoju. Odmówiła. Po chwili zeszłam do kuchni pełnej ludzi.

– Dlaczego nie przychodzicie, kiedy po was posyłam? – zapytałam ją cicho.

– Jak myślicie, że będę tracić czas na wysłuchiwanie plotek, co je opowiadacie – odparła zuchwale, choć nie patrzyła na mnie – to się mylicie. Nie chce mi się.

Wszyscy zastygli w bezruchu, czekając na moją odpowiedź. Zakręciło mi się w głowie; nie mogłam znaleźć ani jednego polskiego słowa. Tchórzliwie obróciłam się na pięcie. Przed domem spotkałam męża wracającego z porannej przejażdżki.

– Co się stało? – zapytał.

Kiedy mu wyjaśniłam, nic nie powiedział, lecz natychmiast ruszył w stronę kuchni.

– Zaczekaj! – zawołałam, uświadamiając sobie nagle, że coś tu się wydarzy.

Ale się nie zatrzymał. Usłyszałam trzaśnięcie kuchennych drzwi, a potem brzęki i łomoty, gdy garnki i patelnie spadały na podłogę i toczyły się po niej.

– Cisza! – Jego głos brzmiał przerażająco. – Jesteś zwolniona. Wynoś się stąd!

Trwożna cisza spowiła dom na cały dzień. Stangret odwiózł gospodynię do Rawy Ruskiej na odchodzący po zmroku pociąg. Nikt jej nie lubił, więc oczekiwałam nastroju pełnego skrywanej radości, lecz z wyjątkiem Władka, który tchnął zagadkową satysfakcją, wszyscy mieli smutne miny. Moja pokojówka, zapłakana i ponura, stwarzała tak przygnębiającą atmosferę, że starałam się jej unikać. W końcu oznajmiła, szlochając, że odchodzi. Zapytałam, dlaczego.

– Jeśli zostanę, pobiją mnie – wyszeptała.

– Co masz na myśli?

– Bo to się właśnie przydarzyło gospodyni – odparła.

– Nie rozumiem.

– Kiedy wieczorem jechała na stację, dwóch mężczyzn napadło ją w lesie i zdzieliło w plecy kijami.

– Brednie.

– To prawda – jęknęła żałośnie. – Władek ich opłacił, bo jej nienawidził. A wszyscy myślą, że to z rozkazu księcia pana.

Nigdy nie zdołaliśmy odkryć, kim byli ci, którzy tak przekonująco pożegnali naszą odprawioną gospodynię. Ale liczba jej wrogów najwyraźniej tworzyła legion.

Bez Krysi, z którą mogłabym się bawić, nie miałam w ciągu dnia żadnych przyjemnych zajęć, dopóki mąż nie wyszedł z biura po podwieczorku. Odnowiłam meble, które miały znaleźć się w pokoju nowo narodzonego dziecka. Potem pomalowałam na zielono ramy siatek okiennych, które zamówiłam wbrew woli wszystkich domowników. Zazwyczaj przyczepiano lepy na muchy do żyrandoli w jadalni i przykrywano jedzenie, które musiało pozostać na stole, okrągłymi pokrywami z czarnego drutu.

– Nie pozbędziesz się much z domu – powtarzała teściowa. – Są częścią natury.

– Nie zniosę braku świeżego powietrza – protestował mój mąż.

Iwan i kucharz nic nie mówili, ale kiedy nadszedł wieczór, zdjęli siatki. Znalazłam je na zewnątrz, oparte o ścianę. Kiedy zrobiłam wokół tego zamieszanie, kucharz poszedł na ugodę i umieścił je w oknach, pozostawiając szczelinę dla dopływu powietrza.

Wybraliśmy się z wizytą do sąsiadów mieszkających w zrujnowanym, świetnym niegdyś dworze z wysokimi kolumnami przy wejściu i zwężonymi skrzydłami, otoczonym melancholią zielonego ogrodu, którego od dawna nie pielęgnowano. Obfity podwieczorek, przykryty serwetami, podano na ganku. Kiedy usiedliśmy przy stole i gospodyni uniosła serwety, na jedzenie opadła gruba peleryna much, brzęcząc w dżemie, pływając w mleku i pełzając żarłocznie po malinach. Te, które nie znalazły miejsca w jedzeniu, spacerowały z godnością i pewnym krokiem po naszych czołach.

– Te muchy przylatują ze stajni – wyjaśniła córka gospodarzy, której twarz w połowie zakrywał bandaż, ponieważ koń kopnął ją w czoło.

Gospodyni podsunęła mi talerzyk z miodem, nad którym aż się roiło od much. Pokręciłam głową. Uśmiechnęła się do mnie życzliwie.

– Musi pani przywyknąć do naszych polskich much – powiedziała.

Po podwieczorku przespacerowałyśmy się niezagrabionymi alejkami. Wyznała mi, jak bardzo martwi ją zamiłowanie córek do jazdy konnej.

– Kiedy były małe – powiedziała – mąż kazał im jeździć na oklep i w pełnym galopie podnosić z ziemi szmatki. Za każdym razem byłam chora ze strachu – ciągnęła, a jej przystojna, szeroka twarz nabrała twardego wyrazu. – Polskie kobiety niewiele dostają od życia – dodała.

Ona i jej niewysoki, wytworny mąż dzielili gości na dwie grupy, tak iż nie miałam sposobności widzieć ich razem. Później dobiegły mnie słuchy, że nie rozmawiają z sobą od miesięcy, a on mieszka w sąsiednim domu z młodszą kobietą. Niedługo po naszej wizycie ogłoszono ich bankructwo. Wszystko, co do nich należało, łącznie z odzieżą, wystawiono na aukcję. W porozumieniu z sąsiadem mój mąż posłał tam człowieka, żeby odkupił rzeczy, których najbardziej potrzebowali i zwrócił je rodzinie.

W zamian otrzymaliśmy narowistego ogiera żółtej maści, który kopnął swoją właścicielkę, oraz wysoko zawieszony, lśniący powozik na ogumowanych kołach. Jak wszyscy bankruci, ludzie ci wydawali się zdolni do podtrzymywania dawnego stylu życia. Od czasu do czasu widywałam w Rawie Ruskiej tę kobietę, noszącą się z cichą dumą.

Ludzie w Polsce obchodzili imieniny zamiast urodzin. Ponieważ kalendarz świętych dawał ograniczony wybór, było mnóstwo osób o takich samych imionach. W dzień imienin Amelii przejechaliśmy pełną głębokich kolein, wyboistą drogę, aby złożyć jej życzenia. Zjawili się wszyscy z całej okolicy. Mężczyźni rywalizowali w strzelaniu do sztucznego lisa, który przesuwał się po drucie, podczas gdy kobiety w różowych i błękitnych jedwabnych sukniach przysiadły na ziemi, rozmawiając o swoich sadach i chorobach. Starszy mężczyzna, który nie brał udziału w strzelaniu, przyłączył się do nas. Zapytał mnie, czy gram w tenisa.

– Teraz nie – odparłam z uśmiechem. – Za miesiąc spodziewam się dziecka.

Pospiesznie zmienił temat. Kobiety, które to słyszały, obrzuciły mnie dziwnymi spojrzeniami. Później jakaś starsza dama wzięła mnie na stronę i wyjaśniła, że bardzo go zgorszyłam.

– Tutaj nikt nie mówi o takich sprawach – powiedziała.

Nieczęsto jeździliśmy z wizytami. Był sezon polowań na jelenie i w chłodne wieczory wyruszaliśmy do lasu z Borkowym, który wiedział, gdzie i o jakiej porze każdy z samców wychodzi się paść. Tłumaczył nam, które są zbyt młode do odstrzału, ponieważ ich rogi, krótkie i cienkie, mają zbyt mało odgałęzień, i które z powodu ciężkiej zimy mają nieprawidłowo rozrośnięte, uszkodzone poroże. Ale zawsze znalazł się taki samiec, co do którego Borkowy przysięgał, że jest ogromny. Bez nadepnięcia suchej gałązki czy szeleszczenia liśćmi leśniczy sunął bezgłośnie ścieżkami. Kiedy przystawał, aby nasłuchiwać, my też się zatrzymywaliśmy. Rozpoznawał z daleka, czy jeleń to byk, czy łania.

Kiedy wytropiliśmy tego, o którym nam mówił, wycofał się w cień drzew i czekał, aż mój mąż podejdzie na odległość strzału.

Podobnie jak dziki, jelenie miały swoje ulubione żerowiska, na których pojawiały się regularnie, dopóki nie zakłócano im spokoju. Najbardziej lubiły podmokłe, niewielkie łąki po deszczu. Podczas okresu godowego nie uświadczyło się dwóch samców razem, choć nawet cztery czy pięć łań dotrzymywało sobie towarzystwa. Mój mąż miał gumowy gwizdek, imitujący wysokie, piskliwe tony, którymi łania przyzywała samca.

Kiedyś, gdy staliśmy na otwartym polu osłoniętym wysepką zarośli, a ja trzymałam gwizdek w kieszeni i co jakiś czas naciskałam go słabo, o jard od mojej stopy pojawił się lis i spojrzał mi prosto w oczy. Przez długą chwilę nawet nie mrugnęłam. Potem, najwolniej jak potrafiłam, odwróciłam głowę. Bez poruszenia choćby źdźbła trawy, zniknął.

Na drugim końcu łąki dostrzegliśmy rudawy kształt jelenia, z pochyloną głową, odprężonego i spokojnego, obwąchującego ziemię. Nagle z tyłu zabrzmiał donośny ryk i niewielki jelonek przemknął z tupotem obok nas, po czym zniknął, wpadając między najbliższe drzewa. Mąż uniósł ostrzegawczo palec. Znieruchomiałam. Jeleń, który się pasł, stał teraz w pozie pełnej napięcia, z uniesioną głową i skierowanym w naszą stronę nosem. Dostrzegliśmy przez lornetkę, że jest to łania. Potem z piskiem skoczyła naprzód, zamarła ponownie i czekała. Usłyszeliśmy kolejny ryk, głośniejszy niż poprzedni, gdzieś zza naszych pleców i w końcu ogromny dumny samiec, który przepędził młodzika, ukazał się w polu widzenia. Krocząc dostojnie, z głową odchyloną do tyłu, przebierając z wdziękiem przednimi nogami, zbliżył się do łani. Pozwoliła mu podejść, a potem uskoczyła lekko w bok i obejrzała się, czy za nią podąży. Bez drgnienia obserwowali się nawzajem. Uczynił krok w jej stronę. Oddaliła się jednym skokiem i zaczęła krążyć, zataczając koło za kołem wokół miejsca, gdzie stała uprzednio, on zaś biegł tuż za nią. Teraz, kiedy niebo coraz bardziej ciemniało, ich ciała stały się niewyraźnymi, ruchliwymi kształtami, gdy tak biegali i zatrzymywali się nawzajem, a potem znowu przyspieszali wraz z rosnącym żarem swych zalotów. Wreszcie jednym dzikim skokiem obydwoje schronili się za osłoną drzew. Postaliśmy jeszcze chwilę w szybko zapadającym zmroku.

– Za nic w świecie bym go nie zastrzelił – oznajmił mój mąż.

Nie lubiłam polowań na jelenie od momentu, gdy były już zastrzelone. W pewnym czasie, kiedy pełzliśmy na czworakach przez całe pole ziemniaków, trzęsłam się ze śmiechu na myśl o tym, jak bardzo jestem niezgrabna, próbując podejść staruszka, który wykopywał sobie kolację. Podeszliśmy dość blisko, by dojrzeć przez lornetki poniżej jego grubych, sękatych rogów białe łaty nad oczami, które nadawały mu komiczny wyraz. Gdy mój mąż, celując starannie, czekał ze strzałem, aż zwierzę uniesie głowę, wstrzymywałam oddech na myśl, że spudłuje. Kiedy jeleń skoczył w powietrze, rzucił się w stronę lasu, a potem upadł, nie posiadałam się z radości.

– Dostał! Dostał! – krzyknęłam. – Ja go znajdę.

Brnąc pospiesznie przez miękką, nierówną ziemię dotarłam do miejsca, w którym, jak sądziłam, padł. Była tam plama krwi, ale jeleń znikł. Przeszukiwaliśmy skraj lasu przez pewien czas i było już niemal ciemno, gdy natknęliśmy się na niego. Teraz wydawał się mały, z szeroko otwartymi, pustymi oczami i wykręconą głową. Musieliśmy przeciągnąć go aż do drogi, gdzie go zostawiliśmy do zabrania przez woźnicę z końmi. Po starannym tropieniu i całym przyspieszonym biciu serca wszystkim, co zdobyliśmy, było nieszczęsne, sztywne ciało i kolejna para rogów.

Każdego lata w naszych wsiach, jak wszędzie na terenach wschodniej Polski, zdarzały się przypadki czerwonki, ponieważ wieśniacy, którzy nie mieli co jeść aż do następnych plonów, napełniali żołądki niedojrzałymi jagodami wykradanymi z lasu i zielonymi jabłkami. Pewnego dnia poszłam poszukać ślepego chłopca, który grał na organach, i znalazłam go leżącego samotnie na snopku siana w stodole.

– Co mu jest? – zapytałam wałęsające się po drodze dzieci.

– Słabuje – odpowiedziały, używając słowa stosowanego przez chłopów w wypadku jakiejkolwiek choroby.

Kiedy zapadł na czerwonkę, rodzice usunęli go z domu i doczołgał się do stodoły, aby tam czekać na śmierć.

Zakonnice doniosły o dwóch przypadkach tyfusu, choroby endemicznej w naszej okolicy, a z Rawy Ruskiej nadeszły wieści o kilku osobach mieszkających w jednym domu, które zmarły z powodu niezdiagnozowanych bólów żołądka, ponieważ robotnik wrzucił odpadki do studni. Kiedy więc nasz kucharz, który był wątły i miał swoje lata, zaczął odczuwać dolegliwości jelitowe, poleciłam go odizolować i posłałam po lekarza z publicznej służby zdrowia, który obejrzał jego język, uniósł laską pościel, aby zbadać pacjenta z bezpiecznej odległości i oznajmił, że to tyfus. Położyliśmy kucharza na podściółce ze słomy i odesłaliśmy do odległego szpitala. Kiedy odjechał, lekarz usiadł z nami.

– Mleko i woda muszą zostać poddane analizie – oznajmił. – Musicie spalić wszystko, co należało do kucharza i kazać na nowo wybielić jego pokój. A ja podam wszystkim zastrzyki przeciw tyfusowi.

Kiedy pojechał do Rawy Ruskiej po surowicę, zebrałam służbę i przygotowałam spiżarnię do rytuału. Przybył wójt, aby się wszystkiemu przyglądać. Gdy doktor napełniał strzykawkę, otworzyłam drzwi i wpuściłam pierwszą ofiarę, której obnażone, chude, żylaste ramię przemyłam jodyną.

– W imię Ojca i Syna, i Ducha Świętego – powiedział doktor, żegnając się przed wbiciem igły.

Jedna z kobiet, która nigdy nie widziała strzykawki, krzyknęła przeraźliwie, słysząc modlitwę lekarza, i rzuciła się do ucieczki.

– Ci wieśniacy! – zauważył doktor. – Do czego oni są potrzebni? Mają służyć swemu panu. A pan – dodał – ma służyć Bogu.

Kiedy uporał się z całą służbą, pojechał dać zastrzyki robotnikom rolnym i mleczarkom z gospodarstwa. Kilkakrotnie telefonowałam do szpitala, by się dowiedzieć, czy kucharz rzeczywiście zachorował na tyfus, lecz zawsze odpowiadano, że jego dolegliwość objęta jest tajemnicą lekarską. Dwa tygodnie później wrócił do domu na własnych nogach i spytał, czy mógłby od nowa podjąć pracę. Cierpiał na niestrawność.

Wkrótce Krysia miała wyruszyć z nianią w długą podróż do domu z Ameryki i również niebawem ja wyjeżdżałam do Warszawy, aby tam oczekiwać narodzin dziecka. Ale w ostatnim tygodniu nastąpiło wydarzenie o wielkim znaczeniu dla miejscowej społeczności. Do Rawy Ruskiej miał przyjechać lwowski biskup na inspekcję swojej diecezji. W naszej kaplicy musiała odbyć się msza, a ponieważ mój mąż był największym właścicielem ziemskim w okolicy i patronował kościołowi w Rawie Ruskiej, mając pewną władzę nad księżmi, musieliśmy wydać obiad dla duchowieństwa.

Stary biskup doznał ataku apopleksji w łóżku w domu wikarego na dzień przed tym ważnym wydarzeniem, ale nie powstrzymało go to od wypełniania obowiązków. Zakonnice przeszły same siebie, gdy mowa o przystrojeniu kaplicy, a ja poustawiałam w domu stosowne do okoliczności blade astry. Ze względu na stan zdrowia musiał usiąść w fotelu za balustradą przed ołtarzem. Po długich dyskusjach wybraliśmy czerwony, który zakonnica chciała ustawić po lewej stronie ołtarza, lecz mój mąż uważał, że fotel powinien znaleźć się po prawej i wciąż przepychali go tam i z powrotem, pomrukując z irytacji, kiedy ktoś powiadomił, że zajechało auto biskupa. Mąż i ja skłoniliśmy się nisko, całując jego rękę u stóp schodów. Po mszy, podtrzymywany przez mojego męża, trzykrotnie obszedł pod baldachimem kaplicę, podczas gdy wszystkie ubrane na biało dziewczynki z wioski rozstępowały się przed nim, sypiąc kwiatki. Pozostali kroczyli powoli za nimi.

Biskup poszedł odpocząć, a dziesięciu kapłanów zaproszonych przez nas na obiad zasiadło z powagą, wyczekując, w cieniu drzewa przed domem. Iwan wyszedł z kieliszkami na tacy, a w drugiej ręce niósł butelkę wódki, która miała kształt czerwononosego, brzuchatego francuskiego opata ze zdejmowanym kapeluszem jako korkiem. Było zbyt późno, by zrobić cokolwiek, pozostało tylko powitać to śmiechem. Po twarzach niektórych duchownych przemknął uśmiech, lecz wikary, który nie pił, miał surową minę.

– Nikt nie powinien ośmieszać sukni duchownej – powiedział.

Siedząc po prawicy biskupa, widziałam, jak widelec, na którym unosi jedzenie do ust, drży. Po posiłku mąż zaproponował mu, aby położył się na górze, ale staruszek pokręcił głową.

– W moim stanie – odparł łagodnie – nigdy nie wiadomo, co może się przydarzyć. Nie będę nadużywał państwa gościnności.

Po chwili dzielny biskup naciągnął swoje czerwone rękawiczki i odjechał. Za nim podążyli kolejni kapłani. Poszłam poszukać Iwana.

– Jak mogłeś przynieść tę butelkę? – spytałam.

– Jakoś zapomniałem – odparł, ale w jego oczach pojawił się błysk tryumfu.

ROZDZIAŁ DWUNASTY

„Gratulacje z okazji podtrzymania rodu".

Telegramy przychodziły od najrozmaitszych ludzi, którzy wcześniej nawet nie pomyśleli, by szumnie ogłaszać narodziny biednej Krysi. Najwyraźniej dopiero maleńki homar w sąsiednim pokoju stanowił prawdziwe osiągnięcie. Zdarzyło się to niespodziewanie i bardzo szybko. Mój ojciec zawsze przykładał wielką wagę do siły sugestii i obecnie byłam gotowa uwierzyć, że jest ona nieograniczona, ponieważ bezpośrednio po obejrzeniu rodzącej dwoje dzieci na ekranie bohaterki *Ziemi błogosławionej** wydałam na świat Nicholasa**, dwa tygodnie przed terminem.

Leżałam w staroświeckim warszawskim szpitalu dla kobiet. Nie było windy, więc musiałam pokonać dwie kondygnacje schodów w dół, aby dotrzeć do sali porodowej. W trakcie mycia pacjentek pielęgniarki musiały dźwigać ciężkie dzbany i wiadra tam i z powrotem korytarzami, gdyż w pokojach nie było bieżącej wody. Przez cienkie ściany dobiegało crescendo niepowstrzymanych krzyków nowo przyjętych pacjentek wydających na świat dzieci. Dzięki jakiemuś pierwotnemu instynktowi zawsze rozpoznawałam donośny głos mojego syna pośród chóru kwilących

* Oryginalny tytuł: *The Good Earth* (1937) – filmowa adaptacja powieści o tym samym tytule (1931), autorstwa Pearl S. Buck, za którą autorka otrzymała literacką Nagrodę Nobla.

** 15 września 1937. Nicholas Sapieha (zm. 1995) mieszkał w Stanach Zjednoczonych, gdzie był znanym fotografem.

niemowląt. Niezależnie od braku wygód czułam, że znajduję się pod dobrą opieką i jestem bezpieczna.

Panna Stefania, położna, przedstawicielka instytucji, była kobietą w średnim wieku, o obfitych kształtach i ufarbowanych na rudo włosach, której wyszkolenie ograniczało się do praktyki wiejskiej. Była prawie analfabetką, ale wydawała się obdarzona szczególnym talentem.

– Właśnie przyszła kolej na następną – mówiła, wsuwając głowę przez drzwi. – Stefania jest podekscytowana – dodawała, odnosząc się do własnej osoby i rzeczywiście jej małe oczka w pulchnej twarzy lśniły, a cała postać napinała się, czekając na owocny wysiłek.

W te dni, kiedy nie spodziewano się żadnych narodzin, była ospała. Z twarzą nierówno upudrowaną i niedbale uczesanymi włosami przystawała w nogach mojego łóżka, pochylając się, by poplotkować.

– Jasna sprawa, że głównie Żydówki rodzą tutaj dzieci – powiedziała kiedyś. – Tylko je na to stać. Wszystko jest w porządku, jak mają chłopców. Mnie się to opłaca.

– Dlaczego akurat chłopców?

– Bo wtedy jest obrzezanie, przychodzą rabini i to właśnie ja asystuję przy zabiegu. Później na dole w jednym z gabinetów wydają uroczysty obiad. Kiedy wychodzą, każdy daje mi jakiś upominek na szczęście. Z dziewczynkami – ciągnęła – to inna sprawa. Nie dalej jak wczoraj mieliśmy tu scenę. Kiedy matka leżała jeszcze na sali, tłum ludzi czekał na korytarzu. Ale gdy tylko się dowiedzieli, że to dziewczynka, wszyscy sobie poszli, nawet mąż. To było jej pierwsze dziecko i biedna kobieta była tak załamana, jak ją odwieźliśmy z powrotem do pokoju, że próbowała rzucić się z okna.

Raz przyniosła zawiniątko z długogłowym niemowlęciem, abym je podziwiała.

– Proszę je zabrać – powiedziałam. – Przecież to koszmar.

– Ach, ale jest dobrze wyposażony – odparła z błyskiem w oku.

Zawsze witała kwiaty, które dostawałam, lub nowe powłoczki, które zakładałam na łóżko, by lepiej wyglądało, tym samym przysłówkiem.

– Jak bogato – mówiła. – Bardzo bogato.

Kiedy mąż przyszedł mnie odwiedzić, usłyszałam, że opowiada mu za drzwiami, jak wiele mam mleka. Zauważyłam, iż wszedł do pokoju z wyrazem uprzejmie skrywanego obrzydzenia. Później posłałam po pannę Stefanię.

– Proszę posłuchać – zwróciłam się do niej. – Mimo wszystko nie jestem krową. Mój mąż nie życzy sobie słuchać o karmieniu piersią.

– Ale ja zawsze muszę opowiedzieć panom o mleku ich żon – odparła. – Niektórzy dopytują się o to po każdym karmieniu.

– Cóż, mój mąż różni się od nich, więc proszę tego nie robić.

Urażona panna Stefania opuściła salę.

Specjalnie zatrudniona pielęgniarka, która opiekowała się dzieckiem i mną, dostawała dwa dolary dziennie i dwie wolne godziny na dobę. Miała tak zapadnięte oczy, że zapytałam, czy czuje się na siłach pracować.

– Z panią to lekka praca – odparła. – Mam tu łóżko do spania, a pani nie wzywa mnie w nocy. Ale pacjentki rzadko zajmują dwa pokoje. Zazwyczaj matka i dziecko są razem i w większości pokoi pielęgniarka musi spać na siedząco w fotelu. Większość pobytów trwa około dziesięciu dni. A między nimi boję się brać więcej niż dzień wolnego.

– Sądzę, że powinna pani je wziąć.

– Nie mogę sobie na to pozwolić.

Pewnego dnia, z dzieckiem w ramionach, zaczęła się słaniać na nogach. Pospiesznie położyła je na moim łóżku i opuściła salę. Poprosiłam lekarza, aby ją zbadał.

– Jest chora – oznajmił – ale nie na tyle, by nie móc pracować.

Błagała mnie, abym nie zmieniała pielęgniarki, gdyż pieniądze są jej potrzebne dla dwóch małych synków.

– Dlaczego pielęgniarki nie zbiorą się razem i nie odmówią pracy w takich warunkach? – spytałam ją.

– Nigdy tego nie zrobią. Boją się, że panna Stefania je wyrzuci.

Kiedy powiedziałam lekarzowi, co myślę o takim wykorzystywaniu ludzi, parsknął śmiechem.

– Oczywiście. Większość nie wytrzymuje więcej niż dziesięć lat, a potem chorują na gruźlicę nerek. Ale zawsze się znajdzie mnóstwo innych.

Kiedy nadal przebywałam w szpitalu, przyjechał z wizytą kuzyn mojego męża. Wcześniej tego samego roku on i kilku innych Polaków, których znaliśmy, pojechało na zaproszenie Hitlera i Göringa na olimpiadę do Berlina. Posadzono ich w generalskiej loży i czuli się bardzo ważni*.

– Jest wspaniały – opowiadał kuzyn męża. – Duch nazistowski powinien być lekcją dla nas. To najlepsi organizatorzy na świecie. Są też bardzo życzliwie nastawieni do Polaków – ciągnął. – Pojechaliśmy autem i gdziekolwiek się zatrzymywaliśmy na postój, prześcigali się w usłużności. „Z Polski? – pytali. – Polska jest naszym sprzymierzeńcem".

– Widziałeś jakieś oznaki pogromów? – spytałam.

– Och, to wszystko jest mocno wyolbrzymiane. Czasami pociągną starych Żydów za brody. Oczywiście, obecnie usuwają ich z pracy. Jest to słuszne działanie. Szkoda, że nie robią tego i tutaj.

Słyszał przemowy Hitlera i ryk tłumów w odpowiedzi.

– Tym światem rządzi siła – orzekł. – Pytanie tylko, kto dysponuje najlepszą armią.

– A jeśli dojdzie do następnej wojny?

– Oczywiście, że kiedyś wybuchnie kolejna wojna. Zawsze tak będzie. Gdyby nie było więcej wojen, rasa ludzka przestałaby istnieć.

---

* Olimpiada w Berlinie odbyła się latem 1936 roku, Nicholas Sapieha urodził się rok później.

– Nie rozumiem dlaczego – powiedziałam.

– Jeśli mężczyźni nie będą od czasu do czasu walczyć, nie będą zdolni do rozrodu.

Wybuchnęłam śmiechem, ale on zachował powagę.

– To prawda – zapewnił mnie. – Wojna leży u podstaw dzieła stworzenia.

Gdy przywiozłam dziecko do domu, Krysia była dość rozczarowana, gdy się okazało, że mały nie mówi. Kiedy tylko ktoś z członków rodziny przychodził do pokoju, aby go podziwiać, przybiegała natychmiast.

– Jeśli pójdziesz ze mną – mówiła – pokażę ci coś naprawdę ciekawego.

Po tym, jak pierwszy raz zobaczyła go w kąpieli, przyszła do mojego pokoju z poważną miną.

– To oczywiste, że będę mieć dzieci, tak jak ty – oznajmiła – ale same dziewczynki.

Teściowa i Elżbieta rozmawiały o mleku matki. Na początku, ponieważ dotyczyło mnie to osobiście i nie miałam nic innego do roboty, słuchałam uważnie.

– Wiesz – oznajmiła Elżbieta – drogi Pana są pełne cudów. Przypuśćmy, że twoja głodna dziecina została sama w lesie. Każda kobieta, która by go znalazła, potrafiłaby go nakarmić.

Spierałyśmy się o to przez długą chwilę, lecz pozostała przy swoim przekonaniu.

Chrzciny dziecka urządzono w naszej kaplicy, ja jednak nie mogłam być na nich obecna, gdyż nie przeszłam jeszcze ceremonii rytualnego oczyszczenia. Kiedy uroczystość się zakończyła, przyszedł mój mąż, aby mi o niej opowiedzieć.

– Czyli teraz mamy Fryderyka Nicholasa – stwierdziłam.

– Fryderyka Nicholasa Piotra Pawła – poprawił mnie. – Dorzuciłem tych dwóch ostatnich na szczęście. – Zauważając moje milczenie, podjął: – Pomyślałem, że może lepiej mieć dwóch dodatkowych świętych, którzy będą się o niego troszczyć.

Tego samego dnia teściowa ofiarowała mi naszyjnik z brylantami.

– Gdzie niby miałabym go nosić? – zapytałam męża.

– Prędzej czy później nadarzy się sposobność. Poza tym, gdyby coś się stało, może okazać się użyteczny.

– Jak z tymi uciekinierami z Rosji? Będziemy mieszkać w Paryżu i kupować jajecznicę za brylanty?

– Cóż, przytrafiło się to wielu ludziom lepiej sytuowanym niż my.

– Wydaje się jednak mało prawdopodobne.

– Na szczęście – powiedział.

Po niemal roku bezowocnych spotkań z partią konserwatywną i ostrej wymianie poglądów z kilkoma innymi udziałowcami warszawskiego „Czasu" na temat tego, co napisano o arcybiskupie w związku z letnim skandalem, mój mąż zrezygnował ze stanowiska sekretarza, choć nie wycofał pieniędzy, które zainwestował w gazetę. Wciąż prześladowała go instynktowna obawa przed opieraniem się na własności ziemskiej. W naszej części Polski parcelacyjne plany Ministerstwa Rolnictwa nie dotknęły jeszcze lasów, ale mogło to nastąpić w każdej chwili. Nie przyznając się przed samym sobą, czuł równie mocno jak ja, iż dni wielkich majątków ziemskich dobiegają końca, rozglądał się więc za interesem, w który mógłby zainwestować nadwyżkę gotówki pozostałą po sprzedaży tegorocznego drewna, które osiągnęło wyższą cenę niż zwykle. Badał możliwości związane z rozmaitymi fabrykami cukru i papieru, ponieważ wydawały się wówczas najbardziej obiecującymi dziedzinami przemysłu w Polsce, w końcu jednak postanowił założyć w Warszawie własną firmę zajmującą się sprzedażą węgla.

W owym czasie przesiadywałam codziennie na balkonie we wciąż jaskrawym jesiennym słońcu, obserwując dziecięcy wózek i czekając, aż zacznie się kołysać i podskakiwać, gdy Nick powoli się obudzi i obwieści to głośnym krzykiem. Liście dębów i lip w parku pożółkły i przywiędły, ale jeszcze nie zaczęły opadać. Pewnego ranka zauważyłam córeczkę stangreta, przykucającą pod wielkim drzewem na trawniku. Zgromadziła stertę gałązek. Poruszała się szybko i zwinnie, potem przystawała na chwilę w napięciu, by popatrzeć na mój balkon, po czym podejmowała na dłuższą chwilę zbieranie uschniętych kawałków drewna. Wstałam i spojrzałam prosto na to drzewo. Natychmiast skryła się za pniem. Czekałam, czy się poruszy. Dało się dostrzec jedynie jej głowę, wychylającą się i chowającą w jednej chwili. Wróciłam do domu i zamknęłam oszklone drzwi. Kiedy się odwróciłam, dostrzegłam, że chwyta całe naręcze drewna i biegnie z pochyloną głową, na ugiętych kolanach, w stronę stajni. Nie istniało prawo, które zabraniałoby jej zbierać uschnięte gałązki, lecz jej ukradkowa pantomima była typowa dla zachowań wieśniaków.

Często, kiedy przechadzałam się samotnie po lesie, jakaś zbliżająca się ku mnie postać nagle znikała. Czasami się zatrzymywałam i wołałam: „Hej, ty! Widziałam cię! Wyjdź z krzaków". Ale nigdy nikt się nie pokazał. Raz omal nie potknęłam się o staruszkę, która, zauważywszy mnie, rzuciła się twarzą w dół do rowu obok drogi. Skłoniłam ją, aby pokazała mi, co ma w węzełku, który ściskała kurczowo. Było w nim jedynie kilka warzyw z targu w Rawie Ruskiej, ale odruch kazał jej się ukryć.

Gdy matka mojego męża wyjeżdżała do Krakowa, poprosiła, abym miała na uwadze pewną młodą wieśniaczkę z jednej z gruźliczych rodzin we wsi, która od tygodni chorowała na zapalenie płuc. Uzbrojona w butlę tranu, wybrałam się w odwiedziny. Leżała na zbitym z desek wąskim łóżku, okryta chustą niczym obdarta, wyczerpana Madonna, karmiąc dziecko. W jednym z kątów izby, w której mieszkała z mężem i dwojgiem dzieci, wznosiła się świeża sterta mokrej gliny.

– Ależ nie powinniście trzymać tu tej gliny – powiedziałam.

– Nigdzie indziej się nie da – wyjaśniła. – Zimą musi robić garnki, żebyśmy przeżyli.

– Nie pracuje w lesie?

– Musi doglądać dzieci i gotować dla nas, bo ja nie wstaję. Sprzedaliśmy już wszystko, cośmy mieli, nawet konia i furmankę, żeby zapłacić za leki dla mnie.

– Ale to wilgotne powietrze jest dla ciebie najgorsze.

Wskazała na kawałek skóry obok siebie.

– Wczoraj mi ją kupił – oznajmiła. – Świeżo ściągnięta z psa, jeszcze z tłuszczem. Mówią, że to najlepsze lekarstwo.

Postawiła na podłodze dziecko, które dokądś poraczkowało.

– Nie powinnaś go dłużej karmić – stwierdziłam.

– To tańsze niż kupowanie mleka – odparła.

Poleciłam jej, aby codziennie przysyłała do dworu męża po mleko i smalec. Nie wiedziałam, co więcej mogłabym zrobić ani jak się z nią pożegnać.

– Poczujesz się lepiej, gdy nadejdą mrozy – zapewniłam ją, stojąc w drzwiach.

– Boję się wiosny – powiedziała cicho.

– To niemądre. – Uśmiechnęłam się do niej, ale odwróciła oczy.

Wciąż uwiązana przez swoje macierzyńskie powinności, nie mogąc nawet pojechać do Lwowa, usiłowałam wypełnić dni obowiązkami domowymi. Myszkowałam w nieużywanych częściach domu, wypatrując czegoś, co wymaga porządków lub zmian. Czytałam stare katalogi nasion, szukając pomysłu, co można by zasiać na wiosnę. Gdy służba dostrzegła moje zainteresowanie, zaczęła zgłaszać swoje potrzeby. Kucharz zażądał nowych garnków; gospodyni narzekała, że podłoga w chlewie woła o pomstę do nieba; ogrodnik był w rozpaczy, gdyż drzewo zwaliło się na dach szklarni i zniszczyło połowę budynku; praczka skarżyła się, że grzbiet jej pęka od kręcenia wyżymaczką, której zapleśniałe łopatki i worek kamieni, który miał zapewnić odpowiedni nacisk, wyglądały jak pozostałość z czasów biblijnych.

Zarząd majątku zawiadomił mnie, że zużyliśmy zbyt wiele ziarna z gospodarstwa dla naszego podwórza, więc policzyłam indyki, o których zapomniałam od lata, kiedy to pędem przemierzały trawnik, poganiane patykami i okrzykami dziecka wynajętego do ich pilnowania i straszące przypadkowych gości swym nieeleganckim gulgotaniem. Tego roku mieliśmy ich dziewięćdziesiąt, samych krzepkich atletów, dzięki opiece zapewnionej im od początku. Ponieważ aż tylu byśmy nie zjedli, zawiadomiłam pewnego Żyda w Rawie Ruskiej, że mamy drób na sprzedaż. Pojawił się w grudniowe popołudnie, kiedy spadł pierwszy śnieg, żeby je oszacować. Ustawiwszy wagę przed kojcami, wiązaliśmy im nogi, aby zważyć każdego, podczas gdy Żyd i gospodyni zapisywali to osobno w swoich notatnikach. Wiał zimny wiatr, zmrok szybko nadciągał, a ptaki podnosiły pełen dezaprobaty harmider. Gdy ostatni został zważony, określiłyśmy naszą przybliżoną wycenę, a Żyd swoją, lecz znacznie się różniły.

– To są nędzne indyki – powiedział do mnie.

– Wiem – przyznałam. – Nie są zbyt tłuste.

Gospodyni rzuciła mi ostrzegawcze spojrzenie.

– Pochodzą z najlepszego chowu. Są dobrze karmione. Gdzie dostaniesz lepsze indyki niż te? – zapytała agresywnym tonem.

Wskazał notatnik w jej rękach.

– Zawyżaliście w swoim spisie wagę każdego ptaka – oznajmił. – Powinniście się wstydzić – zwrócił się do mnie – próbować mnie przechytrzyć, jak ja od tylu lat robię tu z wami interesy.

– O co chodzi? – spytałam poirytowana, otulając się szczelniej peleryną, aby osłonić się przed wiatrem. – Dlaczego miałabym chcieć kogoś przechytrzyć? Nie zajmuję się interesami. Chcę jedynie sprzedać czterdzieści indyków.

Tym razem gospodyni pociągnęła mnie za rękaw.

– Proszę iść do domu. Sama dobiję targu – szepnęła.

Ptaki zostały w końcu sprzedane po siedemdziesiąt pięć centów od sztuki, ale moja reputacja jako kobiety interesu w oczach zarówno Żyda, jak i służby, nigdy nie miała się poprawić.

Poza zasiadaniem w zarządzie banku w Warszawie, mój mąż został również dyrektorem wielkiego browaru we Lwowie. Po Bożym Narodzeniu często tam z nim jeździłam, by zmienić otoczenie. Zawsze znalazły się jakieś sprawy do załatwienia, które służyły mi za wymówkę. Choć kupowanie oliwy, durszlaków i materiałów na marynarki dla służących nie było kuszącą formą zakupów, wyprawy te przerywały monotonię codziennych samotnych spacerów. W hotelu George, gdzie wszyscy telefonowali, zostawiali paczki i jedli obiady, zawsze spotykaliśmy kogoś znajomego. Portier, który spieszył ucałować moją dłoń, dzielił się z nami wszystkimi nowinkami ze Lwowa. W ogromnej, pozbawionej okien jadalni, gdzie zimą żaden powiew świeżego powietrza nie rozpraszał zmieszanych woni jedzenia, dymu i wilgotnych ubrań, stoliki były zajęte przez ludzi, których podstawową rozrywkę stanowiło rozpoznawanie innych gości. Zanim któryś ze spóźnialskich zajął miejsce, zatrzymywał się pośrodku sali, by przywitać się ze znajomymi. Niczym ptak dopełniający sobie tylko znanego rytuału, skłaniał głowę przed jednym mężczyzną, ustawiał stopy razem i składał ukłon innemu, a damom kłaniał się w pas. To, w jaki sposób mu odpowiadano, wskazywało na jego pozycję. Jeśli był młody, ludzie po prostu kiwali głowami; jeżeli był starszy lub sławny, wstawali z krzeseł, odsuwali się od stolików i głęboko odkłaniali.

Nigdy nie jedliśmy sami. Zawsze pojawił się ktoś nieproszony, kto się do nas dosiadał i niezależnie od pory, o której zaczynaliśmy posiłek, nie kończyliśmy wcześniej niż pół godziny po trzeciej. We Lwowie nikt się nie spieszył.

Niektórzy z pewnością należeli do stałych bywalców, będących elementem hotelowego życia, podobnie jak palmy w holu wejściowym, pojedynczy wąski chodnik, skórzane fotele i stary bezzębny windziarz, który mieszkał kiedyś w San Francisco, ale uważał Lwów za lepsze miasto. Powstał zbiór rysunków naszkicowanych z lekka satyrycznym ołówkiem, przedstawiających znane postaci, poczynając od zażywnego hotelowego majordomusa. Ogólnie rzecz biorąc, ta parada gargulców, jakkolwiek każdy typ był inny, miała jednorodny charakter. Był tam hrabia o ziemistej cerze, ubrany na czarno, w towarzystwie rozgorączkowanego młodzieńca w lokajskiej liberii, przygarbiony były senator, którego bulgoczący śmiech budził wesołość całej sali, oraz różanolicy poeta z białymi włosami spływającymi na ramiona. Była hrabina, znana jako Pajęczyca, która mieszkała tutaj z córką, podstarzałą pięknością, od czasu wojny, kiedy to utraciły majątek w zajętej przez Rosję części Polski. Już przed laty przestały płacić, ale pozwolono im zostać w hotelu. Nigdy nie szyły, nie robiły na drutach ani nawet nie czytały. Starsza dama była podstawowym źródłem wszystkich krążących po Polsce plotek. Ze swojego okna obserwowała zabiegany świat, a jeśli przypadkiem pojawił się w hotelu jakiś nowy gość, najłatwiej było poprosić pokojówkę, aby na chwilę użyczyła jej paszportu przybysza. Jeśli nie udało się uniknąć spotkania z nią w holu, rozsądek nakazywał wymienić kilka grzecznościowych formułek.

W zimie wybrano mnie do miejscowego komitetu Koła Ziemianek, swoistego odpowiednika stowarzyszenia właścicieli ziemskich. Zebrania odbywały się w celu porównania działalności sąsiadów na rzecz chłopów. Rozeszła się wieść, że rząd ubolewa nad tym, jak niewiele pomocy udziela się biedakom spoza miast. Kobiety, które jako jedyne osoby w całym kraju osiągały rzeczywiste, acz skromne rezultaty swych wysiłków, postanowiły opracować sprawozdania z każdego powiatu, dotyczące tego, ile wiejskich rodzin zostało przyodzianych i nakarmionych, jak wiele drewna rozdano i ile kursów szycia i higieny zorganizowano.

Amelia, która była przewodniczącą komitetu, nadała zebraniu charakter parlamentarny, co osobliwie kontrastowało z zakresem naszej działalności. Ponieważ niewiele można było zrobić z naszym budżetem wynoszącym 15 dolarów, podsunęła, abyśmy go zwiększyły, wydając bal w Rawie Ruskiej.

– Nasza grupa nie angażowała się wcześniej w imprezy towarzyskie – zaznaczyła – więc musimy uważać, kogo zapraszamy.

– Uważam, że nie powinno tam być żadnych Żydów – powiedziała któraś z kobiet.

– Kłopot w tym, że oni mają pieniądze – zauważyła inna.

– To bez znaczenia. Bal musi być czysto polski.

– Dla inteligencji.

– Ale kto do niej należy? – zapytałam.

– Urzędnicy z biura burmistrza i z banku, nauczyciele i inżynierowie. Jest ich tutaj całe mnóstwo – stwierdziła Amelia.

Nie zaproszono ani jednego Żyda. Cena za wstęp miała pokryć koszt wynajęcia sali i orkiestry, pod warunkiem, że przybędzie wystarczająco dużo gości. Zysk ze sprzedaży potraw, które każda z nas zobowiązana była dostarczyć, stanowił nasz dochód. Zaproponowałam, że przywiozę szynki z dzików i indyki.

Tuż przed przyjęciem mój mąż znalazł sobie coś ważnego do załatwienia w Warszawie, ale nie musiałam iść sama, ponieważ Tilka i Osterwa zatrzymali się w naszym domu. Co więcej, gdy okazało się, że Osterwa będzie na balu, wszyscy postanowili przyjść. Osoba tak sławna w całej Polsce rzadko pojawiała się w Rawie Ruskiej.

Kiedy przybyliśmy, sala była już pełna ludzi. Damy w jasnych taftowych sukniach wspierały się lekko na ramionach partnerów, wtłoczonych w sztywne smokingi wydobyte specjalnie na tę okazję. Pod ścianami na niewygodnych krzesłach siedziała większość członkiń naszego komitetu, uśmiechając się uprzejmie. Amelii nie było jednak przy nich. Z czarną kokardą w siwych włosach, unosząc jedną ręką fałdy sukni i odsłaniając przy tym zgrabne, drobne stopy, pląsała wokół sali w klasycznym polskim tańcu chodzonym. Jedynymi mężczyznami, których rozpoznawałam, byli nasi oficjaliści. Każdy po kolei prosił mnie do tańca, prezentując jak najwytworniejsze maniery, i zachowywałam się serdecznie tak długo, jak tylko zdołałam w dusznej atmosferze, a potem przeszłam do sąsiedniego pokoju przyjrzeć się otwartemu bufetowi.

Stał tam pułkownik i popijał drinka. Powitał mnie donośnie:

– Cóż, więc raczyła pani pojawić się na naszym balu!

– Prawdę mówiąc, sądzę, że to nasz bal, a gościem jest pan.

– Jaką sumę tutaj zbierzecie?

– Nie mam pojęcia – odpowiedziałam.

– Ale gdyby oddała pani część swoich amerykańskich pieniędzy, bal nie byłby potrzebny.

Spojrzał na mnie z przebiegłym wyrazem twarzy.

– Nie mam tylu pieniędzy – odparłam.

– Doprawdy? Sądzi pani, że w to uwierzę? Przecież wszyscy w Rawie Ruskiej wiedzą, że jest pani bogata. Dlaczego nie zrobi pani czegoś dla ludzi ze swoich wsi? Mogłaby pani chociaż zapewnić im blaszane dachy.

– Robimy, co możemy – oznajmiłam spokojnym tonem.

– Coś pani powiem. – Nachylił się do mnie poufale. – Tutejsi wieśniacy dlatego cierpią tak wielką nędzę, że Sapiehowie nigdy w życiu nie zrobili nic dla nikogo prócz samych siebie.

Wybuchnął śmiechem, a ja umknęłam.

Tłum spóźnialskich, wiedziony przez lekarza o czerwonym obliczu, wypełnił salę balową. Gwar narastał. Długo potrwało, zanim, gęsto się tłumacząc, odważyliśmy się odjechać.

Kiedy wreszcie zaległ głęboki śnieg, Borkowy przyniósł wieści, że znowu pojawił się wielki dzik samotnik, na którego daremnie polowaliśmy w zeszłym roku. Zarzekał się, że tym razem książę pan z pewnością go dostanie. Skończyły się nudne codzienne spacery dla zdrowia; nasze wycieczki zyskały swój cel. Kiedy podążaliśmy śladami Borkowego wśród drzew, starając się nie potrącać ośnieżonych gałęzi, napięcie kazało nam milczeć. Jego zapał był zaraźliwy. Nie miało znaczenia, że dzień w dzień dzik nam się wymykał i choć widzieliśmy jego świeże ślady, a czasami nawet słyszeliśmy szelest krzaków, w których znikał, wciąż zjawialiśmy się zbyt późno, aby go dopaść. Kiedyś, w części lasu, gdzie drzewa nie były wyższe ode mnie, Borkowy – śledzący naszego dzika od niemal godziny, podczas gdy my czekaliśmy na wychodzącym tropie – pojawił się na skraju zarośli i przywołał nas gestem.

– Jest tam, na pewno – wyszeptał, ocierając pot, który spływał spod jego futrzanej czapy. – Za mną.

Wrócił pospiesznie na trop, mój mąż za nim, a ja trzymałam się z tyłu.

– Nie możesz iść. To niebezpieczne. – Mąż przystanął, odganiając mnie gestem.

– Jeśli ty idziesz, to ja też – szepnęłam.

Borkowy zagłębił się w gąszcz młodych drzewek. Nie próbował się już podkradać. Krążyliśmy pospiesznie po wielkich, szerokich tropach, zygzakując, by uniknąć kaskad spadającego śniegu. W chwili, gdy dotarliśmy do niewielkiej polanki, dzik przemknął obok i zniknął gdzieś za nami. Poruszone gałęzie wróciły na swoje miejsce i zapadła cisza. Borkowy aż się zgarbił. Ściągnął czapkę i spojrzał żałośnie na mojego męża.

– Znowu uciekł.

Mąż odwrócił się do mnie.

– Gdyby cię tu nie było – oznajmił – mógłbym strzelać. W tej sytuacji nie mogłem.

– Księżna pani nie powinna wchodzić w zarośla – przyznał Borkowy.

– Nikt z nas nie powinien. To był błąd. Jedyny sposób to przyczaić się na zewnątrz – orzekł mój mąż.

Dzik porzucił tę część lasu i minęło kilka dni, zanim Borkowy odszukał ponownie jego trop. Tym razem podchodził dzika samotnie, podczas gdy mąż i ja czekaliśmy na szczycie wydłużonego, nagiego pagórka, niezbyt daleko od oddalających się śladów. Światło słońca odbijało się od śniegu, a podmuchy wiatru w koronach drzew wzmagały się i cichły, brzmiąc jak odgłos przedzierania się jakiegoś zwierzęcia przez zarośla i utrzymując nas w nieustannym napięciu, ponieważ mieliśmy świadomość, że nie dosłyszymy dzika, jeśli nadejdzie. Poruszając się jak najostrożniej, przepatrzyliśmy uważnie całe zbocze wzgórza. Rozbrzmiewający odgłosami, mroźny dzień pełen był najrozmaitszych możliwości. Każdy ciemny krzak w oddali wydawał się znaczący. Po blisko godzinie napiętego oczekiwania nasza czujność nieco osłabła.

– Przypuszczam, że znowu się nam wymknął – stwierdził mój mąż.

Gdy to mówił, duży, niski krzew, na który akurat spojrzałam, zaczął się poruszać.

– Co to? – trąciłam męża łokciem i wskazałam palcem kierunek.

Cicho, lecz zwinnie dzik przemykał obok nas po drugiej stronie zbocza. Mąż runął biegiem w dół. Kiedy dzik pozostawił ostatnie krzaki za sobą, przyspieszył kroku, ale zaspy śnieżne, pod którymi gdzieniegdzie znajdowały się głębokie doły po zeszłorocznym sadzeniu drzew, uwięziły jego krótkie nogi i przeszkodziły w ucieczce. Zmierzał teraz ku drodze u podnóża pagórka, gdzie po przeciwległej stronie wznosiła się ściana drzew. Mój mąż wskoczył na pniak i uniósł broń. Ogromny czarny zwierz otrząsnął się z miękkiego śniegu i zebrał w sobie, by jednym susem przeskoczyć rów i drogę. Nie byłam w stanie oderwać oczu od dzika, by popatrzeć na męża. W świszczącym wietrze nie dosłyszałam wystrzału, ale widziałam, jak ciało rzuca się w bok i pada gwałtownie.

Mąż podbiegł do niego. Potykając się, pospieszyłam za nim. Usłyszałam strzał, którym dobił ledwo dyszącego dzika. Wielki łeb leżał teraz sztywno, a nogi wyprężyły się w ostatnim spazmie. Mąż przesunął palcem po kłach.

– Widywałem większe – oświadczył i wstał, próbując zapalić fajkę pod wiatr. – Ale rzadko się zdarza, żeby tak dały się podejść na otwartym terenie.

Wiedziałam, z jakim wysiłkiem próbuje ukryć, że przepełnia go duma.

Gdy dostrzegłam Borkowego daleko na drodze, zamachałam do niego, a on ruszył i dobiegł do nas. Nie słyszał strzałów. Usiadłszy na śniegu obok powalonego dzika, opowiedzieliśmy mu całą historię, jak to się zdarzyło. Ze smakiem rozwodziliśmy się nad każdym szczegółem. Dopiero wycisnąwszy ostatnią kroplę ze sprawozdania, zostawiliśmy go na straży i udaliśmy się do domu po konie. Potem, załadowawszy dzika na wóz, usiedliśmy na nim, by pojechać z powrotem do domu. Po drodze spotkaliśmy niańkę z Krysią, która podbiegła, aby popatrzeć.

– Miły stary dzik – powiedziała, kładąc drobną dłoń w rękawiczce na jego łbie.

Kiedy dojechaliśmy, wszyscy wylegli na dziedziniec popatrzeć na trofeum i stali dookoła, gdy je ważyliśmy. Trzysta pięćdziesiąt funtów. Zawieszony za tylne nogi na belce górował nad nami.

– Wiedziałem, że nasz książę pan go dostanie – orzekł Borkowy z zadowoleniem, wsuwając do kieszeni premię, którą mój mąż mu przekazał.

Samotność zaczęła oddziaływać na nerwy niani przebywającej na obczyźnie. Zaburzenia żołądkowe Nicka, które czasami stawały się przyczyną ostrej wymiany zdań pomiędzy nami, uświadomiły mi, że czas odesłać ją z powrotem do Anglii. Ponieważ sama czułam się przez całą zimę niewyraźnie, zdecydowałam się pojechać do Wiednia, aby poszukać innej opiekunki i poradzić się lekarza.

Spędziliśmy tam z mężem w styczniu trzy dni na krótkich wakacjach, a on, na podstawie tego, co słyszał i widział, nabrał przekonania, że kres Austrii jest bliski. W kawiarence Imperial słuchaliśmy zagranicznych korespondentów, którzy próbowali zrozumieć sytuację.

– Do niczego tutaj nie dojdzie – zapewniał nas jeden z nich. – Francja, a zwłaszcza Włochy nigdy nie wpuszczą Niemców. Nie mogą sobie na to pozwolić.

– Schuschnigg* miałby po swojej stronie wszystkich robotników, gdyby tak bardzo nie bał się socjalizmu – powiedział inny.

– Watykan wspiera ten rząd. Ponadto spytajcie kogokolwiek, co myśli o nazistach. Austriacy są im przeciwni. Gdyby nie zapaść gospodarcza, naziści nie mieliby punktu zaczepienia.

– Ale Austria to kameleon – wtrącił mój mąż. – Pamiętajcie, jak potraktowano cesarza Karola. Może zwrócić się w dowolną stronę.

– Nie po zamachu na Dollfussa** – zauważył jeden z dziennikarzy.

Przypomniałam sobie, jak byłam w Wiedniu tuż przed zabójstwem Dollfussa. Krążyło mnóstwo dowcipów związanych z jego niskim wzrostem; nikomu nie wydawał się postacią tragiczną. Na premierze operetki, w której miał śpiewać Tauber***, w przejściu opodal nas wybuchła bomba z gazem łzawiącym, gdy podnosiła się kurtyna. Z piekącymi, załzawionymi oczami widzowie wybiegli na ulicę i stanęli pod ciepłym nocnym niebem, ocierając oczy. Kiedy ból zelżał, wszyscy zaczęli się śmiać. Nie słyszeliśmy, by ktoś pytał, kto rzucił bombę lub dlaczego. Gdy tylko przewietrzono budynek, ludzie powrócili na swoje miejsca i wkrótce pogrążyli się w łagodnej niepamięci pod wpływem czułego głosu Taubera. Następnego dnia w gazetach pojawiły się jedynie zdawkowe wzmianki.

---

* Kurt von Schuschnigg (1897–1977) – dyktator i kanclerz Austrii (1934–38), przywódca austrofaszystowskiego Frontu Ojczyźnianego.

** Elgelbert Dollfuss (1892–1934) – dyktator i kanclerz Austrii (1932–34), poprzednik Schuschnigga na tych stanowiskach, twórca Frontu Ojczyźnianego. Zginął w wyniku nazistowskiego zamachu.

*** Richard Tauber (1891–1948) – austriacki tenor i aktor.

Prawie trzy lata później w styczniu, przyzwyczajeni do atmosfery niepewności wiedeńczycy zamykali oczy na niemiecki napór. Miasto było pełne wytwornych gości. Sznury lśniących samochodów stały przed dużymi hotelami. Wystawy sklepowe pyszniły się tandetnymi wyrobami z tłoczonej skóry i ręcznie wyszywanymi koszulami nocnymi. Kiedy pytaliśmy: „Jak tam idzie?", słyszeliśmy w odpowiedzi: „Lepiej niż zwykle". Pulchne kobiety, które podawały drinki w naszym ulubionym barze, tryskały optymizmem. „Przez cały dzień jest ruch – mówiły nam. – Ludzie zaczynają pić o dziesiątej rano. To dobry rok".

Ostatniego dnia naszego pobytu, wieczorem, po kolacji w polskim poselstwie, gdzie prosty śpiewak Kiepura tłumaczył, że śpiew nie jest sztuką, lecz interesem, poszliśmy na bal w operze. Miejsce dla orkiestry podwyższono, tak że cała ogromna sala otwierała się od tyłu sceny aż do wejść dla widowni. Schuschnigg pojawił się w loży królewskiej. Pozostałe wypełniły damy w lśniących diademach i mężczyźni w mundurach, jakie nosiło się przed wojną. Tyrolskie kabarety zorganizowano w obszernych piwnicach budynku. Pełny wachlarz ludzi z całego miasta przewinął się tej nocy przez operę. Jedynie niezwykły przepych panujący na scenie mógł nasunąć myśl, że opera po raz ostatni otworzyła swe piękne barokowe podwoje dla wolnych ludzi.

Tym razem, wczesną wiosną, przyjechałam sama o szóstej rano. Aleje były czyste i puste. Dopiero później, gdy skręcając za róg hotelu, popatrzyłam na ulicę pełną drogich sklepów, dostrzegłam zmianę. Tu, gdzie zwykle cudzoziemcy z pękatymi książeczkami czekowymi wchodzili i wychodzili ze sklepów, gromadził się teraz, na obu chodnikach, zwarty tłum młodych mężczyzn, obdartych i nienoszących kapeluszy, przemieszczających się tam i z powrotem. Powyżej, między oknami drugiego piętra, rozwinięto biały transparent, na którym wypisano czerwonymi literami: „*Heil* Schuschnigg!". Jedna z grup posępnych młodzieńców bez przerwy unosiła buntowniczo prawe ręce, a jakaś inna odpowiadała, podczas gdy z drugiej strony ulicy dobiegały nieprzychylne komentarze. Niespokojny, agresywny tłum przybłędów tamował ruch uliczny. Bocznymi uliczkami udałam się pospiesznie, jakby mnie ścigano, do kawiarni, gdzie spodziewałam się znaleźć znajomych dziennikarzy. Siedział tam tylko jeden z nich, starszy Austriak, mając przed sobą kieliszek koniaku. Nie uśmiechnął się na powitanie.

– Co się tutaj dzieje, na litość boską? – zapytałam.

– Schuschnigg wrócił z jaskini lwa. W niedzielę odbędzie się plebiscyt*.

– Ale Austria nie popiera nazistów.

Westchnął i opróżnił kieliszek.

– Kim są ci młodzi buntownicy na ulicach?

– Opłaconym chórem w nowym dramacie – odparł.

– Opłaconym?

– Cóż, niewiele trzeba, by zebrać hałastrę.

– Co będzie dalej?

– Nie mam pojęcia – odrzekł – ale się boję.

W ciągu dnia policja usunęła tłumy z centrum miasta, ale w nocy wyrwał mnie nagle ze snu narastający zgiełk pod oknem.

– *Sieg Heil! Sieg Heil!*

Jak nieznośne pulsowanie znużonego serca, dźwięk napływał miarowymi falami. Wychylając się przez okno, nie potrafiłam dostrzec krańców tłumu. Nie zatrzymując się ani na chwilę, z nieustannym szuraniem stóp, przesuwał się wolno tam i z powrotem aż do świtu.

Następnego dnia pojechałam do słynnego lekarza, którego porady chciałam zasięgnąć. Za jego bramą warczało około dwudziestu psów różnych ras. Z okien zwisały flagi ozdobione znakiem swastyki.

---

* 9 marca 1938 Schuschnigg ogłosił, że 13 marca odbędzie się plebiscyt, w którym Austriacy zdecydują, czy chcą przyłączenia swego państwa do Niemiec.

– Mam wrażenie, że zjawiłam się w nieodpowiedniej chwili – powiedziałam, kiedy przeprowadzał mnie bezpiecznie przez zwierzęcy labirynt.

– Wolność Austrii jest na wyciągnięcie ręki – odparł.

Szybko skierowałam rozmowę na moje objawy.

Po kilku dźgnięciach i uciskach orzekł, że mam zapalenie wyrostka robaczkowego.

– To nienajlepszy czas na operację – powiedziałam lekkim tonem.

– Prawdopodobnie jest to kwestia życia i śmierci.

Ponieważ jednak należało wykonać zdjęcie rentgenowskie, nie musiałam podejmować decyzji przed upływem trzech dni. Przeprowadził mnie ponownie obok groźnych psów.

– Radzę pani zrobić to tutaj, a nie w Polsce – powiedział przy bramie.

Tej nocy Hitler odwołał plebiscyt, przekraczając austriacką granicę*. Dobiegało głośniejsze niż kiedykolwiek przedtem „*Sieg Heil!*". Następnego ranka swastyki pojawiły się w każdym oknie. Były przyczepione do przednich szyb wszystkich samochodów i błyszczały w każdej butonierce. Wróciłam do kawiarni po nowe wiadomości. Siedział tam samotnie ten sam mężczyzna.

– Pozostali odeszli – powiedział. – W nocy przekroczyli węgierską granicę. Wszystko się skończyło.

Rozmawiając przy kawie z bitą śmietaną, obserwowaliśmy ludzi, którzy przepychali się przez drzwi obrotowe. Każdy, rozglądając się pospiesznie, mówił: „*Heil* Hitler!"

– Wczoraj – zauważył mój znajomy – wszyscy oni zamierzali głosować na Schuschnigga. Pani mąż miał rację, kiedy mówił, że Austria łatwo przechodzi na stronę przeciwnika.

Powiedziałam mu o mojej operacji.

* 11 marca 1938 Hitler wymógł na Schuschniggu odwołanie plebiscytu i dymisję. Następnego dnia wojska niemieckie wkroczyły do Austrii, która 13 marca została włączona do III Rzeszy.

– Proszę nie robić tego tutaj – odparł, otrząsając się z posępnej apatii. – Za tydzień Hitler zajmie Czechosłowację. Zostanie pani odcięta od Polski i swoich dzieci.

Po powrocie do hotelu spróbowałam usiąść i przemyśleć sytuację, ale niepokój wziął górę i znowu musiałam wyjść. Krawcowa i fryzjerka, które odwiedziłam, szukając odprężenia, miały smutne miny. Obejrzały się trwożnie, zanim się odezwały.

– Co teraz z nami będzie? – zapytały mnie szeptem.

Tymczasem hotel wypełnił się Niemcami w brunatnych mundurach. Musiałam czekać z zamówieniem, aż wszyscy zostaną obsłużeni. Leżąc w łóżku w niedzielę, słyszałam monotonny warkot, który narastał nad wyciszonymi ulicami, aż wypełnił pokój i moją głowę złowieszczą wibracją. Ponad dachami domów mogłam teraz dojrzeć niemieckie samoloty, regiment potworów krążący w eterycznym świetle słońca w ów pogodny marcowy dzień. Przelatywali nad miastem tam i z powrotem w zorganizowanym szyku. Byli zwiastunami wszechwładzy. Anschluss stał się niewątpliwie rzeczą dokonaną.

W dniu, gdy miał przyjechać Hitler, prostaczkowie zwiezieni autobusami z całego kraju dołączyli do tryumfujących, rozwrzeszczanych tłumów. Jak grzyby po deszczu zewsząd wyłaniały się brunatne koszule, a kwadratowe twarze i świszczący akcent wyraźnie kontrastowały z subtelnymi, zręcznymi Austriakami i ich melodyjną wymową. Główne ulice były zablokowane i dopiero długim objazdem zdołałam dotrzeć po moje zdjęcia rentgenowskie. Żydowski lekarz, który je robił, wręczył mi otwarty list do chirurga, zakończony słowami: „Pozwolę sobie, drogi kolego, wyrazić radość z pierwszej sposobności podpisania się słowami: *Heil* Hitler".

– W ten sposób pan to odbiera? – zapytałam.

– Życzę udanej operacji – odparł, ignorując pytanie.

Tego wieczoru poszłam do szpitala, więc nie widziałam tryumfalnego powrotu przywódcy ani nie słyszałam ogłuszającego powitania, które mu zgotowano. Później jednak, gdy wracałam do zdrowia, rozmawiałam o nowo wprowadzonym reżimie z kilkoma żydowskimi lekarzami. „Dla moich dzieci lepiej by było, gdyby umarły" – oznajmił jeden, starając się powstrzymać łzy. Inna lekarka powiedziała: „Tego ranka opluli mnie w tramwaju. My, żydowskie kobiety, nie powinnyśmy nigdy zakładać rodzin". Rozmawiałam także ze starszymi pielęgniarkami, które powiadomiły mnie, że w dzielnicach, w których mieszkają, ludzie nie wychodzą teraz na ulice, ponieważ za bardzo się wstydzą. Pewna moja znajoma, pół-Żydówka, która od piętnastu lat pracowała dla wiedeńskiej policji, odwiedziła mnie i zawiadomiła, że właśnie zwolniono ją ze służby bez zapłaty.

– Musieli to zaplanować w najdrobniejszych szczegółach już dawno temu – powiedziała.

Wiosna w szpitalnym ogrodzie wydobyła na powierzchnię świeże pędy, a sentymentalne słońce ciepło oświetlało powiewające wszędzie czerwone flagi. Ludzie wyskakiwali z okien lub rzucali się do Dunaju, bądź po prostu strzelali sobie w głowy w domach, podczas gdy radio opisywało ekstatyczną radość Austriaków powracających wreszcie do macierzy, a w uboższych dzielnicach miasta naziści rozdawali darmowe posiłki i obiecywali każdemu pracę. Mój mąż, który przyjechał, aby zabrać mnie z powrotem do Polski, szedł właśnie ulicą ze swoim rodakiem, kiedy zbliżył się do nich żołnierz oddziału szturmowego.

– Hej tam, ty Żydzie! – zawołał – Gdzie wasze papiery?

– Z drogi! – krzyknął Polak, unosząc trzcinową laskę. – Świnia – dodał.

Szturmowiec odstąpił. Odeszli nieniepokojeni.

Choć incydenty z ubranymi w brunatne koszule członkami partii zdarzały się często, wojskowi oficerowie zachowywali się z godnością. Kiedy podczas pierwszego aktu galowego przedstawienia *Kawalera srebrnej róży** mój mąż, który siedział z przodu

---

* Opera komiczna, z muzyką Richarda Straussa i librettem Hugona von Hofmannsthala.

w loży, dostrzegł niemieckiego generała prowadzącego grupę żołnierzy, spodziewał się, że natychmiast zostanie wyproszony, lecz generał bez słowa skargi przesiedział całą operę na krześle z tyłu. W armii, jak stwierdzono zgodnie, nadal zdarzali się dżentelmeni.

W hotelu przesłuchałam już dwie kandydatki na nianie i teraz przyszła trzecia, pogodniejsza niż poprzednie, która chciała się pokazać. Nie tylko mówiła po angielsku, ale, pochodząc z należącej niegdyś do Austrii części Polski, chciała tam wrócić, co stanowiło zestaw zalet rzadko spotykany. Mój mąż znał jej ojca, który był austriackim generałem. Mając w pamięci wzniosłą koncepcję wychowania „małej księżniczki" przez wykwalifikowaną Angielkę, zdecydowałam się na tę niefrasobliwą amatorkę o imieniu Maria. Jej rodzice zjawili się później, aby mi się przyjrzeć i mówili przyciszonymi, przerażonymi głosami o nowo wprowadzonym reżimie. Zanim Maria opuściła Wiedeń, by do nas przyjechać, jej ojca już aresztowano i wysłano do obozu w Dachau.

Dni dłużyły się mężowi nieznośnie, gdy czekał, aż wrócę do zdrowia. Często chodził do kawiarni Imperial, aby posiedzieć z moim austriackim znajomym. Dziennikarz przedstawił go pewnego ranka wynalazcy, który twierdził, że potrafi zrobić skórę z odtłuszczonego mleka i starych sznurków. Ogromne ilości odtłuszczonego mleka marnowały się w Polsce, a tutaj pojawiła się sposobność, aby wreszcie jakoś je wykorzystać. Nie tylko Polska, ale cały świat mógłby zyskać na tym przedsięwzięciu – zdecydował natychmiast mój mąż.

Wynalazca przyszedł do pokoju męża w hotelu i w umywalce zaprezentował próbki nowego materiału. W niewiarygodny sposób na jego oczach włókna twardniały w coś, co przypominało skrzyżowanie bibuły ze skórą z dzika. Fakt, że towarzyszyła temu nieprzyjemna, kwaśna woń, zdawał się nie przeszkadzać mojemu mężowi. Według wynalazcy, można by to wytwarzać tak tanio, że wykluczyłoby z interesów linoleum i skórę. Produkt mógł być wykorzystany na kuchenne podłogi, podeszwy żołnierskich butów, znaki firmowe umieszczane na damskich torebkach. Było to coś, co mogło zainicjować rewolucję w przemyśle. Po dusznych godzinach spędzonych z prawnikiem i wynalazcą, którego kapryśne zachowanie przypisywał geniuszowi, mąż wykupił prawa patentowe na Polskę. Czuł, że trafił na żyłę złota.

Choć czechosłowacka granica została ponownie otwarta po kilku dniach zatrzymywania uchodźców, wydawało się, że Niemcy przemaszerują przez całą Austrię, dokonując szybkiego desantu na najbliższego sąsiada. Po dziesięciu dniach pobytu w szpitalu mąż oznajmił, że musimy wyjechać. Mogła to być ostatnia szansa powrotu do Polski bez objeżdżania połowy Europy i wobec zaostrzających się przepisów związanych z wywozem pieniędzy, nie mogliśmy ryzykować. Ze względu na pogłoski o zawracaniu znad granicy, pojechaliśmy dziennym pociągiem. Bezpieczni po jej przekroczeniu, mijając wioski i gospodarstwa bez żadnych flag, wojskowych oddziałów i samolotów zakłócających spokój, nareszcie się odprężyliśmy.

– Nigdy tam nie wrócę – powiedział mąż. – Ale zawsze wiedziałem, że są tchórzami. Dlaczego przynajmniej nie stworzyli pozorów oporu?

– Po co, kiedy potężne państwa ich opuściły? Wyobraź sobie tylko – mówiłam – co by było, gdyby doszło do wojny. Pomyśl o nalotach.

– Tak czy inaczej, mężczyźni muszą być gotowi do obrony – oznajmił mój mąż.

Na polskiej granicy urzędnik celny znalazł Genowefę, lalkę, która jechała do Krysi w walizce męża. Kiedy wyszedł z nią na korytarz, aby ją zważyć na stacji, lalka zawołała żałośnie: „Mama!". Musieliśmy zapłacić tyle samo, ile kosztował nas jej zakup, żeby wwieźć ją do Polski. Urzędnik, będący pod wrażeniem naszej rozrzutności, zbadał dokładnie każdą sztukę bagażu. Natrafił na akordeon z Tyrolu, który mąż kupił dla siebie.

– A to co takiego? – zapytał.

– Żona nie rusza się bez niego w podróż – odparł mąż z powagą. Wie pan, jak to jest. No, bo moja żona jest Amerykanką.

Odkładając akordeon, mężczyzna obdarzył go współczującym uśmiechem.

– Ano tak – stwierdził – jak się człowiek żeni z Amerykanką, nigdy nie wiadomo, do czego to doprowadzi.

ROZDZIAŁ TRZYNASTY

Zawsze było trudno wrócić do rutyny powszednich domowych obowiązków po pobycie w innym miejscu, ale teraz, w porównaniu z zamieszkami w Austrii, życie w Polsce wydawało się niezwykle swobodne. Można było mówić, co się chciało, bez uciszania. Nie musiało się niczego uzasadniać odznakami i flagami. Można było słuchać stacji radiowych z dowolnych zakątków ziemi. Płaciło się tylko normalne podatki, nie podporządkowując własnej opinii komuś innemu.

Anschluss miał swoje konsekwencje. Gdy jedni wychwalali nazistów za „bezkrwawe" zwycięstwo i podkreślali, że nowy ład jest etnicznie uzasadniony, znalazło się wielu innych, których podziw dla Niemiec obecnie malał.

– Jest rzeczą słuszną wykluczenie Żydów z interesów i życia publicznego. – Usłyszałam opinię Polaka, dawniej zwolennika nazistów. – Ale stosują karygodne metody.

Ludzie religijni, do tej pory nieszczególnie przejmujący się niesprawiedliwością w Rzeszy, zaczęli odczuwać oburzenie. Zdali sobie sprawę, że skoro kardynałowie i księża są prześladowani, a dzieci przemocą wyrywane spod opieki rodzicielskiej, to mimo wszystko coś jest nie w porządku z tym systemem.

Było oczywiste, że jako następni upadną Czesi, ale Czechosłowacja, jak uważali ludzie, była takim niewiele wartym, prostackim małym krajem, że nie miało to znaczenia i być może

Hitler zadowoli się jej zajęciem. Nasilały się różnice zdań co do polskiej polityki zagranicznej. Wśród strzępków podartych traktatów dziesięcioletni pakt o nieagresji z Niemcami wydawał się mniej godny zaufania. Nadawane przez radio przesłania Hitlera o pokoju i dobrej woli nie brzmiały już przekonująco. Polityczni prorocy wyrastali wszędzie i większość rozmów sprowadzała się do tematu ekspansji terytorialnej naszego sąsiada. Nie można było nie wyczuć niepokoju wiszącego w powietrzu.

Pewien amerykański profesor ekonomii, zbierający dane do książki o Polsce, przyjechał z żoną na kilka dni. Próbowaliśmy dociec, co sądzi o przyszłości Polski, lecz z mistrzowskim obiektywizmem trzymał się w rozmowie faktów i nie zdradzał własnych opinii. Przybył do naszej części Polski, aby przyjrzeć się z bliska coraz bardziej nabrzmiewającemu problemowi z Rusinami. Od niego dowiedzieliśmy się, że niemiecki konsul w Krakowie kieruje ruską propagandą. To on rozdzielał fundusze ma wspieranie ruchu narodowego. Polski agent służb specjalnych po zbyt wielu drinkach włożył list do niemieckiego konsula w niewłaściwą kopertę, po którym to incydencie pocztę do konsulatu przywoził codziennie specjalny posłaniec z Wrocławia. Profesor niepokoił się również narastającą falą antysemityzmu. Przyznał, że zagraniczne gazety wyolbrzymiają złe traktowanie Żydów przez Polaków, ale uznał za bardzo niepokojące to, że rząd przymyka oczy na wybryki studentów. *Numerus clausus* obowiązywał teraz na wszystkich uniwersytetach i w wielu z nich żydowscy studenci musieli siedzieć osobno w wydzielonych ławkach. Nie było żadnych oficjalnych protestów, gdy podczas studenckich zamieszek we Lwowie napadnięto i zabito młodego Żyda. Wspólnymi siłami uzyskaliśmy od dobrze poinformowanego profesora otrzeźwiający obraz sytuacji. Po dwudziestu latach niepodległości Polska miała przed sobą długą drogę, zanim będzie mogła mieć nadzieję, że stanie się nowoczesnym państwem.

Gdy Krysia wreszcie przyzwyczaiła się do Marii i kłopoty wynikłe ze zmiany niani odeszły w niepamięć, pojechaliśmy z mężem na wakacje do Francji. Do przejścia granicznego z Polski do Niemiec dotarliśmy po całodziennej jeździe z Warszawy.

– Nie możecie tędy jechać – powiedział nam strażnik. – Jest zamknięte od prawie roku. Przejeżdżają tylko dyplomatyczne auta.

– Dlaczego Klub Automobilowy nas nie zawiadomił? – zapytał mąż. – Swoją drogą, z jakiego powodu?

– Pryszczyca – niechętnie odparł strażnik.

– Więc gdzie możemy przejechać?

– Nie wiem. Może w Poznaniu.

Ponieważ Poznań leżał o siedemdziesiąt pięć mil dalej, postanowiliśmy poszukać innego, nie tak odległego przejścia, lecz znowu nas zatrzymano. W końcu, po odwiedzeniu biura burmistrza w najbliższym miasteczku i uzyskaniu oficjalnego pisma stwierdzającego, iż wykonujemy ważną misję, wróciliśmy do pierwszego strażnika, który nas wcześniej nie przepuścił. Tym razem nie wspominał więcej o epidemii pryszczycy. Szlabany się uniosły i pojechaliśmy dalej.

Z Wrocławia do Drezna jechaliśmy powszechnie wychwalanymi nazistowskimi drogami szybkiego ruchu. Poza sznurem okrytych brezentem ciężarówek widzieliśmy zaledwie kilka aut. Monotonia szosy pozbawionej zakrętów i skrzyżowań sprawiała, że trasa wydawała się nie mieć końca i odczuliśmy ulgę, zjeżdżając za Dreznem na wiejskie drogi, gdzie na wzgórzach pracowali wieśniacy, na łąkach krowy pasły się spokojnie, a widoku nie zakłócały żadne swastyki. Mimo to na obrzeżach każdego miasta widniały napisy w rodzaju: „Żyd to diabeł" albo „Żydzi precz", przypominające nam, gdzie się znajdujemy. Ulice przybrały wojskowe oblicze, wszędzie wisiały flagi i pełno było mężczyzn w brunatnych koszulach. Na starych przytulnych skwerkach ustawiono granitowe pomniki żołnierzy z uniesionymi, zaciśniętymi pięściami. Wszyscy młodzi ludzie, których widzieliśmy, mieli zarumienione policzki, kwadratowe szczęki i najwyraźniej tryskali zdrowiem. Nocami w niewielkich gospodach, gdzie kładliśmy się do łóżka, nie mogliśmy zmrużyć oka z powodu maszerujących tam i z powrotem ze śpiewem i okrzykami grup młodzieńców i dziewcząt. Niczym w ogrodzie zoologicznym pełnym zwierząt czekających za kratami na mięso, które musi rzucić im opiekun, atmosfera pełna była powściąganego napięcia. Z leniwego, skupionego na własnych sprawach życia niemieckiej prowincji, upstrzonej rozsłonecznionymi wioskami i subtelnymi wieżyczkami, wykwitło nagle koszarowe życie.

Z uczuciem ulgi dojechaliśmy do granicy Luksemburga. Mąż udał się do biura, aby przedłożyć nasze dokumenty, podczas gdy ja czekałam w samochodzie przed chatą o ciemnych oknach i zamkniętych drzwiach. Poza pustą limuzyną stojącą przede mną nic innego nie znajdowało się w zasięgu wzroku.

Nagle usłyszałam krzyk. Drzwi chaty otworzyły się raptownie. Wyskoczył przez nie drobny mężczyzna w białej koszuli, bez marynarki i pobiegł, skulony, w stronę mostu prowadzącego na luksemburską stronę. W jednej chwili dogoniło go kilku uzbrojonych Niemców, krzyczących: „*Halt!*". Zgiął się wpół i wczołgał pod limuzynę. Otoczyli samochód i wyciągnęli go. Szlochał gorzko, gdy wrzucili go na powrót do chaty i zabarykadowali drzwi.

Mój mąż podszedł do auta w towarzystwie celnika.

– Dlaczego zamknęli tego człowieka? – spytałam.

– Jego? – Oficer roześmiał się serdecznie. – To tylko kolejny paskudny Żydek.

Kiedy pojechaliśmy dalej, letni wieczór wypełnił się całą gamą łagodnych barw, a powietrze przesyciły najpiękniejsze wiejskie zapachy, ale nie potrafiliśmy się nimi cieszyć.

– Co się z nim stanie? – spytałam wreszcie.

– Nie sądzę, aby były co do tego jakieś wątpliwości – odparł mąż.

Resztę drogi przebyliśmy w milczeniu.

Pod koniec sierpnia odwiedziliśmy Anglię. Szlachetne zachodnie kraje nalegały, aby Czechy po cichu dały się połknąć nazistom. Hitlerowi, niegrzecznemu chłopcu świata, należało dać to, czego się z krzykiem domagał, bo inaczej zakłóci spokój dorosłych. Od wiosny narastał niepokój. Ludziom dobrej woli utknęło w gardłach coś, czego nie byli w stanie przełknąć. Ponieważ znowu pojawiło się zagrożenie, że możemy zostać odcięci od Polski i dzieci, pospieszyliśmy z piaszczystego wybrzeża w Dover z powrotem ku szarym ulewom na kontynencie. W ciągu jednego dnia przejechaliśmy z Brukseli przez zasnute sadzami zagłębie Ruhry i dalej nową autostradą z Hanoweru do Berlina, gdzie dotarliśmy o pierwszej nad ranem z przekrwionymi oczami i drżącymi kolanami po piętnastu godzinach nieprzerwanej jazdy. Mieliśmy samochód wyprodukowany przez nazistów, ponieważ niemieckie auta były w Polsce o ponad połowę tańsze niż choćby ford czy chevrolet, ale mimo to po pierwszym tysiącu mil zaczęły się pojawiać niepokojące objawy. Mąż zabrał auto do warsztatu, gdzie mechanik wyjaśnił, iż na mocy rozporządzenia władz pewna liczba samochodów musi być codziennie wyprodukowana, dlatego zapasy części silnika zostały wykorzystane.

Kiedy dwa dni później dotarliśmy do Warszawy, przemoczeni i przygnębieni deszczem i błotem, Niemcy wkroczyli do Sudetów, Polacy powołali pod broń sto tysięcy ludzi, a wielki otwarty plac w pobliżu Grobu Nieznanego Żołnierza wypełnił się ludźmi, do których krzyczano przez głośnik, iż nadszedł czas, aby odzyskać Cieszyn, gdzie od dwudziestu lat Czesi prześladują braci Polaków. Przez kilka dni huśtawka politycznych nastrojów wznosiła się i opadała w szaleńczym tempie. Potem polski minister spraw zagranicznych święcił godzinę tryumfu, gdy wojsko wkroczyło do Cieszyna i przejęło Bogumin z rąk niemieckich. „Popatrzcie na tych Czechów – mówili do siebie ludzie. – Żaden nie miał dość odwagi, żeby strzelać. Austriacy złamali obietnice, ale Czesi to po prostu tchórze". Panowała powszechna radość z powodu polskiego zamachu i zaledwie kilku pesymistów odczuwało zażenowanie. Burza przeszła bokiem i promienny zachód słońca zajaśniał nad Polską. Ludzie z pełną ulgi wdzięcznością skupili się na swoich prywatnych sprawach. Jesień i strzelanie do bażantów były tuż, tuż.

Moja teściowa i Elżbieta, powróciwszy z Austrii, opowiadały o powszechnym niezadowoleniu przyjaciół, których córki i synowie musieli pracować w polu i uczęszczać na nazistowskie zebrania.

– Ale dla robotników to się bardzo dobrze składa – powtarzała wciąż teściowa. – Mają poczucie bezpieczeństwa, którego nigdy wcześniej nie zaznali. Uważam, że wszyscy moglibyśmy uznać nazistowski system – zapewniła – gdyby tylko istniała wolność przekonań religijnych.

Każdego wieczoru Krysia domagała się, abym czytała jej nową książkę o Dziele Stworzenia, którą przywiozłam. Nazywała ją „Książką Boga", ponieważ był tam obrazek spoczywającego na puszystej chmurze naszego Pana, pogrążonego w dobrotliwej kontemplacji swego dzieła. Kiedy dochodziłam do części o leniwych i nikczemnych ludziach, którzy okradali się nawzajem i wszczynali wojny, zawsze się śmiała.

– Dawno temu – mówiła – oni byli tacy głupi.

Chwytając barierkę swojego kojca, Nick szybko go okrążał, wydając pełne satysfakcji okrzyki. Rozrzucał po pokoju zabawki, których mógł dosięgnąć i domagał się książęcymi gestami, aby mu je podano. Ale gdy mój mąż przychodził go zobaczyć, uspokajał się natychmiast.

– Papa – mówił, a jego buzię rozjaśniał uśmiech pełen zadowolenia.

Pewnego dnia zjawiła się w biurze grupa starszych z wioski, by zapytać mego męża, co mają zrobić z nowym ruskim wikarym. Nigdy wcześniej nie zetknęli się z duchownym, który przedkładałby politykę nad religię.

– Czy jego kazania są skierowane przeciw Polakom? – spytał mąż.

– Nie tylko to – wyjaśnił ich rzecznik – ale gdy przychodzi do szkoły uczyć katechizmu, każe dzieciom, których tylko jedno z rodziców jest Rusinem, siedzieć w osobnych ławkach. „Nie jesteście Polakami", powtarza im. „Nie słuchajcie tego, co wam mówią w domu. Nie musicie być posłuszne ojcom. Zważajcie tylko na to, co ja powiem".

– Rozbija nasze rodziny – wtrącił jeden z nich. – Teraz moi synowie nie boją się mnie, nawet kiedy spuszczam im lanie.

– Cała wieś o niczym innym nie mówi – dodał inny. – Od tygodni, odkąd się pojawił, nie mamy chwili spokoju.

Mąż napisał do naszego unickiego proboszcza z prośbą o przyprowadzenie nowego wikarego do biura. Ale staruszek zasłonił się chorobą i wikary zjawił się sam. Ponieważ natychmiast oznajmił, że nie mówi po polsku, mąż zwrócił się do zarządcy majątku, aby pełnił funkcję tłumacza. Przez cztery godziny zasypywali kapłana pytaniami. Czy uważa, że do jego obowiązków należy wspieranie jedności rodziny? Czy nie jest jednym z przykazań, iż dzieci mają czcić swoich rodziców i być im posłuszne? Czy przyznaje, że duchowny ma służyć sprawie pokoju? Pulchny młody Rusin gniewnie wytrzeszczał oczy. Ocierał pot, który spływał mu za koloratkę. Ale nie podjął wyzwania.

– Uważa się ksiądz za chrześcijanina? – zapytał na koniec mój mąż.

– Przede wszystkim jestem patriotą – odpowiedział on we własnym języku.

List ze skargą został wysłany do biskupa diecezji. Kilka tygodni później fanatyczny wikary zniknął z naszej wsi, ale ziarna konfliktu, dobrze podlane, musiały w przyszłości wykiełkować.

Na jedno ze spotkań komitetu Amelii przyszedł pułkownik z Rawy Ruskiej, aby omówić kwestię stosunków z Rusinami. Wcześniej zaznaczył na liście poszczególnych wsi w okręgu liczbę ruskich i polskich „dusz". Chciał, abyśmy podjęły zorganizowaną działalność, krzewiąc patriotyzm pośród dzieci tam, gdzie większość stanowili Polacy. Zaproponował odsunięcie Rusinów od darmowych posiłków. Poprosił również, aby w miejscach, gdzie przeważali Rusini, polskie dzieci uczyły się osobno. Wezwał do ożywienia na nowo polskich zabaw, tańców i modlitw.

Mój mąż z zasady nie traktował w odmienny sposób Polaków i Rusinów. Z przedszkoli i obiadów wydawanych zimą oraz, gdy tylko to było możliwe, butów i odzieży, wszystkie dzieci z naszej wsi korzystały w równym stopniu. W rezultacie podnosiły się głosy, że nie jest tak do końca prawdziwym Polakiem, on jednak wciąż odnosił się jednakowo do obu grup narodowych, nie w nadziei zaskarbienia sobie wdzięczności czy lojalności, ale po prostu dlatego, że – niezależnie od narodowości – byli równie biedni i głodni.

W niedzielny poranek po Nowym Roku, gdy zeszłam na dół przed mszą, zastałam grupę służących zgromadzonych wokół chłopca stajennego, który rozprawiał z ożywieniem. Umilkł, gdy znalazłam się w zasięgu słuchu.

– Co się dzieje? – zapytałam.

– Nic – odparł Iwan i wygonił ludzi z pokoju.

Po nabożeństwie zrównałam się z mężem powracającym na śniadanie.

– Panuje tu jakaś dziwna atmosfera – powiedziałam.

– Podobno wczorajszej nocy w Rawie doszło do morderstwa, ale ja w to nie wierzę. Zatelefonuję tam i się dowiem.

Wrócił od telefonu ze ściągniętą twarzą.

– Nie jedno, ale dwa – powiadomił. – Weterynarz i ktoś z biura burmistrza zostali zastrzeleni na tańcach przez jakiegoś oficera.

– Dlaczego? Był pijany?

– Najwyraźniej nie.

Po śniadaniu pojawił się dyrektor, aby przekazać nam, czego się dowiedział. Bratanica naszego ekonoma, zaręczona z porucznikiem z Warszawy, przyprowadziła go na bal dobroczynny na rzecz szkoły. Kiedy dawny zalotnik poprosił ją do tańca, porucznik wywołał go na korytarz i zastrzelił. Weterynarz, który przypadkiem był tam obecny, rzucił się oficerowi do gardła, próbując go udusić. Oficer zabił także jego. Wszystko potoczyło się tak szybko, powiedział dyrektor, że nikt nie miał czasu zareagować. Gdy zjawił się pułkownik z Rawy Ruskiej, porucznik zasalutował i oddał swój pistolet.

– Zabiłem dwóch mężczyzn w obronie munduru i mojego honoru – oznajmił.

– Wszystko w porządku – odrzekł pułkownik.

Przez pewien czas grała muzyka i trwały tańce, podczas gdy w korytarzu sztywniały dwa ciała. Wreszcie ktoś wyprosił gości.

– Nie aresztują go? – spytałam.

– O tak, postawią go przed sądem – odparł dyrektor. – Ale szybko wyjdzie. Mimo wszystko jest zawodowym oficerem.

– Przecież to było oczywiste morderstwo.

– Tak też wielu z nas uważa, lecz pułkownik i jego koledzy sądzą, że to działanie było usprawiedliwione.

– W czasach Piłsudskiego – oznajmił mój mąż – oficerom nie wolno było pojawiać się w mundurach w miejscach publicznych. Taka rzecz nie mogłaby się zdarzyć.

Weterynarz, zięć starego buchaltera, którego czterdzieści lat służby świętowaliśmy, pozostawił żonę i małego synka.

– Będziemy musieli tam pojechać – powiedział mąż.

Dotarliśmy po zmroku. Podmuch zimnego wiatru zatrzasnął za nami frontowe drzwi, kiedy wchodziliśmy do małego domku. W pustym korytarzu stała nowa, niczym nieprzybrana trumna. Zza ściany dobiegało zawodzenie kobiet. W pokoju, w którym zasiedliśmy ze staruszkiem i jego żoną, stała choinka z niezapalonymi świecami. Uschnięte igły opadły na niezamiecioną podłogę, a w kącie leżała porzucona zabawka. Z kuchni wbiegł chłopczyk. Ruszył w stronę korytarza.

– Nie możesz tam pójść – odezwała się babcia. – Podłoga jest w naprawie.

Odesłali dzieciaka z powrotem do kuchni. Młoda kobieta weszła, słaniając się na nogach, i ciężko opadła na krzesło.

– Dosięgnie go kara boska – oznajmił buchalter.

– Mojego życia to nie naprawi – szepnęła kobieta.

W chwili, gdy przechodziliśmy obok trumny, pojawił się ojciec zamordowanego. Stanął w korytarzu i rozejrzał się wokół.

– Gdzie mój syn? – zapytał.

Młoda kobieta wyciągnęła rękę i wskazała trumnę.

– Tam leży.

Jej głos zabrzmiał głośno w panującej ciszy.

Ojciec złapał się oburącz za głowę. Szybko opuściliśmy dom.

Tego wieczoru mój mąż wyjechał do Warszawy, więc na pogrzeb musiałam pojechać sama, aby go reprezentować. Zaśnieżona droga do domu czerniła się od ludzi, a u dołu wzgórza na granicy miasta czekała kolejna grupa gapiów. Ostry wiatr porywał z sobą płacz kobiet, które towarzyszyły wynoszonej trumnie. Zakonnica z naszej wsi zbliżyła się do mnie.

– Nie zdołałam zamknąć mu oczu – szepnęła. – Zesztywniały ze zgrozy.

Gdy powoli przenoszono trumnę, dostrzegłam służącą, która wybiegła przez kuchenne drzwi z dzieckiem w ramionach. Uniosła je ponad głowę, tak, aby popatrzyło na tę trumnę. Kroczyłam pośród ludzi, których nie znałam. Kiedy szliśmy, orszak żałobników wzbierał jak rzeka po deszczu. Cmentarz wypełnili mieszczanie i chłopi z odległych wsi. Ksiądz przemawiał spokojnie, lecz gdy skończył i zaczęto opuszczać trumnę, wdowa po weterynarzu upadła na kolana.

– Zemsty! – krzyknęła, a z jej gardła wydobył się głośny płacz.

Tego roku ścinano drzewa w rejonie lasu, gdzie najczęściej kryły się dziki, lecz pomimo ziemniaków i końskiej padliny, kusząco rozłożonych w zaroślach, żaden dzik się nie pojawił. Mój mąż i Borkowy przeszukali wszystkie ścieżki, ale jedynymi śladami, które znaleźli na śniegu, były te pozostawione przez kicające zające i gdzieniegdzie niewyraźny odcisk kopyta jelenia. Z końcem stycznia nawet śnieg znikł. Gleba była sucha i popękana. Na odsłoniętej drodze wiodącej do gospodarstwa wiejący ustawicznie wiatr unosił w powietrze kłęby kurzu i zmrożony nawóz. Sznury małych, ponurych ptaków siadały na drutach między słupami telegraficznymi, podczas gdy drapieżne wrony krążyły nad nimi, wymieniając wrzaskliwe komentarze. Nawet Krysia czuła się przybita.

– Znam każde drzewo w lesie – wyznała mi posępnie.

Wysłałam ją z Marią do Krakowa, żeby odwiedziły moją teściową. Po tygodniu poprosiła Marię, aby napisała do mnie, że bardziej odpowiada jej miejskie życie i zamierza tam zostać. W tym czasie mały Nick między drzemkami przejawiał więcej energii niż inteligencji i jedyne, co mogłam robić, to go podziwiać. Poszukując jakiegoś zajęcia w ciągu dłużących się dni, wzięłam się za odmalowywanie drzwi i okiennych framug. Potrzeba było pięciu warstw jasnego koloru, aby pokryć ich czekoladową powierzchnię. Kiedy skończyłam z pierwszym pokojem, służba opornie przyznała, że może to być zmiana na lepsze. Wkrótce malowali też Iwan, Władek i pokojówka, i wywiązała się między nami rywalizacja. Iwan pracował szybciej niż inni, lecz pozostawiał długie, gęste krople spływającej farby, które musiałam zeskrobywać i malować ponownie. Pokojówce jedna strona drzwi zajęła cały dzień, ale kiedy skończyła, prezentowały się idealnie. Za każdym razem, kiedy auto jechało do Lwowa, zamawiałam świeżą dostawę farby. Ponieważ było za zimno, żeby otwierać okna na dłużej, nasza praca przeciągała się ze względu na suszenie i w całym domu śmierdziało. Pewnego ranka odkryliśmy, że ściany łazienki pokrywają niebieskie smugi. Okazało się, że w nocy chłopak przynoszący drewno wziął puszkę z szafy Iwana, aby popróbować swoich sił w odnawianiu wnętrz. Malowałam przez cały dzień w dusznym pomieszczeniu, aż w końcu nie mogłam już utrzymać pędzla. Wydawało mi się, że jeśli tylko będę dalej malować, ponura zima przeminie i oczyści drogę dla wiosny.

Mój mąż, który poprzedniego lata zatrzymał się w Rotterdamie, aby spotkać się z wynalazcą nowego odpowiednika skóry, wysłał teraz polskiego inżyniera ze Lwowa, który miał przywieźć recepturę pozwalającą na uruchomienie fabryki w Rawie Ruskiej. Tymczasem korytarz na tyłach naszego domu wypełnił się puszkami, tacami, torbami pełnymi starych sznurów i wilgotnymi próbkami, które z pomocą Władka mój mąż preparował w wolnym czasie. Kiedy jednak po sześciu tygodniach inżynier powrócił, wyjaśnił, że nowy materiał nie może zostać wytworzony jedynie z odtłuszczonego mleka i tanich chemikaliów, jak twierdził wynalazca, ale najważniejszym składnikiem jest ciekła guma, której cena zmieniała całe przedsięwzięcie w nieprawdopodobną ekstrawagancję.

– Wiedziałam, że to oszust – oznajmiłam tryumfalnie.

– Nie jest oszustem – bronił go mąż. – To po prostu marzyciel.

Pewnego razu podczas krótkiego pobytu w Warszawie jedliśmy obiad w niemieckiej ambasadzie. Zdarzyło się to po raz pierwszy od czasu Anschlussu. Spotkaliśmy nowego przedstawiciela, umięśnionego arcynordyckiego Prusaka, o którym mówiono, że jest z Gestapo, wraz z amerykańską żoną mierzącą sześć stóp wzrostu. Prócz mojego męża było jeszcze dwóch Polaków i rozmowa przeciągała się nerwowo z tematu na temat, pomijając dominującą w naszych umysłach politykę.

Choć ludzie w Warszawie lubili ambasadora i jego żonę, obecnie rzadko ich zapraszano do polskich domów, a gdy sekretarz, zawsze swobodnie poruszający się wszędzie, przyjeżdżał do Klubu Łowieckiego, nie proszono go już więcej, aby się przysiadł czy został czwartym do brydża. Wydawało się nieprawdopodobne, że ci kulturalni Niemcy wysługują się nazistom. Ci, którzy ich nie lubili, twierdzili, że postępują zgodnie z własnymi przekonaniami, ale przyjaciele próbowali ich usprawiedliwiać, tłumacząc, że w hitlerowskim reżimie nie mogliby się podać do dymisji, nie ryzykując ruiny.

Zimą do Warszawy przybyło wielu cudzoziemców. Zagraniczni korespondenci i wydawcy gazet z Anglii, Francji i Ameryki pojawiali się nieustannie. Dziennikarz, który przyjechał do nowej bajecznej siedziby ambasady amerykańskiej i został zawieziony do zamku cioci Betki, opublikował w jednym z amerykańskich czasopism pełen samozadowolenia artykuł oczerniający najwybitniejszych arystokratów i sugerujący, że armia jest tylko staromodną, kosztowną zabawką. Bardziej niż zwykle przewrażliwieni na punkcie swego kraju Polacy poczuli się urażeni jego napastliwym tonem. Od zakończenia wojny niewiele pisano na temat Polski, chyba że czynili to sami Polacy, teraz jednak wszystkie oczy kierowały się w jej stronę, niczym ku statkowi na wzburzonym morzu.

Porozmawialiśmy z pełną werwy Francuzką, która nosiła się z zamiarem napisania serii artykułów o życiu w Polsce, i gdy się dowiedzieliśmy, że nigdy nie była na wsi i nic nie wie o chłopach, zaprosiliśmy ją, aby przyjechała i zobaczyła nasz majątek. W pochmurny, mroźny dzień, gdy tylko się zjawiła, poprosiła natychmiast, by zawieźć ją do jakiegoś wiejskiego domu.

– Wszystkie są bardzo brudne i ubogie – ostrzegłam. – Obawiam się, że dozna pani wstrząsu.

– Właśnie to chcę zobaczyć – zapewniła.

Mój mąż pojechał z nami do wioski.

– Tutaj – powiedział, zatrzymując się przed domem odsuniętym od błotnistej drogi. – Znam chłopa, który tu mieszka. Proszę za mną.

Przez niskie drzwi weszliśmy do izby zajmowanej przez rodzinę. Ojciec lepił garnki na kole, podczas gdy matka i córka, siedzące przy oknie w barwnych, czystych bluzkach, przędły len. Wyszorowana podłoga aż lśniła, a pod niewielkim obrazkiem Maryi Panny stały sztywne papierowe goździki w dwóch wazonach, między którymi płonęła świeczka. Łóżko w rogu, schludnie zasłane, było do połowy odgrodzone zasłoną. W piecyku płonął ogień. Był to obrazek z pocztówki przedstawiającej życie tubylców w jakimś szczęśliwym kraju.

– Nie przypuszczałam, że tak dobrze im się wiedzie – powiedział nasz gość, kiedy wyszliśmy. – Sądziłam, że ich żywot wygląda raczej ponuro.

– Ci tutaj są zupełnie typowi – oznajmił mąż.

– No cóż, oczywiście można się z tego tylko cieszyć – rzekła uprzejmie, lecz na jej twarzy malowało się rozczarowanie.

Trąciłam męża łokciem.

– Zaaranżowałeś to? – szepnęłam.

– Nie bądź niemądra – odparł.

W marcu Hitler zajął to, co pozostało z Czechosłowacji, układ monachijski dołączył do innych paktów w koszu na śmieci, a na zachód od płaskich polskich równin wzbierała potężna niemiecka fala. Moja matka depeszowała dwukrotnie, żebym wysłała dzieci do Ameryki, ale ja nie mogłam uwierzyć, że konieczne jest tak drastyczne posunięcie, więc choć mąż usiłował mnie przekonać, abym tak postąpiła, zdecydowałam, iż zostaną z nami.

W deszczową, wietrzną Wielkanoc mieliśmy gości z Warszawy. Na dworze pierwsze powiewy wiosny zostały zdławione i pozostawało nam tylko grzęznąć podczas spacerów po błotnistych ścieżkach albo strzelać do glinianych talerzy, które Władek wyrzucał nad trawnik z pomocą jakiejś maszyny. W domu zbieraliśmy się przy radiu, w którym co godzinę ktoś wywrzaskiwał wątpliwe fakty. Miałam chęć roztrzaskać kopniakiem hałaśliwe pudło, tak jałowe wydawało się słuchanie tego wszystkiego.

Wieczorami, przy zaciągniętych zasłonach i zapalonych lampach, bezpieczni w domowym zaciszu, podsycaliśmy ogień na kominku i rozmawialiśmy. Mąż i jego kuzynka porównywali wojenne doświadczenia.

– Nikt z nas nie dostawał wówczas dostatecznie dużo do jedzenia – mówił jej mój mąż. – W Wiedniu, w tej szkole, bez przerwy byłem głodny. Nie chciałbym, aby moje dzieci przeżywały coś podobnego.

– Mnie też nie było łatwo – powiedziała Janka. – Ale uważam, że dzieci powinny dzielić los rodziców. Nawet nie śniłoby mi się odsyłać dokądś moich.

– Gdybym przypuszczała, że wojna naprawdę nadejdzie, wysłałabym moje choćby do Timbuktu, aby jej uniknęły – powiedziałam. – Dlaczego miałyby być czegokolwiek pozbawione? Co one mają wspólnego z tym całym paskudztwem?

– Dzieci również mogą się poświęcać dla swego kraju.

– Wystarczająco złe jest już to, że mężczyźni muszą iść i nadstawiać karku – stwierdziłam.

– Żałuję, że nie mam synów, których mogłabym posłać – oznajmiła Janka. – Ale przynajmniej moi bracia i mąż będą gotowi do walki.

– Niestety, chyba nie rozumiem takiego podejścia. Zrobiłabym wszystko, aby powstrzymać Pawła, gdybym tylko mogła.

Wyprostowała się sztywno na krześle.

– To dlatego, że nie jesteś Polką – powiedziała.

– Nie rozumiem, co to ma do rzeczy.

– Wszystko. My, Polacy, zawsze musieliśmy walczyć w swojej obronie. Mamy to we krwi. I gdybym poślubiła cudzoziemca – ciągnęła, a jej twarz oblał rumieniec – uważałabym za swój obowiązek podzielać punkt widzenia męża.

– To nie takie proste – oświadczyłam, zapominając o niefrasobliwym tonie. – Mam własne dziedzictwo i nie jest ono jak płaszcz, który można w każdej chwili zmienić. Na swój własny sposób – dodałam – staram się wypełniać obowiązki.

– Cóż – przemówiła rozsądnym tonem Janka – zapewne tak, zważywszy na to, skąd pochodzisz.

W mojej głowie rozbłysnął płomyk. Kilka odpowiedzi przyszło mi na myśl, jedna po drugiej, ale nie skorzystałam z nich.

– Chyba wszyscy jesteśmy ostatnio nieco drażliwi – wyrzekłam z trudem.

Ale oczy Janki lśniły. Jeszcze nie powiedziała wszystkiego, co miała do powiedzenia.

– Cóż jest lepszego – spytała z naciskiem – niż umrzeć za ojczyznę?

– Być może żyć dla niej – odparłam.

Mój mąż, którego dobiegły jedynie ostatnie słowa, odwrócił się do nas z uśmiechem.

– Tak czy inaczej – zauważył – z pewnością łatwiej jest zginąć za Polskę, niż w niej żyć.

Roześmiali się wszyscy prócz Janki. Uniosła rękę i wskazała niebiosa.

– Bóg was osądzi – oznajmiła surowo i udała się na górę do łóżka.

ROZDZIAŁ CZTERNASTY

W pierwszych ciepłych dniach kwietnia Sofietka przywiozła swoje dziecko w odwiedziny do Krysi. Obie dziewczynki wspólnie rozgrzebywały piaszczystą drogę w poszukiwaniu kamyków, chlapały na wszystkie strony mydlinami i przemykały po tarasie na trójkołowych rowerkach niczym wesołe robaczki, podczas gdy my siedziałyśmy w słońcu, paląc papierosy.

– Beato – zawołała Sofietka do swego dziecka – pójdź, proszę, na górę i przynieś moją robótkę.

Krysia, która nigdy nic mi nie przynosiła, obserwowała, jak Beata biegnie spełnić polecenie. Nie wyraziłam zdumienia ani nie wygłosiłam żadnego komentarza. Następnego dnia, kiedy czytałam pod drzewem, podeszła powoli do mojego krzesła.

– Masz tu popielniczkę – powiedziała, unikając mojego spojrzenia.

Postawiła ją szybko i umknęła. Ale odtąd podawała mi wszystko, o co poprosiłam.

Kiedyś jedna z córeczek służących, która często bawiła się z Krysią, podeszła do domu i z bezpiecznej odległości obserwowała dziewczynki. Krysia natychmiast ją zawołała, ale Beata odwróciła się i odeszła. Widziałam, że Krysia waha się, którą wybrać, aż wreszcie szybko uścisnęła tę drugą i dołączyła do Beaty. Pomyślałam, że Krysia przynajmniej nie ma w sobie snobizmu. Później tego samego dnia, kiedy udały się obie na górę, poszłam zobaczyć, w co się bawią. Pokojówka właśnie przyniosła im podwieczorek.

– Kto to był? – usłyszałam pytanie Beaty.

– Och, po prostu któraś z pokojówek – odparła Krysia. – Widzisz, jestem księżniczką, więc mamy wiele służących.

Upadłam na duchu, ale jako podsłuchiwaczka nie mogłam nic powiedzieć.

Krysia dostała w prezencie długiego, szarego, przypominającego parówkę pieska, który wabił się Shaggy i przyleciał samolotem ze Lwowa. Następnego poranka po przybyciu pozbył się obroży i z brzuchem szorującym o ziemię i stulonymi uszami wymknął się z pola widzenia. Przez cały dzień wszyscy go szukali. Raz go dostrzegliśmy, zerkającego na nas spod krzaka na trawniku, ale kiedy służący pobiegł w jego stronę, znikł niczym smuga dymu. W nocy musieliśmy uwiązać psy stróżujące na łańcuchach, w obawie, aby go nie zjadły. Zastanawiałam się już, w jaki sposób powiedzieć Krysi, że nieszczęsna psina nie żyje, kiedy pojawił się ponownie, utytłany w błocie i położył się wyczerpany na dziedzińcu.

Nick nie był zainteresowany dziewczynkami ani nie kusiły go wiejskie kuce, które kupiliśmy, aby dzieci mogły odbywać przejażdżki po leśnych ścieżkach. „Nie! Nie!" – krzyczał, kiedy mu mówiłam, że pojedzie wierzchem. „Auto! Auto!" Od kiedy potrafił sam poruszać się po drodze, niepewnym krokiem zmierzał wyłożoną deskami ścieżką obok biur i stajni do garażu i gdy kierowca grzebał w podwoziach samochodów, stał oczarowany i pełen skupienia. To był męski świat, do którego należał.

Dzieci i wiosna sprawiły, że Sofietka i ja, uśpione, zawarłyśmy rozejm ze sprawami toczącymi się na świecie. Zbierałyśmy drobne leśne kwiatki. Obserwowałyśmy nowe gorącokrwiste źrebięta brykające wokół swoich matek na skraju trawnika. Pod wieczór jeździłyśmy nad mokradło i słuchałyśmy buczenia słonek w locie. Odrzucając myśli związane z niepewną sytuacją, planowałyśmy podróże z naszymi córkami do różnych słonecznych krajów. Sofietka wspomniała przy jakiejś okazji, że uczęszcza na wykłady uczące, jak się zachować w wypadku ataku gazowego i jak udzielać pierwszej pomocy po bombardowaniu.

– Dlaczego zadajesz sobie tyle trudu? – zapytałam.

– Wszyscy to robią – odparła.

– Najnowsza moda – roześmiałam się. – Damy z towarzystwa uwielbiają zwijać bandaże.

– Łatwo się śmiać – powiedziała Sofietka. – Tutaj jesteście bezpieczni. Ale u nas, w Poznaniu, głupotą byłoby się nie przygotować.

– W razie czego – powiadomiłam ją – wiesz, że jeśli zajdzie potrzeba, zawsze możesz wyprawić dzieci tutaj.

W czasie, gdy hydraulicy pracowali nad nową łazienką, kładąc kafelki na ścianach i instalując wannę, postanowiliśmy wybrać się do tej części Polski, której jeszcze nie odwiedzałam. Pojechaliśmy na północ do ogromnej, pozostającej pod zarządem państwowym Puszczy Białowieskiej, gdzie urządzano wszystkie rządowe polowania. Całymi milami droga wiodła pomiędzy rzędami strzelistych jodeł, których stuletnie pnie wznosiły się niezakłóconą linią aż do wierzchołków. Przenikające przez nie światło miało głębokie zielonkawe zabarwienie, jak na dnie morza. Daleko w mroku po obu stronach drogi krążyły skradające się rysie i wilki albo układały się do snu w bezpiecznym gąszczu. Szczególna cisza panowała między tymi starodawnymi drzewami. Dotarliśmy do myśliwskiej chaty, która niegdyś należała do cara, a obecnie pozostawała do dyspozycji polskiego prezydenta. Stanowiła doskonały przykład napuszonej dziewiętnastowiecznej architektury berlińskiej. Oczyma duszy można było zobaczyć brzuchatych starych książęcych potomków w skórzanych kurtkach, z piórami przy kapeluszach, gromadzących się o świcie przed łowami na otwartym ganku lub stojących uroczyście wieczorną porą przy dziennej zdobyczy, gdy strażnicy leśni w liberiach odgrywali na rogach sygnał „Zające na rozkładzie".

Tutaj, w pobliżu granicy z Prusami Wschodnimi, polskie oddziały były postawione w stan gotowości. Napotykaliśmy zamaskowane ciężarówki, oddziały piechoty i długie szeregi chłopskich koni zarekwirowanych przez armię. Zatrzymawszy się po drodze na posiłek, porozmawialiśmy z chłopcami, którzy zebrali się przy naszym samochodzie. Opowiadali, że z ich wiosek powołano wielu mężczyzn i że tej wiosny kobiety pracowały na polach samotnie. Trochę dalej na północ, na granicy moczarów, zatrzymaliśmy się na parę dni u Marii, której męża wysłano już na trzy tygodnie na niemiecką granicę. Napisał jej, jak nam mówiła, że oficerowie robią, co w ich mocy, aby powstrzymać swoich ludzi od prowokowania zajść, przez które można by zrzucić na Polskę odpowiedzialność za wojnę. Choć mieszkała pięćdziesiąt mil od stacji kolejowej, jej auto i konie zostały zabrane. Nie mając żadnych sąsiadów w rozległej przestrzeni puszczy, która otaczała jej niewielki dom, była zależna od pomocy chłopów.

Lasy na północy miały w sobie coś egzotycznego, w przeciwieństwie do innych regionów Polski. Podmokłe podłoże było usiane błękitnymi kwiatkami, przypominającymi kształtem i rozmiarem orchidee i wyglądającymi osobliwie tropikalnie wśród jodeł. Jaskrawo ubarwione drobne owady roiły się pośród traw. Rozmaite gatunki długonogich ptaków krążyły w poszyciu i żywiły się na urodzajnych trzęsawiskach. Maria miała zbiór obejmujący tuzin wypchanych bagiennych ptaków tego samego gatunku, o głowach przypominających sowie, z których każdy miał inny wzór nakrapianego brązem, czernią i bielą upierzenia.

O pierwszej nad ranem wyruszyliśmy zapolować na duże czarne głuszce, ptaki podobne do cietrzewi, których gody odbywały się tuż przed świtem. Prowadzeni przez strażnika leśnego, przekradaliśmy się na palcach przez wciąż uśpione lasy i wreszcie zgromadziliśmy się pod drzewem w oczekiwaniu tajemniczych głosów. Skrawki nocnego nieba, które mogliśmy dostrzec między gałęziami, ledwie zaczęły się rozjaśniać, gdy usłyszeliśmy serię cichych trzasków przypominających dźwięk odkorkowywania butelki, po których nastąpiły rytmiczne zgrzyty i skrzypnięcia, jakby ktoś ostrzył nóż. Kiedy głuszec wydawał te roznamiętnione dźwięki, był ślepy i głuchy na wszystko. Musieliśmy dostosować do tego nasze kroki. Ustawieni w szeregu za leśniczym czekaliśmy na jego sygnały. Kiedy skoczył naprzód, skoczyliśmy za nim; kiedy zamarł w bezruchu, poszliśmy za jego przykładem. Choć inne ptaki już się pobudziły i wokół rozlegały się co pewien czas leniwe świergoty, odgłosy głuszców, tak odmienne od pozostałych, słychać było wyraźnie. Raptem leśniczy wskazał wysoką gałąź w pobliżu, gdzie pomimo mroku wydało mi się, że dostrzegam pękaty cień. Mój mąż, stojący obok leśniczego, uniósł strzelbę. Po wystrzale nastąpiła chwila ciszy, a potem chór cichych głosów wzniósł się w przerażeniu i wśród gałęzi zatrzepotały skrzydła rozmaitych ptaków, odlatujących gwałtownie. Nie było widać głuszca na ziemi. Strzelając w pośpiechu do niewyraźnej sylwetki, mąż chybił.

Na wszystkich stacjach w miasteczkach, przez które przejeżdżaliśmy w drodze powrotnej do domu, gromadziły się tłumy, aby żegnać odjeżdżających młodych mężczyzn powołanych do wojska. Podobno zostali zmobilizowani na ćwiczenia. Mieli wrócić za miesiąc lub dwa. Nikt z tych mieszkających na prowincji ludzi nie wydawał się zaniepokojony. Choć kwestia Gdańska wypełniała strony gazet, komunikaty radiowe i nasze myśli, napięcie jakoś zelżało. Trzymając niepokój na wodzy aż do dnia, na który zapowiadano następne przemówienie Hitlera, pozwoliliśmy, aby do naszych przewidywań wkradł się cień nadziei. Być może, mimo wszystko, da się tę sprawę załatwić bez użycia broni.

W dniu zapowiadanego wystąpienia mój mąż musiał pojechać do Lwowa. Siedząc samotnie przy odbiorniku radiowym, słuchałam zgrzytliwego głosu, przerywanego chwilami przez okrzyki wyrażające aprobatę, ale nie mogłam zrozumieć w całości tego szybkiego potoku wymowy. Maria, która nastawiła radio na piętrze, zbiegła na dół.

– Słyszała pani? – spytała zadyszanym głosem. – Wypowiedziano pakt z Polską. Nie wiem, co teraz będzie.

– To złe wieści – odparłam.

Godzinę później zatelefonował niemiecki konsul ze Lwowa, który nigdy wcześniej nie dzwonił, i zapytał, kiedy mógłby przyjechać na obiad. Zbyt zdezorientowana, aby wymyślić jakąś wymówkę, zgodziłam się na najbliższą niedzielę.

Upłynęły zaledwie dwa miesiące od chwili, kiedy Lwów nabrał nieoczekiwanie na tyle dużego politycznego znaczenia, by przysłano tam niemieckiego konsula. Gdy tylko go mianowano, pojawił się Anglik, potem Włoch i wreszcie Japończyk, który podobno nie znał żadnego europejskiego języka prócz ruskiego. Miasto kipiało od anegdot o tych konsulach, którzy pojawili się najwyraźniej po to, by śledzić narastający rozpęd ruskiego ruchu. Kiedy pierwszy raz spotkaliśmy niemieckiego konsula w hotelu George, spytaliśmy go otwarcie o powód przyjazdu. Niejasno tłumaczył, że istnieją pewne umowy handlowe, które należy dokładniej przejrzeć, oraz interesy z austriackimi przedsiębiorstwami, które trzeba zlikwidować. Powiedział nam, że cały czas śledzi go polska policja.

– Ale kiedy wsiądę do mojego auta – oznajmił ze śmiechem – trudno im będzie za mną nadążyć.

I właśnie teraz, po ostatnim popisie bezczelności Hitlera, wybierał się do nas z wizytą. Obydwoje odczuwaliśmy mdłości na samą myśl o tym, ale zrażenie go nie wydawało się możliwe. Zaprosiliśmy na ten sam dzień ludzi, którzy rok wcześniej uratowali nas podczas śnieżnej zamieci. Potem nieoczekiwanie przyjechała Elżbieta.

– Nie możecie tu wpuścić tego człowieka – oznajmiła, gdy usłyszała o konsulu. – Co ludzie sobie pomyślą? Z pewnością jest szpiegiem.

– Ale co może tu wyszpiegować? – zapytał mój mąż.

– Nawet nie powinniście podawać mu ręki, a tym bardziej przyjmować jako gościa – ciągnęła. – Swoją drogą, o czym mielibyśmy z nim rozmawiać? – zapytała mnie, rumieniąc się z wyrazem dezaprobaty.

– Polityka nie jest jedynym tematem na świecie – odparłam.

– Nie każdy potrafi dyskutować o amerykańskiej literaturze – odparowała złośliwie Elżbieta.

Świeciło słońce, kiedy konsul podjechał pod drzwi. Z jego ramienia zwisał wymyślny aparat fotograficzny.

– Muszę zrobić rodzinne zdjęcie – oznajmił dziarsko, wysiadając ze swego nowego auta.

Elżbieta rzuciła mi znaczące spojrzenie.

– Co ci mówiłam? – szepnęła.

Niezdolni się sprzeciwić, patrzyliśmy w niezręcznym milczeniu, jak fotografuje dom. Kiedy przybyli inni goście, pospieszyłam w stronę samochodu, by ich powitać.

– Jest tu niemiecki konsul – mruknęłam ostrzegawczo.

– Ojej – westchnęła hrabina. – A to kłopot.

W trakcie obiadu trzymaliśmy się tratwy bezpieczeństwa, jaką była rozmowa o pogodzie. Jedynie konsul wydawał się nieświadom faktu, że języki mamy zawiązane na supeł. Obserwowaliśmy go jak myszy spodziewające się skoku kota. Nie było sensu udawać, że jesteśmy po prostu grupą znajomych, którzy zebrali się razem. Między nami a niemieckim konsulem rozciągała się przepaść, nad którą nie dało się przerzucić mostu. Mimo wszystko Elżbieta miała rację.

Później, w bawialni, zaczął przeglądać stertę amerykańskich czasopism. Kiedy zobaczyłam, jak bierze do ręki egzemplarze „The Nation", na okładkach których widniały takie tytuły, jak: *Najnowsze przeniewierstwo Hitlera* czy *Naziści zniewagą dla cywilizacji*, zabrałam mu je.

– To nie dla pana – powiedziałam.

– Wie pani, mam bardzo otwarty umysł – obdarzył mnie pogodnym uśmiechem.

– Niewystarczająco – odparłam.

Zaśmiał się krótko. Kiedy powiedział nam, że czerpie z nowego auta wiele radości, wybierając się na wycieczki w okolicach Lwowa, mąż zapytał go, które drogi są obecnie przejezdne. Wyciągnąwszy mapę z kieszeni, rozłożył ją na stole i wskazał zaznaczone ołówkiem, wybierane przez niego drogi. Każda prowadziła do którejś z niemieckich osad ukrytych między polskimi wioskami w okręgu. Za jego plecami mąż mrugnął do nas.

– Przypuszczam, że ma pan tam sprawy do załatwienia – rzucił swobodnie.

– No, oczywiście, poznanie wiejskich okolic jest częścią mojej pracy – odparł konsul.

Po pewnym czasie on, mój mąż i hrabia wybrali się do lasu na przechadzkę, podczas której powiadomił ich, że narodowy socjalizm stanie się filozofią o zasięgu światowym. Hrabia próbował nawiązać z nim dyskusję na temat teorii, on jednak odrzucał wszelkie argumenty.

– Taki system jak nasz byłby dla Polski czymś najlepszym – powiedział.

Wreszcie pod wieczór, po wielu podziękowaniach za uroczy dzień, odjechał.

Kiedy się dowiedziałam, że Amelia zorganizowała u siebie w domu kurs dla kobiet z okolicy, ucząc je pierwszej pomocy, ochrony przed atakami gazowymi i oszczędnego gospodarowania w warunkach wojennych, poprosiłam sekretarkę z biura, aby udała się tam w moim zastępstwie. Wróciła pełna nowych pomysłów.

– Potrzebujemy tutaj karabinu maszynowego – oznajmiła.

– Abyśmy go obsługiwały we dwie, kiedy zabraknie mężczyzn? – spytała.

– Tak. Można by go ustawić na środku trawnika, aby odpierać ataki bandytów – wyjaśniła.

Powiedziała również, że należy wykopać głęboki rów, w którym ludzie będą mogli się chronić przed nalotami bombowymi.

Pokazała mi listę środków medycznych, których możemy potrzebować, aby utrzymać naszą placówkę przy życiu podczas długiego oblężenia. Chciała, abym zamówiła przynajmniej maski gazowe dla wszystkich służących i ich dzieci oraz kilka galonów płynu do leczenia oparzeń po gazach bojowych. Zaczęła mi opowiadać, jak ulżyć ludziom, którzy się duszą, ale usłyszałam już dość.

– Posłuchaj – zaczęłam. – Jeśli Niemcy dotrą tak daleko, i tak będziemy bezradne. Nie zamierzam nic robić w tej sprawie.

Z biura burmistrza przysłano wydrukowany formularz, który należało wypełnić, podając, jakiego rodzaju pomieszczenia możemy udostępnić ewakuowanym osobom. Urzędnik z Rawy Ruskiej zjawił się osobiście, aby obejrzeć pokoje. Nie potrafiłam wyobrazić sobie ewakuacji. Niejasno pomyślałam o jakimś wiekowym profesorze wraz z rodziną, którzy mogliby zamieszkać u nas na kilka miesięcy, dopóki trwa wojna, ale nawet taki układ wydawał się nieprawdopodobny. Dla Polaków, najechanych zaledwie dwadzieścia lat wcześniej przez trzy armie, wydawało się sprawą naturalną przewidzieć katastrofę i spróbować ją odeprzeć. Ponadto tutaj, blisko Lwowa, byliśmy znacznie oddaleni od terytorium, na którym zależało Niemcom.

Gdy tylko przyjechała teściowa, by zająć się dziećmi, pojechaliśmy samochodem na Węgry, przekraczając nowo wytyczoną granicę w Karpatach*. Na grzbietach zalesionych wzgórz, na końcu zrytej głębokimi koleinami drogi, która przez wiele lat służyła jedynie do ściągania pni do tartaków w dolinie, natrafiliśmy na koszary, w których teraz mieszkali wspólnie węgierscy i polscy żołnierze. Nowo wzniesioną kamienną bramę przybrano flagami i gałęziami sosny, aby w szczególny sposób przypieczętować przyjaźń między dwoma narodami. Wycieczki żołnierzy i uczniów przywieziono autobusami z obu stron. Stanęli wokół

* Granica polsko-węgierska powstała w marcu 1939 w wyniku zajęcia przez Węgry Rusi Zakarpackiej – regionu należącego do Czechosłowacji, która została zaanektowana przez III Rzeszę.

nas, uśmiechając się i machając. Oficer, któremu pokazaliśmy nasze dokumenty, nie miał pojęcia o formalnościach na granicy, więc mój mąż osobiście wypełnił trzy egzemplarze papierów dla naszego auta. W tej pogodnej, przyjaznej atmosferze nikomu nawet się nie śniło pytać o przewożone przez nas pieniądze ani przeszukiwać naszego bagażu. Szlaban w górach był jedynie linią demarkacyjną, nie tak, jak przejścia graniczne do Niemiec, bramy między jednym więzieniem a drugim.

Dalej na nizinach, gdy pytaliśmy o drogę z jednego miasteczka do drugiego, używając słowa „Polacy", aby wytłumaczyć naszą niewiedzę, wszyscy ochoczo nam pomagali. Na niektórych mostach należało płacić za przejazd, ale na widok polskiej tablicy rejestracyjnej policjanci pozwalali nam przejechać bez opłaty. Ta niecodzienna serdeczność w stosunku do obcych uderzyła nam do głów. Mknąc dalej, unosiliśmy się na fali dobrego samopoczucia.

– W głębi serca większość ludzi jest przyjaźnie nastawiona – orzekł mąż.

– Zastanawiam się, czy rządy naprawdę mogą ich zmienić?

– Obawiam się, że tak – odparł.

W Budapeszcie mieliśmy pecha zatrzymać się w tym samym hotelu, co niemiecki minister finansów i jego świta złożona z czterdziestu satelitów. Dzień i noc węgierscy oficerowie i policjanci pełnili straż przed drzwiami. Czujni tajniacy z Gestapo snuli się po holu, obserwując wchodzących i wychodzących ludzi, a od czasu do czasu podchodząc do recepcji, aby uzyskać informacje o jakimś przybyszu. Któregoś wieczoru zobaczyliśmy całą ich grupę zbierającą się na kolację podawaną o dziesiątej, kiedy wszyscy inni opuścili jadalnię. Jedyne dwie kobiety w tym towarzystwie, noszące dziwne kapelusze i dzierżące ogromne, ciężkie bukiety, stanęły na baczność, gdy pojawił się minister, i pomaszerowały dumnie za nim do długiego stołu, a za nimi podążył szereg umundurowanych mężczyzn, których pasy, zapięte pod okazałymi brzuchami, tworzyły na kurtkach niezgrabne fałdy. Kiedy mijali orkiestrę, która grała specjalnie dla nich, unieśli równocześnie prawe ręce i z piersi wszystkich wyrwało się: „*Heil* Hitler", jakby dano im jakiś sygnał. W hotelowej kuchni kobieta z Gestapo kosztowała każdego dania, nim zaniesiono je biesiadnikom. Podczas posiłku nie toczono żadnych rozmów, ale gońcy krążyli nieustannie wokół stołu, by przekazywać szeptem wiadomości dowódcom.

– Małpy – powiedziałam głośno.

– Cicho! – nasrożył się mój mąż. – Gestapo może cię usłyszeć.

– Straszydło cię dopadnie, jeśli nie będziesz uważał.

Parsknęliśmy śmiechem, ale na nasz wieczór padł cień.

Wróciwszy do Polski, zastaliśmy sytuację bez zmian. Panował ten sam niepokój, wysuwano te same przypuszczenia. Pomijając fakt, iż generał dowodzący we Lwowie i jego pułkownik, którzy czasami przyjeżdżali do nas w letnie wieczory, aby zasadzić się na jelenie, byli obecnie niesłychanie zajęci, pracując do późna i twierdząc, że nie mają czasu na próżne rozrywki, ludzie jak zawsze snuli swoje plany. Ponieważ stało się niemożliwym jeżdżenie na kurację do Czechosłowacji, polskie uzdrowiska po raz pierwszy się wypełniły. Jedynie nieliczni optymiści wybrali się na wakacje za granicę.

Niezależnie od zaniepokojenia, odczuwało się w powietrzu pewien powiew optymizmu. Mimo wszystko, mówili ludzie, po raz pierwszy Anglia i Francja razem wspierają Polskę. Cały świat wie, powtarzali, że to słuszna sprawa. Polska jest gotowa bronić cywilizacji, przekonywali się nawzajem, kiedy nikt inny nie znalazł dość odwagi, by skłonić Hitlera do odkrycia kart. To nie tylko sprawa Gdańska, twierdzili zgodnie, tu chodzi o kwestię zasad. Podziw dla nazistowskiego reżimu całkowicie zniknął. Spokojna duma gościła na twarzach ludzi. Wszyscy w kraju uważali, że przeciwstawienie się nacierającym Niemcom jest rzeczą szlachetną.

Mój mąż, będący najstarszym podporucznikiem w polskiej armii, nie otrzymał nigdy powołania od czasu wojny z bolszewikami, kiedy raniono go w biodro. Kiedy generał we Lwowie poprosił, by został jego adiutantem na wypadek wojny, nalegałam, żeby się zgodził, wyobrażając go sobie wytwornego i pełnego werwy, przekazującego wiadomości między biurami w jakiejś wygodnej kwaterze głównej z dala od prawdziwego pola bitwy. Wydawało się to bezpiecznym zajęciem.

Ciocia Betka zaprosiła nas na ostatnie weekendowe przyjęcie na zamku przed przenosinami do posiadłości myśliwskiej, gdzie zawsze rezydowali z Alfredem w sierpniu. Kiedy przyjechaliśmy, goście byli na polu golfowym. Obserwowaliśmy, jak ciocia Betka czysto wybija piłkę, nim uścisnęliśmy wszystkim dłonie. Wśród swobodnie ubranych kobiet znajdowała się rudowłosa dziewczyna, wyraźnie składająca tu pierwszą wizytę, która na sportowe popołudnie włożyła białe giemzowe rękawiczki. Kiedy samotnie podążała drobnym krokiem za grającymi, podeszłam do niej.

– Minęło bardzo dużo czasu, odkąd mieszkałam w Polsce – powiedziała cienkim, ściszonym głosikiem. – Ale teraz postanowiłam tu zostać.

– Wybrała sobie pani niezbyt dobry czas – powiedziałam.

– Och, tak pani myśli? – Odwróciła się i rzuciła mi zdziwione spojrzenie spod uczernionych rzęs. – Mam szczerą nadzieję, że teraz, kiedy już tu jestem, nic się nie stanie – dodała.

W moim pokoju znalazłam powieść napisaną przez Amerykankę, która była znajomą Alfreda. Ponieważ kolację podawano dopiero o dziewiątej, zdążyłam przejrzeć książkę, przeskakując od jednej sceny miłosnej do następnej, kiedy to francuski hrabia chwytał swą udręczoną amerykańską przyjaciółkę, zrywał z niej ubranie i sprawiał, że oddawała mu się na końcu każdego rozdziału.

– Czytałam nową powieść, którą położyłeś w moim pokoju – odezwałam się do Alfreda przy kolacji. – Powiedz mi – zniżyłam dyskretnie głos – czy to ty jesteś jej bohaterem?

Alfred popatrzył skromnie na swój talerz z zupą.

– Wiesz, istotnie jestem – wyznał.

Później zaproponowałam Eugeniuszowi, że pożyczę mu tę frapującą opowieść jako lekturę przed snem.

– Czytałem – odparł z uśmiechem. – Poznałem dość blisko jej autorkę. Tak naprawdę – urwał, by wypuścić kółko dymu w stronę sufitu – mam powody, by wierzyć, że jestem bohaterem tej historii.

Nie ujawniłam sekretu żadnemu z rywali.

Zwykły niedzielny porządek dnia w zamku, z mszą, przemarszem orkiestry przed mieszczanami i rozdawaniem marchewek w lśniących stajniach przed obiadem wydawał się niezmienny. Słońce ogrzewało gorącym blaskiem obfitość różowych, pomidorowoczerwonych i szkarłatnych kwiatów, których jaskrawe, agresywne kolory w jakiś sposób tworzyły harmonijne połączenie. Każdy posiłek podawano w innej jadalni, na odmiennej zastawie, z innymi kieliszkami i przybraniem stołu. Wszystkie drzwi i okna zostawiano otwarte, by wpuścić wonne powietrze.

Po niedzielnej kolacji siedzieliśmy na długim tarasie, wychodzącym na trawnik. Jak na Polskę, było zadziwiająco ciepło. Przystrzyżone, zgrabne drzewa trwały nieruchomo. Niebo było usiane jasnymi gwiazdami. Poniżej na trawie, poza kwadratem światła rzucanym przez lampy wokół nas, orkiestra Alfreda grała marsze z rosyjskiego carskiego dworu, a później przeszła do walca Straussa, na co Alfred sprowadził delikatną rudowłosą dziewczynę po schodach i wirował z nią uprzejmie na trawie, w zasięgu naszego wzroku.

Ponad dzwoniącym w szklankach lodem rozbrzmiewały żarliwe głosy. Zoja i pułkownik ze Lwowa, zwykle tak uszczypliwi, stali się niemal czuli. Przypominało to ostatnią noc na pokładzie statku, kiedy wszyscy pasażerowie, wliczając tych, którzy przez całą podróż spoglądali na siebie z rezerwą, zbierają się, rozrzucają konfetti i zgodnie przekłuwają balony, ponieważ od jutra zaczną nowe życie.

Około północy orkiestra poszła spać, ale nikt nie pomyślał, żeby ruszyć się z miejsca. W głosy obecnych wkradła się nostalgia. Wszyscy wspominali przyjęcia na zamku z poprzednich lat i mówili, jak zdumiewająco szybko płynie czas. Choć w końcu rozmowa nabrała bardziej zdawkowego charakteru, wciąż opieraliśmy się o poduszki, nie mając ochoty odchodzić. Letnia noc niemal dobiegała końca, kiedy wreszcie wstaliśmy. Stojąc wokół cioci Betki, aby kolejno wyrazić jej wdzięczność, mówiliśmy: „Jak tutaj jest spokojnie" i „Nigdy tego nie zapomnimy". Później z ociąganiem, krocząc niechętnie, odszukaliśmy nasze pokoje i powoli zamknęliśmy drzwi.

Każdego lata mąż Tilki, aktor, wyruszał z trupą ze swojej szkoły* w objazd po małych miasteczkach. Miał do wyłącznej dyspozycji specjalny wagon kolejowy, w którym mieszkali aktorzy. Tego roku Tilka wybrała się razem z nim, aby prowadzić rachunki, zamawiać posiłki i pilnować, by wagon utrzymywano w czystości. Mierzyła aktorom temperaturę, gdy czuli się chorzy, pouczała, gdy zostawali po spektaklu, żeby się czegoś napić, i rozstrzygała nieuniknione spory. W każdym z miejsc wystawiali to samo przedstawienie, sztukę dziewiętnastowiecznego pisarza romantycznego.

Pewnego wieczoru, kiedy mieli grać w mieście oddalonym o jakieś pięćdziesiąt mil, pojechałyśmy z Elżbietą ich zobaczyć. Zjadłyśmy w towarzystwie Tilki piknikową kolację na torach kolejowych, a potem przeszłyśmy się po miasteczku. Zmrok jeszcze nie zapadł. Przy otwartym rynku świeżo odmalowane domy ukazywały w gasnącym świetle różowe, zielone i żółte fasady. Na krytej miedzią wieży pobliskiego kościoła pogodnie bił dzwon. Pod arkadami sklepy, w których sprzedawano mydło, kiełbasę, pocztówki i naczynia kuchenne, były już zamknięte. Ludzie z wolna zmierzali w stronę teatru.

---

* Mowa o Instytucie Reduty, działającym przy teatrze Reduta od 1922 roku.

– To będzie dobry wieczór – oznajmiła z zadowoleniem w głosie Tilka, kiedy patrzyłyśmy na wchodzących widzów.

Gdy Osterwa wyszedł na scenę, zerwała się burza oklasków. Pamiętając, jak podczas spacerów po lesie zatrzymywał się wpatrzony w niebo z wyciągniętymi ramionami i z przesłodzoną intonacją zwracał naszą uwagę na piękno natury, a także, jak lubił perorować w domowej bawialni, spodziewałam się kwiecistego występu. Ale w trakcie przedstawienia zapomniałam o tym Osterwie, którego znałam. Ten człowiek o głębokim, spokojnym głosie, oszczędny w gestach, miał w sobie wewnętrzne napięcie, która przykuwało uwagę. Cała obsada została przeszkolona tak, by zachowywać powściągliwość w tonach i ruchach. Tu byli prawdziwi ludzie zmierzający ku rozczarowaniu i rozpaczy. Chłonęłam każde słowo, jakby mój własny los zawisł na tej samej nici. Gdy na zakończenie sztuki Osterwa z trzaskiem uderzył pięścią w stół i wykrzyczał ostatnie słowa, siła jego emocji poderwała mnie na nogi.

Kiedy Tilka i Osterwa zakończyli objazd i zjechali do nas na odpoczynek, zaplanowałam wyjazd do Warszawy, a stamtąd do Poznania, aby zajrzeć do Krysi przebywającej w dawno obiecanych odwiedzinach u Sofietki. Schodząc wcześnie rano po schodach, napotkałam Osterwę, który zazwyczaj wstawał z łóżka dopiero na obiad, ubranego i oczekującego.

– Dlaczego wstałeś? – zapytałam.

Przez chwilę patrzył na mnie bez słowa. Potem odparł:

– Ponieważ w innym razie moglibyśmy się już nigdy nie zobaczyć.

– Cóż za dziwaczny pomysł! – zaśmiałam się, ale poczułam nieprzyjemne dławienie w gardle.

Mój mąż, który kupił większościowy pakiet udziałów w fabryce lodów, sprzedającej w krótkim letnim sezonie tysiące lepkich opakowań oznaczonych polarnym niedźwiedziem, pojechał do Warszawy przede mną, by zbadać sposoby wdrożenia nowych maszyn do pracy podczas zimy i uzyskiwania dzięki temu dochodów przez cały rok. Kiedy wyszedł po mnie na stację, usmolony młodzik podsunął nam pod nos całą tacę tych lodów.

– Witaj, królu lodów – powiedziałam, ale mąż odwrócił się plecami z wyraźnym zakłopotaniem.

Każdy w Warszawie, jak mi oznajmił, puchł z dumy na myśl o nowym klubie jeździeckim, który – pomimo mobilizacji i zagrożenia wojną – otwarto właśnie z wielką pompą. Zabrał nas tam nasz znajomy Mikusz, który odpowiadał za cały plan. Obok dwóch ogromnych pawilonów, które mogły pomieścić kilka tysięcy ludzi, wznosił się olśniewający budynek klubu, niemal w całości przeszklony, z tarasami pełnymi kwiatów i ogrodem na dachu. Na tle zbudowanych byle jak podmiejskich domów, które wyrastały na obrzeżach miasta, ten pomnik sportu z szerokimi, wysypanymi żwirem ścieżkami był wybrykiem natury. Zupełnie jakby ktoś ujrzał ogrody Tuileries na podwórzu za domem.

– Ile to kosztowało? – zapytałam Mikusza.

– Osiemnaście milionów złotych – odparł.

– Ale skąd wzięliście pieniądze?

– Każdy fryzjer i cukiernik w Warszawie wspiera wyścigi – oznajmił Mikusz. – Jesteśmy zamożną instytucją.

Choć brakowało pieniędzy na nowe szkoły i szpitale, a nawet na naprawę niszczejących dróg, Warszawę stać było na nowy tor wyścigowy ze stajniami na dwieście koni i kwaterami dla wszystkich potrzebnych stajennych.

– Żaden inny klub w Europie Środkowej nie może z tym konkurować – powiedział nam Mikusz z dumnym uśmiechem. – Prawdę mówiąc, nawet Longchamp nie osiągnęło tego poziomu.

Jadąc z powrotem do miasta, zgodziliśmy się, że – choć było to zbyt wystawne jak na tak ubogi kraj – z pewnością bardziej poprawi reputację Polski za granicą niż kilka szkół czy szpitali, o których nikt by nawet nie usłyszał.

– Ponadto – zauważył mąż – pomyśl, ilu ludziom zapewni to rozrywkę. Jesienią będzie tam przepięknie. To znaczy – dodał

– o ile nic się nie zdarzy – co było frazą, która obecnie modyfikowała każdy plan.

Kolację zjedliśmy w tym samym hotelu co zawsze, z angielskim ambasadorem i młodym angielskim dziennikarzem, który wracał do kraju. Jadalnia wypełniła się ludźmi, którzy wychodzili do restauracji, żeby poczuć się mniej samotnie. Tutaj mogli wypytywać się nawzajem, co robić i czy naprawdę wojna jest nieunikniona. Mogli również dowiedzieć się czegoś nowego o zaistniałej sytuacji, ponieważ pewni mężczyźni, którzy zapewne pracowali dla służb specjalnych, krążyli pomiędzy stolikami, zatrzymując się od czasu do czasu, by napomknąć zdawkowo: „Dzisiaj po południu niemiecki ambasador odbył godzinną konferencję z ministrem spraw zagranicznych" lub: „Nasz ambasador właśnie powrócił z Berlina", albo: „Ponownie aresztowano dwóch Polaków na pruskiej granicy", albo jeszcze: „Hitler najprawdopodobniej przybędzie w tym tygodniu do Gdańska na uroczyste obchody". Z powodu takich krótkich informacji, ale bardziej ze względu na potrzebę znalezienia się w gromadzie, tamtego sierpnia wszyscy jedli kolację w miejscach publicznych.

Nasz przyjaciel z gazety wciąż dolewał sobie whisky do szklanki aż po brzegi.

– Dzięki Bogu, wyjeżdżam – szepnął mi do ucha. – Mam już tego dość. Nikt tu nie chce rady od kogoś z zewnątrz, choć nie mają pojęcia, z czym się mierzą.

– Mimo wszystko – powiedziałam – armia musi być silna. Przez ostatnie dwadzieścia lat przeznaczano na nią każdy grosz.

– Doprawdy? – spytał zagadkowym tonem młody człowiek.

– A ci ludzie, którzy podejmują działania w sprawie Gdańska, z pewnością zdają sobie sprawę z konsekwencji. Niewątpliwie wiedzą, co robią. – Szukałam wyrazu otuchy na jego twarzy, ale go nie znalazłam.

Opróżnił szklankę. Ambasador odchylił się ze znużeniem na oparcie krzesła.

– Nic, tylko konferencje – mruknął zrzędliwie. – Wyciągają człowieka z łóżka w środku nocy i przerywają posiłki. Wszystko, co teraz mogę robić, to uczestniczenie w naradach.

– Jaka naprawdę jest pańska opinia? – spytałam.

– Jest źle – odparł. – Tak czy inaczej, to nie pora na dyplomację. Pełnienie funkcji ambasadora było niegdyś zajęciem dla dżentelmena – ciągnął. – Teraz to walka z bandytami o przewagę gospodarczą. Cóż, właściwie nie wiemy, jak rozmawiać z tymi Niemcami. Równie dobrze można by próbować się porozumieć z Alem Capone. – Spojrzał na nas z szyderczym uśmiechem. – Nie należymy do tej epoki. Czego pragnę, to koronkowa kryza wokół szyi i ustalona pora, o której wieczorem zatańczę menueta z królową.

– Wciąż jest jednak szansa na pokój – podjął po chwili, na poły do siebie. – Wszystko zależy teraz od prestiżu. Cała gra polega na tym, aby osiągnąć porozumienie, dzięki któremu obie strony nie stracą nic z narodowego prestiżu. Ale nie mam pojęcia, w jaki sposób można by tego dokonać – zakończył.

Kiedy sobie poszedł, udaliśmy się z nadal świętującym korespondentem do nocnego klubu po drugiej stronie ulicy, który był tak przepełniony ludźmi, że nie dało się tam ani stać, ani usiąść. Po krótkim rzucie oka na skupisko spowitych dymem twarzy, złowieszczo bladych w niewyraźnym oświetleniu, wyszłam.

W poznańskim domu Sofietki zastałam Krysię pełną werwy i zapału.

– Chodź i obejrzyj mój elegancki pokój – powiedziała, prowadząc mnie korytarzem. – Tu wszystko jest eleganckie – wyjaśniła, kiedy podążałam za nią. – Wiesz, mają o wiele większe kwiaty niż my – mówiła dalej. – Myślę, że w naszym ogrodzie musisz ich posadzić więcej. I teraz jem szybko, bo tutaj jedzenie jest bardzo dobre.

Krysia ujrzała przed sobą nowe perspektywy. Na jej plany nie padał żaden cień.

– Zostanę tu do końca września – oznajmiła.

Dom Sofietki znajdował się dwadzieścia mil od niemieckiej granicy. Wielu sąsiadów wydzwaniało przez cały dzień z drobnymi przerwami. „Wysyłam dzieci do Lwowa" – powiedział jeden z nich. „Kopiemy jamę w ogrodzie, ponieważ nie mamy schronu przeciwlotniczego" – zwierzył się jej inny. Pakowali swoje ulubione przedmioty. Dzień po moim przyjeździe Sofietka wyekspediowała do Warszawy trzy wielkie kufry pełne sreber, porcelany i zapasowej pościeli. W łazience zgromadziła schludnie zapasy środków antyseptycznych, bandaży, płynów gaszących ogień i tych stosowanych przy oparzeniach, a także komplet masek przeciwgazowych. Zakupiła również zapas benzyny wystarczający na bezpieczny przejazd obu aut do Warszawy. Zamówiła dużą ilość jedzenia. W tym samym czasie wynajęła dom w Warszawie na zimę. Pojechałyśmy razem do Poznania, aby rozejrzeć się za nowymi meblami i kupiłyśmy kilka ręcznie tkanych dywaników.

– Przypuszczam, że po tych wszystkich przygotowaniach czujesz się bezpieczniej – zauważyłam w drodze powrotnej.

– Widzisz, ja dobrze pamiętam wojnę – wyjaśniła. – Nikt wtedy nie był do niej przygotowany. Gdy raz przeżyjesz taki zamęt, nigdy więcej nie poczujesz się bezpiecznie.

– Też ją pamiętam – odparłam. – Lecz dla nas oznaczało to jedynie sprzedawanie obligacji wojennych, niezdarne robienie na drutach wełnianych szalików i patrzenie na Piątą Aleję obwieszoną milionami różnych flag.

– Tutaj oznaczało to utratę wszystkiego, co posiadasz.

Nie zetknęłam się z ciężko doświadczonymi przez los i pamiętałam, że po wojnie wszyscy mówili, iż opowieści o tych okropnościach były głównie dziełem propagandy, że niemieckie, francuskie i inne armie składały się z prostych ludzi, którzy nienawidzili zabijania, a najbardziej cierpieli z powodu zmarzniętych rąk i przemoczonych stóp.

– Nadal uważam, że to wbrew ludzkiej naturze, tak iść i walczyć – stwierdziłam.

– Amerykanka w każdym calu – powiedziała Sofietka z uśmiechem.

Tego wieczoru, przed grupą zgromadzonych gości, mąż Sofietki wzniósł toast, zaczynając od: „Szanowne panie, panowie i Niemcy". Wszyscy wybuchnęli śmiechem. Rozmowy skupiły się na polityce i położyliśmy się spać przygnębieni, lecz rano znowu wydało nam się niewiarygodne, że świat pod tak bezchmurnym niebem może stać na krawędzi katastrofy. Pojechaliśmy konno nad jezioro, gdzie Krysia i dzieci Sofietki brodziły w płytkiej wodzie, ochlapując sobie nawzajem błyszczące plecy i bawiąc się tak beztrosko w tym wciąż szczodrym blasku jesiennego słońca.

Przez całą drogę powrotną do domu śpiewaliśmy polskie piosenki. Kiedy grupkę niesfornych łobuziaków ułożono po obiedzie do drzemki, zaczęliśmy grać w bilard. Przez otwarte drzwi pokoju widać było rozpościerający się za nimi trawnik. Nie dobiegał żaden dźwięk poza stukotem jaskrawych kul, które toczyły się to tu, to tam. Nagle usłyszeliśmy ostry pisk opon na podjeździe. Mąż Sofietki wbiegł pospiesznie. Miał zarumienioną twarz.

– Właśnie usłyszałem wiadomość z kwatery głównej w Warszawie – poinformował nas. – Niemcy podpisały pakt z Rosją*.

Powoli odstawiliśmy kije bilardowe na stojaki i zsunęliśmy bile do łuz. Spojrzeliśmy na niego w milczeniu.

– To już koniec – powiedział.

* Chodzi o pakt o nieagresji między Niemcami a ZSRR (zwany paktem Ribbentrop–Mołotow), podpisany 23 sierpnia 1939 w Moskwie. W tajnym protokole dokonano podziału stref wpływów w Europie Środkowej i Wschodniej.

ROZDZIAŁ PIĘTNASTY

Powrotna podróż z Krysią wzdłuż granicy niemieckiej i przez Katowice do Krakowa, a potem do Lwowa, przebiegła gładko. W pociągach i na dworcach pełno było ludzi z dziećmi, ale przemieszczali się bez przepychanek i chaosu. Wszyscy wydawali się niezwykle spokojni. Był dwudziesty czwarty sierpnia.

W domu Nick tak się ucieszył na widok Krysi, że nie chciał nic zjeść. Shaggy wyskoczył spod łóżka, pod którym w niemym odrętwieniu spędził ostatnie dwa tygodnie, i skakał po pokoju. Przy obiedzie mąż powiadomił mnie, że przygotowuje nowy plan prac na wypadek, gdyby zmobilizowano niektórych ludzi z zarządu majątku.

– Lepiej ustalić wszystko zawczasu – powiedział.

Po południu, kiedy zasnęłam u siebie w pokoju, przyszedł i obudził mnie.

– Otrzymałem wezwanie – oznajmił. – Muszę jechać.

– Ale dlaczego? Myślałam, że wezwą cię, dopiero gdy będziesz potrzebny generałowi.

– Wiem. Nikogo innego jeszcze nie zmobilizowano. Jest w tym coś dziwnego. Tak czy inaczej, za dwie godziny muszę zameldować się we Lwowie.

Władek wydobył ze schowka mundur, którego mój mąż nie nosił od dwudziestu lat. Ponieważ kurtka się nie dopinała, trzeba było przeszyć guziki. Nad kieszenią przypięliśmy jego medale. Dał mi listę poleceń dla ludzi, z którymi nie miał czasu się zobaczyć, i czek wystawiony na bank w Rawie Ruskiej.

– Napisałem wyraźnie, że wszyscy odpowiadają przed tobą – powiedział. – Zatelefonuję, gdy tylko będę mógł. Zapewne wrócę za dwa lub trzy dni.

Kilku służących wyszło przed dom i patrzyło, jak odjeżdża.

– Trzymaj się! – zawołał, wsiadając do auta.

Na zakręcie drogi pomachał do mnie.

Nazajutrz wczesnym rankiem odbył się w naszej kaplicy pogrzeb żony nadleśniczego, która zmarła, gdy przebywałam w Poznaniu. Po mszy wszyscy pieszo podążyli za trumną na wiejski cmentarz. Na naszych czarnych butach i płaszczach osiadała gruba warstwa kurzu. Szłam noga za nogą obok wdowy po weterynarzu, której nie widziałam od dnia, gdy pochowano jej męża.

– Jak się miewa pani synek? – zagadnęłam.

– Boi się wyjść z domu, bo myśli, że w krzakach czai się morderca jego ojca – odparła. – Ten człowiek przebywa na wolności, wie pani. Słyszałam, że niedługo się żeni. Lepiej dla niego, aby się nie pokazywał w Rawie – dodała półgłosem.

Szliśmy w ciszy pośród stojących przy drodze ludzi z odkrytymi głowami.

– Podobno będzie wojna – odezwała się po chwili, patrząc prosto przed siebie. – Niech nadejdzie. Jeśli o mnie chodzi, nie dbam o to, co się zdarzy.

Po ceremonii pomagałam zapłakanym ludziom wsiadać do powozów.

– Więc księcia zmobilizowano? – zagadnęła żona burmistrza, patrząc na mnie z zaciekawieniem. – Przypuszczam, że pani z dziećmi wyjedzie?

– Nie. Zostanę tutaj. Jest wiele do zrobienia.

Wreszcie niewielki tłumek się rozproszył. Wzbity kurz ponownie osiadł. W szarym świetle poranka cmentarz był teraz pusty. Wróciłam do domu, żeby się przebrać. Stary buchalter czekał na mnie, kiedy weszłam do gabinetu.

– Nie może pani tu zostać, jeśli wojna zostanie wypowiedziana – zaczął natychmiast. – Lepiej niech pani wyjedzie z dziećmi do Rawy Ruskiej.

– Dlaczego miałabym jechać do Rawy? Nic nam tu nie grozi.

– Mogą pojawić się bandy złodziei, jak podczas ostatniej wojny, i wałęsający się pijani żołnierze. To nie miejsce dla kobiety.

– Książę i ja zgodziliśmy się, że zostanę, więc nie ma o czym mówić. Ale gdyby mężczyźni z zarządu majątku zostali powołani, będę wdzięczna, jeśli pan od czasu do czasu przyjedzie z Rawy, aby mnie wesprzeć – odparłam.

Ponieważ administrator nie wrócił z wakacji, a nadleśniczy był zbyt wytrącony z równowagi śmiercią żony, aby tego ranka pojawić się w biurze, mogłam zaprząc do pracy jedynie sekretarkę i kasjera. Pierwszą sprawą, którą należało omówić, była kwestia zaopatrzenia. Nie miałam pojęcia, czego potrzeba, lecz niedługo pozostawałam w nieświadomości. Zdając sobie sprawę z mojego zagubienia, różni służący przychodzili dopomóc mi poradą. Mydło, zapałki, świece, nafta, ropa, benzyna, lekarstwa, cukier, herbata, kawa i mąka z gospodarstwa były nieodzownymi artykułami. Ale wydawało się, że nikt nie wie, jakie ilości muszę zamówić. Zaczęło już brakować towarów.

Zatelefonował rządca z gospodarstwa, by powiedzieć, że żaden chłop nie przyjdzie do pracy, ponieważ nie ma wystarczająco dużo gotówki, aby im zapłacić. Spodziewali się powołania lada chwila. Woleli zostać w domach, omówić swoje sprawy i być może nocą wykopać kilka naszych ziemniaków dla swoich żon i dzieci. Posłałam kasjera do Rawy Ruskiej z czekiem mojego męża, ale cała gotówka została już wcześniej podjęta. Obawiałam się powierzyć rządcy ostatnie pięćset złotych z sejfu, gdyż były to jedyne pieniądze w domu.

Iwan oznajmił mi, że srebra, broń i wina trzeba ukryć. Obaj z Władkiem zaczęli kopać jamy na zewnątrz i otwierali dawne skrytki między deskami podłogi. Cieszyłam się, że znaleźli sobie zajęcie, więc się nie wtrącałam, choć ciągle miałam wrażenie, iż jesteśmy jak dzieci bawiące się w Indian i kiedy emocje osłabną, poczujemy się nieco zażenowani.

Telefon dzwonił ustawicznie, albo po to, by przekazać złe wieści, albo z prośbą o pomoc. Nie dało się już kupić cukru. Było już zbyt późno, aby dostać więcej niż jedną baryłkę benzyny i jedną nafty. Armia wstrzymała sprzedaż ropy. Nie mogliśmy liczyć, że silnik, który dostarczał nam elektryczności, będzie działał dłużej niż miesiąc. Ktoś z dumą przyniósł do domu dwa pudełka świec; więcej nie sposób było dostać. Mąż Amelii umierał na dezynterię, a ich córka, która utknęła w Lwowie, nie mogła do niego przyjechać, gdyż pociągi i autobusy nie zabierały już cywilnych pasażerów. Nie mogłam jej udostępnić żadnego z naszych samochodów, ponieważ mieliśmy za mało benzyny.

Kobiety ze wsi, których mężów wcześniej zmobilizowano, pojawiały się cicho, z dziećmi na ręku.

– Mamy kwity z wojska – mówiły – ale nikt nie wie, kiedy nam zapłacą. Wczoraj wieczorem dzieci nie dostały kolacji. W domu nic nie zostało. Co mamy robić?

Zaprowadziłam je do kuchni, lecz tam kucharka powitała mnie zniechęcającym spojrzeniem. Sami nie mieliśmy mąki, ponieważ ziarno, które kazałam zemleć, nadal znajdowało się w jednym z naszych młynów, a tymczasem zajęło go wojsko. Musiałam głodne kobiety i dzieci nakarmić jedynie czczymi obietnicami.

W końcu powrócił administrator, ale nie został w biurze. Uzyskawszy specjalne pozwolenie z ratusza na przejazd naszym autem do Lwowa, zniknął na całą dobę. Twierdził, że pojechał zapewnić pożyczkę w banku rolniczym na poczet zbiorów. Ponieważ nie mogłam porozumieć się z mężem, obawiałam się tego rodzaju spekulacji i odmówiłam przyjęcia odpowiedzialności za to działanie.

Teściowa i Elżbieta, które znowu pojechały do Austrii, wróciły pospiesznie przez Budapeszt. Skupione razem wokół radia, słuchałyśmy z przejęciem górnolotnych zapewnień z Anglii, truchlejąc przy pompatycznych okrzykach niemieckich sąsiadów. Pewnego wieczoru w polskich wiadomościach podano, że w niemieckich hutach wybuchły strajki i położyłyśmy się spać z cichą, nieśmiałą nadzieją, że nie zaczęły się one zbyt późno. Wszyscy informowali wszystkich, co planuje Hitler. Podkuchenne, które nie umiały czytać ani pisać, zapewniały nas mimo to, że Niemcy są krajem słabym i zagłodzonym, a Mussoliniemu zależy na utrzymaniu pokoju. Wiedzieliśmy, co myśli Chamberlain i z kim naradza się Göring, ale nie mieliśmy pojęcia, co nam przyniesie następny dzień.

Późnym wieczorem dwudziestego dziewiątego sierpnia mój mąż przyjechał samochodem do domu. Był w mundurze polowym i przez ramię miał przewieszoną maskę gazową. Poprosił, aby kolację podać jak najprędzej, gdyż spieszył objąć stanowisko w nowej kwaterze głównej. Przyjrzałam mu się w świetle. Wówczas nagle dotarło do mnie to, czego wcześniej nie dopuszczałam do świadomości. Ta wojna nie była tylko uciążliwością, a on nie wróci do domu za kilka dni.

Potem przestały do nas dochodzić gazety i choć pisałam do Warszawy, dopytując się o węglowe interesy męża i fabrykę lodów oraz do Tilki, zapraszając ją wraz z Osterwą do nas, nie dostałam żadnej odpowiedzi, gdyż nie dostarczano już poczty. Pierwszego września około południa dowiedziałam się, że wybuchła wojna. „Mościcki ogłosił stan wojny” – powiedziano przez radio. Nie wspomniano nic o tym, że o świcie Niemcy zbombardowali Kraków.

Wielu mężczyzn teraz odchodziło, przeważnie bez pożegnania. Nie było żadnego powiewania chusteczkami, nikt nie zachęcał ich radosnymi okrzykami, kiedy wyruszali. Pod jednostajnie bezchmurnym niebem przestrzeń wokół była jak sparaliżowana. Żaden dźwięk świadczący o pracy nie dobiegał z lasu, nie było słychać turkotu furmanek ani krzątaniny wokół domu. Jedynie telefon dzwonił bezustannie, a głos z radia odbijał się echem pośród drzew. W polskich wiadomościach podawano, że sześćset angielskich bombowców przyleciało do Warszawy, że bombardują Berlin, a Brema, Cuxhaven i Hamburg zostały w znacznej mierze zniszczone. Od Francuzów, Szwajcarów i Anglików można było się dowiedzieć jedynie, że Niemcy posuwają się coraz dalej w głąb Polski, a Anglicy zrzucają miliony wywrotowych ulotek za niemieckimi liniami.

Zarządca gospodarstwa, Austriak mieszkający od trzydziestu pięciu lat w Polsce, otrzymał oficjalne pismo wzywające do natychmiastowego opuszczenia kraju. Nie miał dokąd pojechać i nie mógł zabrać żadnych pieniędzy. Nie zdołałam nawiązać kontaktu z mężem, aby prosić go o interwencję. Po dwóch dniach wydzwaniania do ważnych osobistości we Lwowie i burmistrza oraz pułkownika w Rawie Ruskiej, którzy bali się nawet rozmawiać na ten temat, musiałam odprawić zarządcę, któremu łzy spływały po policzkach, pełnego obaw zarówno o nasz, jak i o własny los. Znalezienie kogoś na jego miejsce było rzeczą bardzo istotną, więc zwróciłam się do głównego inżyniera gospodarki leśnej, aby przejął obowiązki.

Wojsko wykorzystywało gospodarstwo jako punkt przeglądu koni z całego rejonu. Chłopi, którzy tłumnie przyprowadzili swoje konie i furmanki na inspekcję, stali bądź leżeli przy drodze, czekając, aż oficerowie dokonają wyboru. Zobaczyłam staruszkę, której konia zabrano, ciągnącą wóz za dyszel przez zryte koleinami pole i zawodzącą przy każdym kroku. Stangret po inspekcji powrócił do stajni, wiodąc klacz mojego męża i kucyki dzieci, czyli wszystkie konie, które nam pozostawiono. W tym samym czasie opowiadano, że niemieckie samoloty przelatują nad Lwowem. W Rawie Ruskiej często odzywała się syrena alarmowa.

Zawiadomiono telefonicznie, że sto osiemdziesiąt żon i dzieci wojskowych oficerów jest w drodze do naszego majątku, każda ze stukilogramowym bagażem. Ewakuowano je z Poznania i mogły zjawić się w każdej chwili. Czterdzieści osób miano zakwaterować w należących do nas domach; pozostałych należało porozdzielać między włościan w wiosce. Ponosiłam odpowiedzialność za zapewnienie światła, opału i kuchni tym, których nam przydzielono. We dwie z Elżbietą przygotowałyśmy tyle pokoi, ile tylko zdołałyśmy. Rozdzieliłyśmy drewno na opał, siano na posłania i wszystkie rozklekotane meble, jakie dało się zgromadzić. Odkryłyśmy pluskwy w łóżkach pozostawionych przez członków prywatnej policji mojego męża, którzy wszyscy zostali powołani do wojska, więc Iwan z Władkiem rozpalili pośrodku trawnika ognisko, w nadziei, że ogień oczyści deski. Zarządziłam dodatkową dostawę mleka z gospodarstwa i posłałam do miasta po chleb, by zapewnić uchodźcom pierwszy posiłek.

Jedyną osobą, która mogła nadal jeździć do miasta i doglądać naszych interesów, był kasjer, który zdołał uchronić swój rower przed rekwizycją. Niekiedy wypełnienie jednego polecenia zajmowało mu cały dzień, ponieważ przy każdym alarmie mieszkańcy Rawy Ruskiej znikali w piwnicach lub bramach na czas nieokreślony. Wciąż jednak nie wierzyłam, że zagraża nam jakieś konkretne niebezpieczeństwo. Napisałam do matki, że miejsce, w którym przebywamy, jest oazą spokoju. Dzieci nadal radośnie bawiły się w lesie. Miałam swoje książki i obrazy, świeżo wyłożoną kafelkami łazienkę i własne przytulne łóżko, w którym chroniłam się pod koniec każdego pełnego zamętu dnia.

O poranku piątego września dwa nieduże srebrzyste samoloty przeleciały dość nisko nad domem. Wkrótce potem przemknął następny, z biało-czerwonymi znakami na spodzie skrzydeł, najwyraźniej ścigając te poprzednie. Stałam na trawniku z Iwanem i Władkiem, odprowadzając je spojrzeniem.

– Niemieckie samoloty – orzekł Władek.

– Nonsens – odparłam ostro. – Ostatni miał polskie barwy na skrzydłach.

– Przemalowują swoje samoloty, żeby wyglądały na polskie – powiedział Władek.

Pół godziny później dobiegło nas wzbierające nad drzewami zawodzenie syreny alarmowej z Rawy Ruskiej. Później, z oddali, dobiegł głuchy warkot silników, który narastał gwałtownie. Stanęłam pośrodku trawnika i w ostrym blasku słońca obserwowałam niebo. Z początku nic nie widziałam, choć w mojej głowie brzęczały narastające wibracje. Wreszcie, tak wysoko, że przypominały olbrzymie komary, dostrzegłam trzy krążące nad nami samoloty. Były tak wysoko, że nie sposób było odgadnąć, jak daleko się znajdują. Utworzyły szyk i skierowały się w stronę Rawy Ruskiej. Spod jednego z nich oderwało się coś, co się wydawało niewyobrażalnie małe. Rozległ się stłumiony wybuch, a potem następny. Nie potrafiłam oderwać oczu od samolotów, które schodziły coraz niżej i niżej, a potem usłyszałam serię grzechotów i równocześnie zobaczyłam drobne, ciemne smugi wycelowane w ziemię. Samoloty szybko wzniosły się ponownie pod niebo, ciągnąc za sobą słupy dymu. Warkot silników przycichł. Odleciały.

Do owej chwili trwałam w bezruchu. Nie wiedziałam, czy jestem sama czy nie. Teraz poczułam, że nogi mam jak z waty. Zaschło mi w ustach. Rozejrzałam się dookoła. Stało tam kilkanaście osób.

– Co wy tu robicie? – wykrzyknęłam nagle, głosem, który nie brzmiał tak naturalnie, jak powinien. – Wracajcie do pracy. Nic się nie stało.

Przypomniałam sobie o dzieciach. Gdzie były? Oczywiście w lesie. Ruszyłam biegiem w tamtą stronę. Zatrzymałam się, dopiero gdy je zobaczyłam siedzące z Marią w słońcu na kopczyku piasku.

– Przestraszyły się? – chciałam wiedzieć.

– Wszystko dobrze – odparła – ponieważ Krysia i ja modliłyśmy się.

Spojrzałam na nią gniewnie.

– Do kogo? – zapytałam. – Jaki to ma sens?

Potem ogarnął mnie wstyd. Kiedy wróciłam do domu, wydawało się, że nic nie uległo zmianie. Wszyscy się krzątali. Wkrótce miano podać obiad.

– Przywykniemy do tego – stwierdził Władek.

Później zadzwoniłam do centrali telefonicznej i zapytałam, co zbombardowano w Rawie Ruskiej. Telefonistka odpowiedziała, że jedna bomba spadła na pole, a druga uderzyła w narożnik stacji kolejowej, ale nikt nie ucierpiał. Pospieszyłam przekazać to służbie.

– Widzicie – oznajmiłam – te bomby nie są takie straszne. Czynią więcej hałasu niż szkody.

Byłam w dość pogodnym nastroju. Ale po obiedzie przyszła jedna z zakonnic ze wsi niedaleko Rawy Ruskiej.

– Słyszała pani karabiny maszynowe? – zapytała. – Niektóre kobiety na wsi były tak przerażone, kiedy spadały bomby, że wybiegły na szosę, a Niemcy zeszli niżej i strzelali do nich. Nikt nie zginął. Bóg ich ukarze – dodała.

Tego popołudnia odebrałam telefon z wojskowej kwatery głównej we Lwowie. Czekałam długo, miałam więc aż nadto czasu, aby wyobrażać sobie różne niemiłe rzeczy, a potem ktoś przemówił: „Nadeszła następująca wiadomość do pani: «Po pierwsze, nic mi nie jest. Po drugie, pamiętaj o zaciemnianiu całego domu w nocy. Po trzecie, dopilnuj, by podczas nalotów nikt nie przebywał na zewnątrz. Po czwarte, wysyłam pełnomocnictwo pocztą». To wszystko". Przynajmniej mój mąż nadal żył.

Wieczorem zalepiliśmy wszystkie okna niebieskim papierem. Kiedy wyszłam na zewnątrz, żeby sprawdzić osiągnięty rezultat, zobaczyłam smugi światła na ciemnej fasadzie, ale dałam temu spokój. Niemcy tak często latali w ciągu dnia, że nie zamierzałam martwić się o noce.

Nazajutrz w porze śniadania kilka bombowców przeleciało nad domem, ale niczego nie zrzuciły. W południe powróciły; tym razem poleciały bomby i dom zatrząsnął się lekko pod wpływem detonacji.

– Gdzie teraz są? – spytała Krysia. – Co chcą zrobić?

Odpowiedziałam jej, że bomby są zbyt cenne, aby zrzucać je na takich mało ważnych ludzi jak my, ale nie zjadła swojego obiadu.

Po południu przyjechały oficerskie żony z dziećmi, których spodziewaliśmy się od tygodnia. Mówiły, że na pociąg codziennie zrzucano bomby. Zdarzało się, że godzinami leżały twarzami w dół na polach ziemniaków. Były dni, kiedy nie miały nic do jedzenia. Wydawały się odrętwiałe, lecz wyglądały zadziwiająco schludnie. Mówiły łagodnymi głosami. Rozejrzałam się po prawie nieumeblowanych pokojach za ich bagażami.

– Gdzie są wasze rzeczy? – zapytałam żonę kapitana.

– Nie wiem – odparła. – Z Poznania pociąg odjechał bez nich. Żadna z nas nic nie ma.

Kiedy gromadziłam nieliczne koce, kubki i talerze, nadszedł Władek, który zawiadomił mnie, że przybyli nieoczekiwani goście. Był to major lotnictwa z żoną i dzieckiem oraz dwoma autami załadowanymi dobytkiem.

– W najbliższym mieście szaleje pożar – powiedział. – Kiedy zobaczyli nasze stojące samochody, zrzucili bomby. Bombardują nawet krowy.

Pojawiła się kolejna para, która przyszła pieszo aż zza Warszawy, przebywając dwieście pięćdziesiąt mil. Czy mogliby zostać na noc? Przyszła też kobieta w narciarskich spodniach i czapce, z półrocznym niemowlęciem w ramionach. Pokazała mi swoje dokumenty. Była żoną generała. Czy możemy ją przyjąć? Ściemniało się, ale jeszcze nie na tyle, by nie widzieć nadjeżdżających leśną drogą furmanek i automobili, niepewnie zwalniających w pobliżu domu.

– Skąd jedziecie? – zawołałam do tych ludzi.

Niektórzy odparli, że z Warszawy, inni, że z Przemyśla.

Poszłam do kasjera i powiedziałam mu, że jutro musimy zaryglować bramy wjazdowe i umieścić tablicę z informacją, iż wszystkie dostępne pokoje zostały zajęte przez rodziny wojskowych. Ale on odmówił wykonania polecenia.

– Jest wielu szpiegów – wyjaśnił mi. – Jeśli będzie wiadomo, że ci ludzie są tutaj, z pewnością zostaniemy zbombardowani.

Wieczorem rozmawialiśmy o tych wszystkich migrujących ludziach. Dokąd mogliby się udać? Kto ich wyżywi? Nastała cicha, jasna noc i otoczyły nas cienie lasu. W jego głębi zające, lisy, jelenie i dziki wtuliły się w ciepłą warstwę opadłych liści wśród poszycia. Nawet gdy nadejdzie zima, będą wiedziały, gdzie znaleźć pożywienie i miejsce do spania. Lecz ci nowi mieszkańcy lasu, niespokojne ludzkie rodziny przemykające między drzewami, byli bezbronni.

Następnego dnia zatelefonowałam do burmistrza Rawy Ruskiej, aby poprosić o radę i zajęło mi godzinę połączenie się z jego gabinetem. Powiedziano mi wówczas, iż jest nieobecny. Spróbowałam połączyć się z lekarzem. Jego telefon nie odpowiadał. Zadzwoniłam do banku. Był zamknięty. Ktoś przesłał wiadomość, że jeśli chcemy cokolwiek załatwić, musimy pojechać do miasta po siódmej wieczorem. Mieszkańcy Rawy Ruskiej za dnia kryli się w lesie, a wieczorami wracali chyłkiem do domów, aby żyć dalej.

Po następnym nalocie, kiedy bombowce zniknęły z pola widzenia, dostrzegliśmy drobne białe punkty wirujące w blasku słońca. Gdy przyfrunęły bliżej, zorientowaliśmy się, że to ulotki. Wydrukowano je w języku polskim i ruskim. „Polacy – tak się zaczynały – jesteście pokonani. Zajęliśmy Śląsk, Kraków, Częstochowę, Poznań, Gdańsk, Gdynię itd. Wasz rząd was zawiódł. Armia została rozbita. Od was zależy, czy zawrzemy pokój". Opisywały straszne warunki, w jakich Polacy żyli przez ostatnie dwadzieścia lat, i oznajmiały, iż Niemcy pojawiają się jako wybawcy. Czytałam głośno, kiedy Elżbieta podskoczyła i pochwyciła je.

– Spal to! – krzyknęła. – Niech nikt nie waży się ich tknąć! – Poczerwieniała mocno. – Jak możesz czytać coś takiego? – zapytała.

Ja także się zarumieniłam. Nie przewidziałam ich prowokacji.

W niedzielny poranek, dziesiątego września, większość domowników udała się do kaplicy na mszę, ja jednak nie potrafiłam się zmusić. Kiedy człowiek już się tam znalazł, nie można było wyjść przed końcem bez wzbudzania poruszenia, a ja postanowiłam, że żaden bombowiec nie przeleci nad nami niedostrzeżony przeze mnie. Miałam poczucie, że jeśli będę mieć je na oku, nie zrzucą na nas bomb. Wysłałam Krysię i Nicka do lasu i niespokojnie czekałam na nadciągający warkot.

Tym razem było dziewięć samolotów, nadlatujących trójkami. Stałam pod drzewem, którego żółknące liście w połowie ukrywały je przed wzrokiem. Dźwięk mnie ogłuszył i całe ciało zaczęło drżeć pod wpływem wibracji. Pewien oficer z żoną i dorosłym synem, którzy nocowali w naszym domu, wyszli na zewnątrz i położyli się twarzami w dół pod najbliższym drzewem. Samoloty odleciały, potem zatoczyły koło i powróciły z hukiem. W promieniu wielu mil nie było karabinów przeciwlotniczych. Jeden wybuch, a później drugi przebiły się ponad warkot silników. Tym razem bomby spadły niezbyt daleko. Trawnik nagle wypełnił się ludźmi. Biegli w pośpiechu ścieżką wiodącą z kościoła. Służący i młode wieśniaczki w odświętnych chustach, zakonnica, której czarny habit wydymał się za nią, małe dziewczynki odziane w białe komunijne sukienki, wszyscy trzymali się razem, biegając to tu, to tam, a potem przystanęli, by popatrzeć na pogodne niebo. Nie wiedziałam, co robić. Stojąca obok mnie pokojówka skoczyła w ich stronę i krzyknęła: „Wy tam, do lasu! Zejdźcie z drogi!". Poszłam w jej ślady, także pokrzykując. Groziłyśmy, popychałyśmy ich i ciągnęłyśmy, aż wreszcie znaleźli się na skraju lasu.

Gdy samoloty odleciały, teściowa, która pozostała w kościele do końca mszy, cicho nadeszła ścieżką z modlitewnikiem w ręce.

– Modliliśmy się za was – oznajmiła mi. – I mimo wszystko Bóg nas wysłuchał.

Weszłam do domu i usiadłam w bawialni, starając się ochłonąć. Znalazłam się tu po raz pierwszy od dziesięciu dni, kiedy wybuchła wojna. Blask słońca, wpadający przez otwarte okna, tworzył małe kałuże światła i ukazywał zalegające wszędzie warstwy kurzu. Były tam okruchy po zeszłotygodniowym podwieczorku, czyjaś spinka do włosów, sterta rozrzuconych czasopism, niedopałki w popielniczkach, jakaś robótka na drutach zwisająca z krzesła. Pospieszyłam na poszukiwanie Iwana i Władka. Stali z innymi służącymi na dziedzińcu za domem.

– W domu panuje nieporządek – oznajmiłam. – To zawstydzające.

Nikt nie odpowiedział ani nawet się nie poruszył.

– Co to znaczy? – usiłowałam odzyskać autorytet.

– A jaki to ma sens? – zapytał Iwan. – Niemcy wkrótce tu będą. Po co mielibyśmy sprzątać i odkurzać, kiedy oni nadciągają? Trzech moich synów poszło na tę wojnę. Jestem przestraszony, przyznaję się do tego.

Pozostali poruszyli się niespokojnie. Iwan mówił dalej:

– Raz już walczyliśmy za ojczyznę – powiedział – i co nam z tego przyszło? Kolejna wojna. I ona nie jest taka, jak ta ostatnia. To piekło – dodał i popatrzył na mnie.

Nie miałam nic do powiedzenia.

Podczas obiadu, gdy znowu nadleciały samoloty, moja teściowa gawędziła z żoną oficera, jakby w ogóle ich nie słyszała. Pozostali jedli spokojnie, a służący podawali potrawy jak gdyby nigdy nic. Czekałam, aż ktoś zaproponuje, aby wyjść na zewnątrz lub przynajmniej sprowadzić dzieci. Poczułam znowu suchość w ustach i lekkie zawroty głowy. Ale jeśli wszyscy okazywali *sang-froid**, ja też musiałam. Mogło się to zdarzyć każdego dnia. Jak długo trwają wojny? Czasami przez całe lata. Pomimo nich ludzie żyli dalej. Tego wieczoru radio nie przyniosło żadnego pocieszenia. Z Katowic dobiegała niemiecka muzyka taneczna, z Krakowa niemieckie wiadomości. Sygnału z Warszawy nie można było

* Franc.: zimna krew.

w ogóle złapać. Było zbyt wiele zakłóceń, by usłyszeć zagraniczne stacje. Próbowaliśmy zamówić rozmowę z Warszawą, żeby się dowiedzieć, gdzie jest Tilka, ale telefonistka poinformowała nas, że obecnie telefonu można używać wyłącznie w sprawach urzędowych. Poszłam pobawić się z dziećmi i mogłam się tylko dziwić, że wciąż są tutaj, biegając między swoimi zabawkami i śmiejąc się tak samo jak zawsze. Nie wydawało się w porządku siedzenie przy nich, gdy dookoła te wszystkie kobiety i dzieci nie miały płaszczy ani koców. Zbieranina dziecięcych drobiazgów, owoce na tacy do kolacji, nawet lekarstwa, które wcześniej mój macierzyński instynkt uznał za niewystarczające, stały się teraz luksusem.

Tego wieczoru około ósmej z korytarza obok mojego pokoju dobiegło mnie niespodziewanie gwizdanie męża. Gwałtownym ruchem otworzył drzwi.

– Musisz dziś w nocy wyjechać razem z dziećmi – oznajmił.

– Ale dzieci już leżą w łóżkach. Nic nie zostało spakowane. Jestem zmęczona. Poza tym, dokąd mielibyśmy pojechać?

Jego oczy w ściągniętej twarzy spoglądały surowo. Marynarka, która dwa tygodnie wcześniej nie dopinała się na piersi, zwisała luźno.

– Teraz albo nigdy. Twój wybór.

– Ale skąd przyjechałeś? Jak się tu dostałeś? Co teraz będzie?

Niecierpliwie pokręcił głową.

– Nie ma czasu na rozmowy. Wszystko jest gotowe do podróży. Wysłałem paszporty do zatwierdzenia. Pojedziecie do Rumunii, a potem na Węgry.

– Ale dlaczego do Rumunii?

– Teraz to jedyny sposób. Nie zadawaj więcej pytań. Chcesz, aby dzieci spotkało coś jeszcze gorszego, czy nie chcesz?

– Zgoda.

O dziesiątej dzieci były gotowe do odjazdu, ubrane w zimowe rzeczy, z zaspanymi buziami, lecz nie przerażone. Maria i pokojówka siedziały spakowanie i przygotowane. Przez zaciemniony dom służba zniosła na dół bagaż. Ostatni raz popatrzyłam na mój pokój, pluszowe zasłony, łóżka, które własnoręcznie pomalowałam i pozłacaną polską Matkę Boską, której obraz wisiał nad nimi. Wszystko było na swoim miejscu. Tak bardzo się starałam, aby ten pokój stał się moim własnym miejscem.

Na dole mąż udzielał ostatnich poleceń.

– Do jutra Niemcy mogą już tu być – mówił. – Jeśli dojdzie do strzelaniny, uciekajcie wszyscy do lasu i nie wracajcie, dopóki nie ucichnie.

Powiedział mężczyznom, których jeszcze nie powołano, aby uciekli następnego ranka.

– Idźcie na wschód – powiedział. – Nieważne dokąd, ale nie dajcie się złapać. Idźcie przed siebie.

Ten odjazd wydawał się nierealny. Choć nasze rzeczy spakowano i staliśmy gotowi do drogi, nie mogłam w to uwierzyć. Odwróciłam się do teściowej.

– Nie zmieni mama zdania? – zapytałam. – Nie mogłaby mama pojechać z dziećmi i pozwolić mi tu zostać? Jestem, mimo wszystko, Amerykanką. Nic nie może mi się stać.

– Moje dzieci są w Polsce – odparła. – Jestem już starą kobietą. Nigdzie nie pojadę.

Elżbieta poszła na górę, żeby sprowadzić dzieci. Wyszłam na zewnątrz, by sprawdzić, czy dwa samochody, którymi mieliśmy wyjechać, są gotowe. Ciemność nocy rozpraszał jedynie przyćmiony blask księżyca. Strażnik powstrzymywał wielkie psy, które warczały cicho. Żona szofera przysunęła się do mnie i wcisnęła mi w dłoń mały medalik.

– Niech Matka Boska strzeże waszego syna – szepnęła.

Bagaże umieszczono w aucie, które miało jechać przodem. Upchnęliśmy Marię, pokojówkę i dzieci na tyłach drugiego. Razem z mężem zajęliśmy miejsca na przednich siedzeniach. Teściowa i Elżbieta, drobne postacie wyprostowane i nieruchome w cieniu domu, pozostały, by nas pożegnać. Iwan ucałował moją rękę.

– Chciałbym też pojechać – powiedział.

– Musisz strzec rodziny – szepnęłam. – Jesteś jedynym, który może im pomóc.

Odjechaliśmy przez las.

Na początku noc skrywała wszystko. Musieliśmy jechać bez włączonych świateł, więc znajoma droga i pola były czarną plamą, na tle której nie potrafiłam rozróżnić żadnych kształtów. Potem zaczęłam dostrzegać, że noc jest pełna życia. Ludzie brnęli pieszo, dźwigając tobołki. Ciężarówki stały po obu stronach drogi, wypełnione szarymi uśpionymi kształtami. Małe auta przemykały ostrożnie tuż obok z dachami przykrytymi gałęziami dla zamaskowania. Wszędzie coś poruszało się w ciemnościach.

– Jedziemy, jedziemy – wymruczał Nick za naszymi plecami. – Tata jest tutaj, mama jest tutaj. Jedziemy.

– Kiedy pójdziemy do łóżka? – spytała Krysia.

– Musicie się przespać – odpowiedziałam. – Czeka nas długa jazda. Wszyscy musimy się przespać.

Nagle oślepiło nas światło latarki. Ktoś kazał nam się zatrzymać. Mąż wysiadł i pokazał dokumenty. Pojechaliśmy dalej, wolno omijając inne samochody, furmanki i ciężko stąpające postaci. Wszyscy zmierzali drogą do Lwowa. Nic nas tu nie czekało.

Za Rawą Ruską sznur samochodów utknął w korku. Dwóch mężczyzn zasypywało głęboką dziurę w drodze, pozostawioną przez bombę. Przebrnęliśmy po wąskim skrawku świeżo usypanej ziemi. Szofer na krótką chwilę włączył reflektory.

– Zgaś światła, do cholery! – ktoś zawołał.

Spróbowałam porozmawiać z mężem.

– Co zamierzasz zrobić? – spytałam.

– Nie wiem. Pójdę tam, dokąd pójdzie mój dowódca.

– Ale czy cię nie złapią?

– Być może.

Umilkliśmy ponownie, mijając kolejny długi sznur samochodów.

– Mogę do ciebie napisać? – zapytałam.

– Możesz spróbować.

– Jak długo to potrwa?

– Chyba niezbyt długo. Ale nikt nie ma pewności.

I znowu pogrążyliśmy się w milczeniu. Mniej więcej w połowie drogi do Lwowa, pośrodku jakiegoś miasteczka, auto wiozące nasz bagaż zatrzymało się raptownie. Zderzak był powykrzywiany, silnik nie chciał zapalić. Ktoś poświecił latarką, gdy kierowca grzebał pod maską. Dogoniły nas auta, które wyprzedziliśmy wcześniej, lecz nie było wystarczająco dużo miejsca, aby mogły przejechać. Ludzie klęli. Ktoś wychylił się z okna i wygrażał pięścią. Z ciemności wyłonili się żołnierze, chcący usunąć nasze auta z drogi. Mój mąż wyskoczył i krzyknął na nich.

– Gdzie jesteśmy? – spytała Krysia.

Nick zaczął popłakiwać.

– Śpijcie – powiedziałam im. – Musicie sobie długo pospać.

Jakimś cudem samochód wiozący bagaż znowu ruszył. Po chwili dostrzegliśmy na horyzoncie mętną czerwoną łunę.

– To dworzec we Lwowie – powiedział mój mąż. – Płonie od trzech dni.

Kiedy podjechaliśmy bliżej, zauważyliśmy kilka tlących się czerwonych łat w miejscach, gdzie wcześniej znajdowały się fabryki i magazyny. Zatrzymaliśmy się przed hotelem George pośrodku miasta. Było tu ciemniej niż w naszym lesie. Choć dochodziła druga nad ranem, na ulicach kłębiły się tłumy. Mąż poszedł obudzić rumuńskiego konsula, aby wbito wizy do naszych paszportów. Ja zostałam przy autach. Od czasu do czasu ktoś z przechodzących rzucał przyciszonym głosem kilka słów, ale przeważnie strumień przechodniów przepływał w ciszy. Ludzie mijali nas, pchając taczki wyładowane workami. Furmanki wypełnione sztywno siedzącymi, uśpionymi dziećmi, turkotały po bruku.

Stałam tam długo, a mój mąż nie wracał. Mówił wcześniej, że powinniśmy przekroczyć granicę zanim zaczną się poranne naloty. Spojrzałam w niebo. Wydawało się nieco bledsze. Dlaczego on nie wraca? Sięgnęłam po papierosa. Kiedy potarłam zapałkę, aby go zapalić, powstrzymała mnie czyjaś ręka.

– Zakaz palenia – szepnął mi ktoś do ucha.

W końcu powrócił mąż z paszportami w dłoni. Ucałował dzieci.

– Przewieź dzieci w bezpieczne miejsce – powiedział. – Musisz to zrobić. Niech cię Bóg błogosławi.

– Jedźcie dalej – polecił szoferom ostrym tonem. – I niezależnie od wszystkiego, nie zatrzymujcie się.

Kiedy odjeżdżaliśmy, pomachał czapką.

Przez resztę nocy nie odrywałam oczu od czerwonych świateł stopu auta przed nami. Mijaliśmy oddziały żołnierzy, autobusy, zakamuflowane samochody. Pył, którego deszcz nie spłukiwał od tygodni, przenikał do środka, drażniąc oczy. Dzieci popłakiwały, budząc się z drzemki. Gdziekolwiek się zatrzymywaliśmy, aby pokazać dokumenty, pełno było wokół nas ludzi leżących pod krzakami i w rowach po obu stronach drogi. Całą noc nasłuchiwałam dźwięku silnika, czy nie zacznie dławić się i krztusić, zaciskając dłonie, kiedy z trudem wspinaliśmy się na wzgórza. Przez całą noc we własnej wyobraźni prowadziłam oba nasze samochody tak szybko, jak tylko mogłam.

Niebo poszarzało, zbladło, poróżowiało i wreszcie stało się błękitne. Po dziewiątej obejrzałam się i zobaczyłam, że Krysia się pochorowała. Kazałam stanąć. Wysiedliśmy z auta. Wypakowałam mleko i krakersy. Nieświadomie nasłuchiwałam szumu z oddali – i nadszedł. Coraz głośniejsze, wysoko nad naszymi głowami, przelatywały samoloty, których się spodziewałam. Gwałtownie otworzyłam drzwi samochodu, wepchnęłam Marię, pokojówkę, dzieci, mleko i krakersy do środka i usiadłam ponownie na miejscu obok kierowcy.

– Jedź szybko – poleciłam.

Pomknęliśmy naprzód, wzbijając kłęby żółtego kurzu.

Dom w pobliżu granicy, w którym spędziliśmy dwie noce i jeden dzień, czekając na przyjaciela męża, który miał pomóc nam w dostaniu się do Rumunii, pełen był mężczyzn, których jeszcze nie zmobilizowano. Dziedziniec i ogród wypełniały samochody ciężarowe i osobowe. Niemieckie samoloty zwiadowcze przelatywały tam i z powrotem nad nami, podczas gdy za bramą przesuwał się sznur pojazdów zmierzających drogą w stronę granicy.

Wreszcie w niewielkim pociągu specjalnym, złożonym z lokomotywy, wagonu pasażerskiego i wagonu towarowego, przebyliśmy dwie mile dzielące ostatnią polską stację od pierwszej rumuńskiej, by dotrzeć w bezpieczne miejsce.

– Czy w Rumunii będą bombardowania? – spytała Krysia.

– Żadnych więcej bomb – odpowiedziałam. – Tu wojna nie dotarła. Pojedziemy tam, gdzie świeci słońce i dzieci mogą się bawić wszędzie, jeśli tylko zechcą.

– Ale kiedy wrócimy do domu, do taty? – zapytała.

Nie mogłam odpowiedzieć.

NOTKA KOŃCOWA

Minęły trzy miesiące, zanim się dowiedziałam, co stało się z naszym domem.

Nazajutrz rano po naszym wyjeździe teściowa, Elżbieta i służący siedzieli w starej piwnicy pod trawnikiem, gdy Niemcy przeprowadzili nalot. Jedna bomba spadła na ogród, następna na taras, a dwie do stawu rybnego tuż przed frontowymi drzwiami. Wszystkie okna zostały wybite. Shaggy, szary terier, zginął. Na obrzeżach naszego lasu dochodziło do walk. Wieczorem niemieckie oddziały zmotoryzowane przejechały przez Rawę Ruską.

Po dwóch dniach Niemcy wycofali się z Rawy Ruskiej, ustępując miejsca zbliżającym się Rosjanom. Ruscy chłopi z naszych własnych wsi przystąpili do grabieży. Kiedy zabrali już wszystko, co mogli, przyszli po łóżka, w których spały teściowa i Elżbieta. Wyrzucili obydwie z domu.

Teraz, po raz pierwszy od dwudziestu lat, dom opustoszał.

SPIS TREŚCI

Paweł Sapieha we Francji, 1925.
Fot. Ze zbiorów Marii Osterwy-Czekaj

Paweł Sapieha senior w Siedliskach, wrzesień 1930.
Fot. Ze zbiorów Marii Osterwy-Czekaj

Londyn, 30 czerwca 1933. Ślub Virgilii i Pawła (z prawej) Sapiehów.
Fot. Ze zbiorów Marii Osterwy-Czekaj

Dom Sapiehów w Siedliskach, zwany przez miejscowych „pałacem”.
Fot. Ze zbiorów Marii Osterwy-Czekaj

Chłopi z Siedlisk, lata 30.
Fot. Ze zbiorów Marii Osterwy-Czekaj

Jazłowiec, lata 30. Virgilia Sapieha z siostrą Pawła, Marią Jadwigą Sapieżanką (ze zgromadzenia zakonnego sióstr niepokalanek).
Fot. Ze zbiorów Marii Osterwy-Czekaj

Kościół Matki Bożej Nieustającej Pomocy w Siedliskach,
ufundowany przez Pawła Sapiehę seniora.
Fot. Ze zbiorów Marii Osterwy-Czekaj

Korczyna (województwo lwowskie), lata 30.
Virgilia i Paweł Sapiehowie przed domem gen. Stanisława Szeptyckiego.
Fot. Ze zbiorów Christiny Sapiehy Fremantle

Siedliska, 1935. Od lewej: Virgilia Sapieha,
Matylda z Windisch-Graetzów Sapieżyna, Krysia.
Fot. Ze zbiorów Marii Osterwy-Czekaj

Jesień 1937. Virgilia Sapieha z córką Krysią.
Fot. Ze zbiorów Christiny Sapiehy Fremantle

Siedliska, 1938. Virgilia Sapieha z synem Nicholasem.
Fot. Ze zbiorów Christiny Sapiehy Fremantle

Maj 1940. Virgilia Sapieha z synem Nicholasem
na statku płynącym z Genui do Nowego Jorku.
Fot. Ze zbiorów Christiny Sapiehy Fremantle